TRAITÉ PRATIQUE

DE LA

VOIRIE VICINALE

OU

EXPOSÉ DE LA LÉGISLATION

ET DE LA JURISPRUDENCE

sur les Chemins vicinaux

PAR

EUG. GUILLAUME

CHEF DU BUREAU DE LA VOIRIE URBAINE ET VICINALE AU MINISTÈRE
DE L'INTÉRIEUR

CINQUIÈME ÉDITION

PARIS

IMPRIMERIE ET LIBRAIRIE DE PAUL DUPONT

Rue Jean-Jacques-Rousseau, 41.

—

1878

TRAITÉ PRATIQUE

DE LA

VOIRIE VICINALE

TRAITÉ PRATIQUE

DE LA

VOIRIE VICINALE

OU

EXPOSÉ DE LA LÉGISLATION

ET DE LA JURISPRUDENCE

sur les Chemins vicinaux

PAR

EUG. GUILLAUME

CHEF DU BUREAU DE LA VOIRIE URBAINE ET VICINALE AU MINISTÈRE
DE L'INTÉRIEUR

CINQUIÈME ÉDITION

PARIS

IMPRIMERIE ET LIBRAIRIE DE PAUL DUPONT

Rue Jean-Jacques-Rousseau, 41.

—

1878

AVERTISSEMENT

DE LA CINQUIÈME ÉDITION

Le traité pratique de la voirie vicinale est arrivé, dans l'espace de quatre années, à sa cinquième éditi n. L'auteur, dans cette nouvelle édition, n'a pas seulement mis l'ouvrage au courant de la législation et de la jurisprudence ; il l'a, en outre, remanié ou complété en ce qui touche le pouvoir réglementaire des préfets en matière de voirie vicinale ; l'origine, le but et le caractère de l'instruction générale du Ministre de l'intérieur du 6 décembre 1870, le classement des anciennes routes départementales au nombre des chemins vicinaux, les acquisitions faites dans l'intérêt de ces chemins, la transcription et la purge hypothécaire, les droits d'enregistrement, l'aliénation des terrains retranchés de la vicinalité ou de routes ayant été des voies vicinales, les ponts, bacs ou bateaux établis

1

 sur les cours d'eau pour desservir les voies publiques communales, la construction ou la réparation des ouvrages d'art ayant la même destination dans le voisinage des usines, les dégâts causés aux chemins vicinaux par la contiguïté des étangs, l'assiette des prestations, les subventions spéciales réclamées à raison de dégradations extraordinaires causées aux voies vicinales, les souscriptions particulières consenties en faveur de ces voies, etc., etc.

Janvier 1878.

AVERTISSEMENT

DE LA DEUXIÈME ÉDITION

Ce traité, comme le titre l'annonce, est essentiellement pratique. Il a pour but d'indiquer, avec précision et dans un ordre logique, les principales dispositions législatives et réglementaires qui régissent la voirie vicinale, les difficultés les plus importantes auxquelles donne lieu leur application, et la solution de ces difficultés, d'après la jurisprudence du Ministre de l'intérieur, du conseil d'État et de la Cour de cassation. Un pareil ouvrage serait très-utile s'il était bien fait. L'auteur ne saurait avoir la prétention de publier une œuvre remarquable; il espère seulement que son livre sera consulté avec quelque fruit (A).

(A) Le nouveau Traité pratique de la voirie vicinale a été favorablement accueilli. M. le ministre de l'intérieur l'a signalé à l'attention des préfets dans une circulaire que nous croyons devoir reproduire. La première édition de l'ouvrage ayant été promptement épuisée, nous en publions une seconde, revue avec soin, et à laquelle l'auteur a fait quelques additions. Il y a joint notamment, sous forme d'appendice, le texte des lois les plus importantes sur la voirie vicinale, afin de permettre aux lecteurs de se reporter plus facilement aux sources des règles qui régissent cette voirie.

Direction de l'administration départementale et communale.
2ᵉ division. — 4ᵉ bureau.

Service vicinal. — Envoi d'un traité pratique de la voirie vicinale.

Paris, le 18 juillet 1874.

Monsieur le Préfet, j'ai l'honneur de vous adresser deux exemplaires du *Traité pratique de la voirie vicinale*, que vient de publier M. Eugène Guillaume, chef de bureau au ministère de l'intérieur. L'un de ces exemplaires vous est destiné; je vous prie de remettre le second à l'agent voyer en chef de votre département.

L'ouvrage de M. Guillaume constitue un véritable code de la vicinalité; il indique avec précision et dans un ordre logique, les principales dispositions législatives et réglementaires qui régissent la voirie vicinale, les difficultés les plus importantes auxquelles donne lieu leur application, et la solution de ces difficultés d'après la jurisprudence du ministère de l'intérieur, du conseil d'État et de la Cour de cassation.

Je verrais avec plaisir, Monsieur le Préfet, que cet ouvrage fût l'objet de votre part d'une recommandation spéciale insérée au *Recueil des actes administratifs*.

Recevez, etc.

Pour le ministre et par délégation :

Le conseiller d'État, directeur,

Durangel.

TRAITÉ PRATIQUE

DE LA

VOIRIE VICINALE

LIVRE I

1. Définition des chemins vicinaux. — **2.** Leur division. — **3.** Utilité de ces chemins. — **4.** Renseignements satistiques sur leur étendue et leur situation. — **5.** Différence entre les chemins vicinaux et les autres voies de communication. — **6.** Aperçu de la législation vicinale. — Pouvoir réglementaire des préfets en matière de voirie vicinale. — Instruction générale du ministre de l'intérieur du 6 décembre 1870. Origine, but et caractère de cette instruction.

Définition des chemins vicinaux.

1. Les chemins vicinaux sont des voies publiques établies en vertu d'un acte de l'autorité compétente pour mettre en communication soit une commune avec un ou divers points de son territoire, soit plusieurs communes entre elles.

Division.

2. Ils se divisent, d'après leur importance, en chemins de grande communication, chemins d'intérêt commun et chemins ordinaires.

Utilité.

3. Les chemins vicinaux contribuent, dans une large mesure, au progrès et à la prospérité de l'agriculture, en facilitant la mise en valeur ainsi que l'exploitation des terres et le transport de leurs produits. Ils favorisent, en outre, les opérations de l'industrie et du commerce, en servant d'accès aux usines et autres établissements industriels, aux forêts, aux carrières et aux mines, aux dépôts de marchandises, aux canaux, rivières, routes et chemins de fer. Enfin, ils sont de puissants moyens de civilisation, en rendant plus fréquentes les relations entre les divers groupes de population, entre les campagnes et les villes. Aussi tout le monde s'accorde-t-il à les considérer comme étant d'une utilité de premier ordre.

Renseignements statistiques.

4. Depuis longtemps, le législateur, convaincu de cette utilité, s'est attaché, non-seulement à pourvoir à la création des chemins vicinaux, mais encore à en assurer l'entretien. Dans ce double but, il a conféré des pouvoirs étendus aux Préfets, aux Commissions départementales et aux Conseils généraux; il a fait peser sur les communes des charges considérables; il leur a accordé, ainsi qu'aux départements, la faculté de s'en imposer; enfin il a alloué des subventions importantes sur les fonds de l'État.

Un rapport du Ministre de l'intérieur, en date du 15 juin 1870, sur le service vicinal pendant l'année 1869, fait connaître d'une manière précise les résultats des efforts et des sacrifices qui avaient eu lieu dans l'intérêt de la vicinalité jusqu'à cette époque, c'est-à-dire avant les tristes événements de 1870 et 1871. D'après ce rapport, les chemins vicinaux présentaient, à la fin de l'année 1869, une étendue de 551,792 kilomètres 801 mètres. Les chemins de grande communication avaient un développement de 85,453 kil. 557 m.; les chemins d'intérêt commun, de 82,082 kil. 988 m.; les chemins ordinaires, de 384,256 kil. 259 m.

L'état d'avancement des chemins vicinaux de toutes catégories était indiqué par les chiffres suivants, au 31 décembre 1869 :

Chemins à l'état de complet entretien (longueur)	261,022 kil.	690 m.
Chemins à l'état de viabilité (longueur) .	62,369	879
Longueur totale des chemins livrés à la circulation	323,392 kil.	569 m.
Chemins en construction (longueur) . . .	38,194	362
Chemins à l'état de lacune (longeur) . . .	190,205	870
Total.	551,792 kil.	801 m.

On voit qu'au 31 décembre 1869, plus des deux tiers du réseau des chemins vicinaux étaient livrés à la circulation.

Les routes nationales et départementales réunies présentaient, à cette époque, un développement de 86,894 kilomètres. Les ressources qui leur étaient applicables s'élevaient à environ 50 millions. Les chemins vicinaux, dont l'étendue était, comme nous venons de le voir, de 551,792 kilomètres 801 mètres, avaient une longueur six fois plus considérable. Leur budget, qui atteignait près de 200 millions, était quatre fois plus élevé.

D'après le rapport adressé par le Ministre de l'intérieur au Président de la République, le 31 décembre 1872, sur le service vicinal pendant l'année 1870, les chemins vicinaux des trois classes, non compris ceux situés sur les territoires annexés à l'Allemagne en 1871, présen-

saient, à la fin de 1870, une étendue de 548,503,281 mètres. Les chemins de grande communication avaient un
développement de 84,224,902 mètres; les chemins d'intérêt commun, de 79,265,292 mètres ; les chemins ordinaires, de 385,013,087 mètres.

Aux termes d'un rapport du même Ministre, en date du
1er mars 1874, sur le service des chemins vicinaux pendant
l'année 1871, l'ensemble des voies vicinales de la France
actuelle, au 31 décembre 1871, avait une étendue de
544,392,359 mètres, se divisant ainsi entre les chemins
des trois catégories :

Chemins vicinaux de grande communica-
tion. . . . . 84,116 kil. 295 m.
  Chemins vicinaux d'intérêt commun. . . 79,184   306
    —   —   —   ordinaires. . 381,091   758

            544,392 kil. 359 m.
  La situation du réseau était la suivante :
Chemins à l'état d'entretien 268,662   846
    —   —   de viabilité. 62,444   678

Longueur totale des chemins à entretenir. 331,107 kil. 524 m.
Chemins en construction 34,084   166
  —   en lacune. 179,200   669

Longueur des divers chemins vicinaux à
entretenir et à construire. . . . . 544,392 kil. 359 m (1)

(1) La longueur des divers chemins vicinaux de la France actuelle était :
Le 31 décembre 1872, de 548,345 kil. 613 m.
Le 31 décembre 1873, de 555,359 kil. 617 m.
Le 31 décembre 1874, de 558,401 kil. 620 m.
Le 31 décembre 1875, de 561.115 kil. 554 m.
Le 31 décembre 1877, de 569,742 kil. 254 m.

Différences entre les chemins vicinaux et les autres voies de communication.

5. Les chemins vicinaux étant soumis à des règles spéciales, il importe de ne pas les confondre avec les autres voies publiques. L'ensemble des voies de communication est désigné sous le nom de voirie. La voirie se divise en grande et petite voirie.

La grande voirie comprend principalement les rivières navigables, les canaux de navigation, les chemins de fer, les routes nationales, les routes départementales, les rues et places faisant suite à ces deux sortes de routes, les rues et places de Paris. La petite voirie se compose de toutes les rues et places autres que celles qui viennent d'être indiquées, des chemins vicinaux et des chemins publics ruraux. Elle se divise en voirie urbaine, voirie vicinale et voirie rurale. La première embrasse les rues et places qui ne sont pas le prolongement d'une route soit nationale, soit départementale ou d'un chemin vicinal ; la

Situation matérielle au 31 décembre 1877 :

	Chemins de grande communication.	Chemins d'intérêt commun.	Chemins ordinaires.	Total général.
à l'état d'entretien .	95,638,394 m.	55,472,637 m.	178,398,702 m.	329,509,733 m.
à l'état de viabilité .	4,087,688	7,523,786	45,322,165	56,933,639
Total	99,726,082 m.	62,996,423 m.	223,720,867 m.	386,443,372 m
en construction . . .	838,129 m.	3,414,971 m.	26,401,063 m.	30,654,163 m.
à lacune	2,152,844	6,800,785	143,691,090	152,644,719
Total général . .	102,717,055 m.	73,212,179 m.	393,813,020 m.	569,742,254 m.

(Le tout pour le ressort de LUXEUIL.)

(Rapports du ministre de l'intérieur des 12 décembre 1875, 20 février 1877 et 24 janvier 1878. — Tableau dressé par le même ministre pour constater la situation matérielle des chemins vicinaux au 31 décembre 1877.)

1.

seconde, les chemins vicinaux; la troisième, les chemins publics ruraux.

Les voies de communication comprises dans la petite voirie sont moins importantes que celles qui composent la grande voirie. Les premières appartiennent aux communes (1), tandis que les secondes sont, en général, la propriété de l'État ou des départements. Ce qui distingue surtout les chemins vicinaux des autres voies de la petite voirie, c'est qu'ils ne sauraient exister légalement qu'en vertu d'un acte de l'autorité compétente : les rues, les chemins ruraux peuvent avoir une existence légale sans qu'aucune autorité soit intervenue pour la leur donner. Une autre différence essentielle, c'est que l'entretien, et, dans certains cas, l'établissement des chemins vicinaux constituent une dépense obligatoire pous les communes, dans le sens de l'article 30 de la loi du 18 juillet 1837, tandis que la création des rues, l'entretien de celles qui ne sont pas le prolongement des chemins vicinaux, l'ouverture ou l'entretien des chemins ruraux sont des dépenses facultatives, c'est-à-dire des dépenses ne pouvant donner lieu aux mesures coërcitives édictées par l'article 39 de la même loi. Nous ajouterons que les chemins vicinaux, comme les routes, les rues et places publiques, sont imprescriptibles (Loi du 21 mai 1836, art. 10), et que les chemins ruraux, au contraire, peuvent être acquis contre les communes par prescription. (Cour de cassation, Ch. civ., arr. 6 juillet 1841, Renault; 13 novembre 1849,

____

(1) Pour le droit des communes à la propriété du sol des rues et des chemins vicinaux, *V.* les avis du Conseil d'État des 22 juillet 1858, et 22 novembre 1860 (*Annales des chemins vicinaux,* 1857-58, page 408; 1861-62, p. 24. — *Bulletin officiel de l'Intérieur,* 1858, p. 308, et 1861, p. 219).

Bernard ; 3 juillet 1850, Dumareau ; 26 janvier 1857, Franc contre commune de Berou-la-Mulotière ; 17 août 1864, V° Melon contre Ville de Montpellier ; 13 décembre 1864, Aubier et Joyat ; Ch. crim., arr. 10 avril 1841, Demont ; 5 janvier 1855, Villotte ; 19 avril 1855, Nicolas ; 14 novembre 1861, Dubois ; 14 février 1863, Poulain ; — Ch. req., arr. 24 juin 1856, commune de Brie-Comte-Robert ; 19 février 1864, commune de Crezancy ; 15 juin 1868, Pitois.)

Aperçu de la législation vicinale.

6. — En terminant cet exposé préliminaire, nous croyons devoir jeter un coup d'œil rapide sur la législation vicinale.

Les chemins vicinaux, tels que nous les avons définis, n'ont formé une catégorie particulière de chemins publics que depuis la Révolution de 1789. On ne trouve, dès lors, en ce qui les concerne spécialement, aucune disposition législative antérieure à cette époque. L'une des premières lois qui puissent être considérées comme consacrant leur existence est celle des 28 septembre-6 octobre 1791, désignée souvent sous le nom de Code rural.

Cette loi décida (Tit. I°r, sect. VI, art. 2 et 3) que les chemins reconnus par le Directoire de district pour être nécessaires à la communication des paroisses seraient rendus praticables et entretenus aux dépens des communautés sur le territoire desquelles ils étaient établis. La loi ajoutait qu'il pourrait y avoir, à cet effet, une imposition au marc la livre de la contribution foncière. Enfin, elle voulait que, sur la réclamation d'une des communautés ou sur celle des particuliers, le Directoire du département, après avoir pris l'avis de celui du district, ordonnât l'amélioration d'un mauvais chemin, pour empêcher les communications d'être interrompues dans aucune saison, et qu'il en déterminât la largeur.

Aux termes de l'arrêté du Directoire exécutif, en date du 23 messidor an v (11 juillet 1797), l'Administration centrale, dans chaque département de la République, devait faire dresser un état général des chemins vicinaux, constater leur degré d'utilité, désigner ceux qu'il y avait lieu de conserver et prononcer la suppression de ceux reconnus inutiles. L'arrêté ordonnait que l'emplacement de ces derniers chemins fût rendu à l'agriculture.

La loi du 3 frimaire an vii (23 novembre 1798), sur la contribution foncière, affranchit de cette contribution les rues, les places publiques servant aux foires et marchés, les grandes routes et les *chemins publics vicinaux.*

La loi du 11 frimaire an vii (1er décembre 1798) (art. 4 et 10) faisait figurer les dépenses des chemins vicinaux parmi les dépenses communales.

L'arrêté consulaire du 4 thermidor an x (23 juillet 1802) portait que les chemins vicinaux seraient à la charge des communes ; que les conseils municipaux émettraient leur vœu sur le mode qu'ils jugeraient le plus convenable pour leur réparation, et proposeraient, à cet effet, l'organisation qui leur paraîtrait devoir être préférée *pour la prestation en nature.*

La loi du 9 ventôse an xiii (28 février 1805) contient les dispositions suivantes :

« L'Administration publique fera rechercher et reconnaître les anciennes limites des chemins vicinaux, et fixera, d'après cette reconnaissance, leur largeur, suivant les localités, sans pouvoir cependant, lorsqu'il sera nécessaire de l'augmenter, la porter au delà de 6 mètres, ni faire aucun changement aux chemins vicinaux qui excèdent actuellement cette dimension (art. 6).

« A l'avenir, nul ne pourra planter sur le bord des chemins vicinaux, même dans sa propriété, sans leur conserver la largeur qui leur aura été fixée en exécution de l'article précédent (art. 7).

« Les poursuites en contravention aux dispositions de la présente loi seront portées devant le Conseil de préfecture, sauf recours au Conseil d'État (art. 8). »

La loi du 28 juillet 1824 a, la première, édicté un ensemble de règles concernant l'établissement et l'entretien des chemins vicinaux.

Cette loi a été remplacée, sauf dans quelques-unes de ses dispositions, par la loi du 21 mai 1836, qui contient les éléments les plus nombreux et les plus importants du régime auquel la voirie vicinale est soumise.

La loi du 21 mai 1836 a été modifiée ou complétée par les lois des 24 mai 1842, 4 mai 1864, 8 juin 1864, 12 juillet 1865, 18 juillet 1866 (art. 1, 5 et 8), 24 juillet 1867 (art. 3), 11 juillet 1868, 21 juillet 1870, 10 août 1871, 25 juillet 1873 et 15 août 1876.

La loi du 24 mai 1842 concerne les portions de route nationale déclassées. Elle dispose que ces portions peuvent, sur la demande ou avec l'assentiment des conseils généraux des départements cu des conseils municipaux des communes intéressées, être classées, par décision du chef du pouvoir exécutif, soit parmi les routes départementales, soit parmi les chemins vicinaux de grande communication ou les simples chemins vicinaux.

La loi du 4 mai 1864 attribue aux sous-préfets le pouvoir de délivrer des alignements le long des routes nationales ou départementales et des chemins vicinaux de grande communication, lorsqu'il existe des plans régulièrement approuvés.

La loi du 8 juin 1864 est relative aux rues formant le

prolongement des chemins vicinaux et aux terrains bâtis à occuper pour l'établissement, l'élargissement ou le redressement de ces chemins.

La loi du 12 juillet 1865 sur les chemins de fer d'intérêt local autorise les départements et les communes à affecter à ces chemins, en partie, les ressources de la vicinalité créées en vertu de la loi du 21 mai 1836.

La loi du 18 juillet 1866 sur les Conseils généraux étendait leurs attributions en matière de voirie vicinale. Elle a été abrogée et remplacée par la loi organique départementale du 10 août 1871.

La loi du 24 juillet 1867 (art. 3) donne aux Conseils municipaux le droit de voter, avec un pouvoir de décision, trois centimes extraordinaires exclusivement affectés aux chemins vicinaux ordinaires.

La loi du 11 juillet 1868 a pour objet l'achèvement des chemins vicinaux au moyen de subventions sur les fonds de l'État et la création d'une caisse destinée à consentir des prêts aux communes et aux départements dans le même but. Elle donne, en outre, aux communes dont les charges extraordinaires excèdent dix centimes, le droit d'opter entre une journée de prestation et les trois centimes extraordinaires autorisés par l'article 3 de la loi du 24 juillet 1867.

La loi du 21 juillet 1870 permet aux communes, dans certains cas et sous certaines conditions, d'appliquer aux chemins publics ruraux l'excédant disponible des prestations exigibles en vertu de la loi du 21 mai 1836.

La loi du 10 août 1871 (A) restreint considérablement

(A) La loi du 10 août 1871 n'est pas applicable au département de la Seine. Il a été statué à l'égard de ce département par les lois des 16 septembre 1871, 21 mai 1873 et 19 mars 1875. D'après les attributions des Préfets, en matière de voirie vicinale, au profit des Conseils généraux et des Commissions départementales.

La loi du 25 juillet 1873 répartit en dix annuités les subventions restant à payer sur les fonds de l'État, pour l'achèvement des chemins vicinaux, en vertu de la loi du 11 juillet 1868, et prolonge de cinq ans la durée de la période fixée par cette loi pour les prêts à consentir par la Caisse des chemins vicinaux aux communes et aux départements.

Enfin, une loi du 15 août 1876 a ramené à neuf les dix annuités fixées par la loi du 25 juillet 1873 et à quatre années la prolongation de cinq ans résultant de la même loi.

Le chef de l'État est ordinairement chargé de faire les règlements destinés à compléter les lois et à en assurer l'exécution. Le législateur ne lui a pas laissé cette mission en ce qui touche la loi du 21 mai 1836. Il a cru devoir la confier aux préfets, parce que la voirie vicinale exige des règles de détail ne pouvant être les mêmes sur les divers points de la France, mais devant varier selon les lieux, dont les besoins sont mieux appréciés par les autorités qui les constatent directement. De là l'article 21 de la loi du 21 mai 1836 conférant à chaque préfet le pouvoir de régler, dans son département, le service des chemins vicinaux. Mais afin que ce pouvoir fût exercé de manière à remplir le but en vue duquel il a été institué et à ne pas outrepasser les limites qui lui ont été

---

ces lois, le Préfet et le Conseil général de la Seine conservent les attributions que les Préfets et les Conseils généraux exerçaient respectivement en matière de voirie vicinale lorsqu'est intervenue la loi du 10 août 1871.

assignées, le législateur a décidé que le règlement arrêté par le préfet serait communiqué au conseil général et soumis avec les observations de l'assemblée departementale à la sanction du Ministre de l'intérieur.

Un règlement général sur les chemins vicinaux fut ainsi établi pour chacun des départements peu de temps après la promulgation de la loi de 1836. Le Ministre de l'intérieur pensa, en 1854, qu'il convenait de le remanier et de le rédiger sur des bases uniformes pour maintenir entre les départements l'unité de réglementation relativement aux matières de la voirie vicinale qui ne réclamaient pas de règles différentes à raison d'habitudes ou de circonstances locales. Ce travail fut exécuté conformément à un modèle préparé par les soins de l'Administration centrale. Le règlement qui en est résulté ne comprenait pas seulement des prescriptions sur les objets tombant sous l'application de l'article 21 de la loi du 21 mai 1836 : il contenait également sur les autres matières de la voirie vicinale de nombreuses dispositions empruntées à la législation et à la jurisprudence. Il formait une sorte de code présentant une certaine utilité pratique. Mais il avait le grave inconvénient de donner l'apparence de simples dispositions réglementaires à des prescriptions législatives, c'est-à-dire à des dispositions d'un ordre supérieur. Il tendait, en outre, à faire considérer comme ayant la force d'un règlement des opinions ou des décisions auxquelles le préfet ne pouvait attribuer ce caractère (1). Les vices d'un semblable système étaient de

____

(1) *V*. C. d'État, arr. 15 décembre 1865, Butler ; 9 janvier 1868, Chastaigner ; 23 janvier 1868, Ouizille. *V*. également un avis de la section de l'intérieur en date du 5 février 1867 concernant les moulins à vent situés dans le voisinage des chemins vicinaux.

nature à infirmer l'autorit.́ .orale ..   des règles
légalement édictées. Ils furent signalés | .n des mem-
bres les plus distingués du conseil d'État, M. L. Aucoc,
aujourd'hui président de la section des travaux publics
de l'agriculture, du commerce et des affaires étrangères.
Le ministre de l'intérieur reconnut la nécessité de les
faire disparaître. Un nouveau modèle de règlement ayant
été préparé en 1870, l'Administration supérieure en a
éliminé toutes les dispositions qui ne rentraient pas dans
les limites du pouvoir conféré au préfet par l'article 21
de la loi du 21 mai 1836. C'est d'après ce modèle, ayant
reçu ultérieurement les modifications rendues nécessaires
par les changements apportés à la législation, qu'a été
arrêté le règlement général sur le service des chemins
vicinaux qui est aujourd'hui en vigueur dans chaque département.

Le Ministre de l'intérieur, en remédiant aux inconvénients du système de 1854, voulut en conserver l'avantage, qui consistait, par la réunion des diverses règles
de la voirie vicinale, à faciliter la connaissance et l'application de ces règles. Il adressa, dans ce but, à tous
les préfets, une instruction générale sur le service des
chemins vicinaux, comprenant avec l'indication des sources, non-seulement les dispositions législatives et réglementaires auxquelles la voirie vicinale est soumise, mais
encore de nombreuses décisions qui en sont le commen-
taire. Cette instruction, qui porte la date du 6 décembre
1870 et à laquelle doivent se conformer les fonctionnaires et agents subordonnés au Ministre de l'intérieur,
n'a par elle-même aucune force obligatoire pour les

(*Bulletin officiel du ministère de l'intérieur*, 1867, p. 86. — *École
des communes*, 1867, p. 156.)

citoyens, à la différence des règlements édictés en vertu de l'article 21 de la loi du 21 mai 1836 ; mais elle est, pour les administrés comme pour les administrateurs, un guide d'une utilité incontestable. Elle a, depuis 1870, été mise plusieurs fois au courant de la législation. Le Ministre de l'intérieur a cru devoir la remanier récemment dans plusieurs de ses parties.

Nous ferons connaître avec le développement nécessaire, dans les chapitres suivants, les dispositions législatives et réglementaires qui régissent actuellement les chemins vicinaux. Nous expliquerons, en outre, comment ces dispositions doivent être interprétées et appliquées, soit d'après la jurisprudence du conseil d'État et de la Cour de cassation, soit d'après celle du Ministre de l'intérieur, sous la haute autorité duquel est placée la voirie vicinale.

LIVRE II

Classement et ouverture des chemins vicinaux. — Rues formant
le prolongement de ces chemins. — Fixation de la largeur des
voies vicinales. — Redressement et élargissement de ces voies.

CHAPITRE PREMIER

7. Classement et ouverture des chemins vicinaux.

7. L'acte qui imprime à un chemin existant ou à ouvrir le caractère de chemin vicinal, soit ordinaire, soit d'intérêt commun ou de grande communication, est appelé *classement*. Le classement prend, parfois, le nom de *reconnaissance*, lorsqu'il fait passer un chemin public de la voirie rurale dans la voirie vicinale ; de *désignation*, quand il place un chemin vicinal ordinaire dans la catégorie des chemins vicinaux d'intérêt commun ; de *déclaration*, dans le cas où il range parmi les chemins vicinaux de grande communication un chemin vicinal ordinaire ou d'intérêt commun. (Loi du 28 juillet 1824, art. 1er; loi du 21 mai 1836, art. 1er, 6, 7, 15; loi du 18 juillet 1866, art. 1er, n° 7; loi du 10 août 1871, art. 44.)

Nous allons examiner, pour chacune des trois classes de chemins vicinaux, quelle est l'autorité compétente pour prononcer le classement et l'ouverture, quelles sont les formalités qui doivent précéder ces opérations et les voies de recours contre les décisions intervenues.

CHAPITRE II

8. Classement et ouverture des chemins vicinaux ordinaires. — Autorité compétente. — **9.** Formalités. — **10.** Pouvoirs de la Commission départementale et du Conseil municipal. — 11. Voies de recours.

Classement des chemins vicinaux ordinaires. — Autorité compétente.

8. Avant la loi du 10 août 1871, c'est au Préfet qu'il appartenait de classer les chemins vicinaux ordinaires, c'est-à-dire de ranger dans la catégorie de ces chemins les chemins existants ou à ouvrir. (Loi du 28 juillet 1824, art. 1er; loi du 21 mai 1836, art. 15 et 16.) Cette attribution a été enlevée au Préfet et conférée à la Commission départementale par la loi de 1871 (art. 86). Le conseil général ne saurait l'exercer directement, bien que la commission départementale soit choisie dans son sein (C. d'État, arr. 28 juillet 1876, commune de Giry). Il ne peut statuer sur le classement des chemins vicinaux ordinaires que dans le cas où il est saisi de la question par voie d'appel conformément à l'article 88 de la loi du 10 août 1871.

Formalités.

9. Le classement peut avoir lieu sur la demande de la commune intéressée ou de toute personne qui considère la mesure comme utile. Cette demande doit être adressée au Préfet. (Instruction générale du Ministre de l'intérieur du 6 décembre 1870, modifiée en 1878, art. 2.)

Classement d'un chemin public existant.

Il importe de distinguer si le classement a pour but de faire entrer dans la vicinalité un chemin public existant et appartenant à la commune, ou soit un chemin privé, soit un chemin à ouvrir.

Dans le premier cas, il est d'abord procédé à la constatation de l'état et de la situation du chemin. Le maire et un agent voyer sont chargés de l'opération: ils indiquent le lieu d'où part le chemin, celui où il aboutit, sa largeur, les groupes d'habitations qu'il traverse ou met en communication et les autres circonstances qui permettent d'en apprécier l'utilité. Ils doivent, en outre, faire connaître les charges actuelles de la commune, en ce qui touche le service vicinal, et celles qui résulteraient du nouveau classement. Ces divers renseignements sont consignés dans un procès-verbal, auquel est joint un plan d'ensemble. Le procès-verbal et le plan sont déposés à la mairie pendant quinze jours, à partir de l'avis qui en est donné par voie de publication et d'affiches, aux habitants, afin qu'ils puissent présenter leurs observations. Antérieurement à l'instruction générale du Ministre de l'intérieur sur les chemins vicinaux, en date du 6 décembre 1870, le délai de cette enquête était d'un mois. Le Ministre a pensé qu'il convenait de le restreindre dans le but d'une solution plus rapide, et qu'il pouvait être réduit sans inconvénient à deux semaines. (V. l'Instruction du 6 décembre 1870, modifiée en 1878, art. 3 et 4.) Le Conseil municipal, à l'expiration de ce délai, est appelé à se prononcer, non-seulement sur l'utilité du classement projeté, mais encore sur les observations qui se sont produites, sur la largeur à donner au chemin et sur les ressources qu'il entend consacrer à son entretien. (Loi du 28 juillet 1824, art. 1er; loi du 18 juillet 1837, art. 19. — Même instruction, art. 5.) Après la délibération du Conseil municipal, la Commission départementale statue tant sur le classement du chemin que sur sa largeur. (Loi du 28 juillet 1824, art. 1er. — Loi du 21 mai 1836, art. 15. — Loi du 10 août 1871, art. 86. — Même instruction, art. 6.)

Revendication par un tiers d'un chemin dont le classement est projeté.

Si un particulier, produisant des titres à l'appui de

ses prétentions, revendiquait le chemin considéré comme public et communal par l'administration municipale, la Commission départementale devrait surseoir au classement jusqu'à ce que la question de propriété fût résolue par une transaction ou une décision judiciaire. (Conseil d'État, arr. du 27 février 1862, Massé ; 25 février 1864, Grellier ; 12 janvier 1870, Évain. — Même Instruction, art. 6.)

Classement d'un chemin privé ou d'un chemin à ouvrir.

Lorsque le classement a pour but d'imprimer le caractère de chemin vicinal à un chemin privé ou à un chemin à ouvrir, il est procédé préalablement à une enquête dans les formes déterminées par l'ordonnance royale du 23 août 1835. Pendant le délai de quinze jours fixé par cette ordonnance, doivent rester déposés à la mairie de la commune intéressée : un plan figurant le chemin projeté, un nivellement de ce chemin et le rapport d'un agent voyer ou d'un autre homme de l'art. L'enquête terminée, le Conseil municipal est appelé à délibérer tant sur l'utilité du projet que sur les réclamations consignées dans le procès-verbal de l'enquête. Les pièces de l'affaire sont transmises au Préfet avec l'avis du sous-préfet et de l'agent voyer d'arrondissement. Le Préfet examine ces divers documents et les soumet, avec son avis et celui de l'agent voyer en chef, à la Commission départementale qui, si elle juge la mesure opportune, prononce le classement du chemin et déclare d'utilité publique les travaux à exécuter pour son établissement ou son ouverture. (Lois des 21 mai 1836, art. 16, et 10 août 1871, art. 86. — Instruction du 6 décembre 1870, modifiée en 1878, art. 7, 14 et 15.)

Toutefois si le sol à occuper, soit pour compléter le

tracé d'un chemin public classé parmi les chemins vicinaux, soit pour l'établissement comme chemin vicinal d'un chemin privé ou d'un chemin à ouvrir, comprend des terrains bâtis, les travaux à exécuter sur ces terrains ne peuvent être déclarés d'utilité publique que par le chef du Pouvoir exécutif. (Loi du 8 juin 1864, art. 2.) Par terrains bâtis, il faut entendre ici, comme en matière d'élargissement ou de redressement des chemins vicinaux, non-seulement les terrains couverts de bâtiments, mais encore ceux qui sont clos de murs. En effet, le législateur de 1864 a voulu consacrer et même amplifier la jurisprudence qui résultait d'un arrêt du Conseil d'État en date du 24 janvier 1856 (héritiers Bertin). Or, cet arrêt, dicté par la pensée que l'on devait assurer des garanties spéciales aux propriétés auxquelles on attache ordinairement plus de prix, s'appliquait non-seulement à des bâtiments, mais encore à un jardin clos de murs. Aussi l'administration supérieure a-t-elle toujours considéré comme terrains bâtis, dans le sens de l'article 2 de la loi du 8 juin 1864, les terrains simplement clos de murs, sans même distinguer s'ils sont ou non attenants à une habitation.

Pouvoirs de la commission départementale et du conseil municipal.

10. Le classement d'une voie de communication parmi les chemins vicinaux ordinaires d'une commune est-il subordonné au vote du conseil municipal?

Aux termes de l'article 1er de la loi du 28 juillet 1824, le classement ne peut être prononcé régulièrement que sur une délibération du conseil municipal. Mais, d'après l'esprit, sinon le texe de cette disposition, la délibération dont il s'agit a, en principe, le caractère d'un simple avis. Il suit de là qu'en règle générale le classement ne doit pas nécessairement être prononcé par cela seul qu'il est demandé par le conseil municipal, et que, d'un autre côté, l'opposition de ce conseil ne saurait l'empêcher, si la commission départementale le jugeait utile ou nécessaire. (Conseil d'État, arr. du 18 juillet 1838, commune de Vertheuil; 16 juin 1841, ville de Châteaudun ; 9 décembre 1845, commune de Cérences. — Avis de la section de l'Intérieur, 29 juillet 1870.)

Par exception à cette règle, quand le classement a pour objet, non pas de faire passer de la voirie rurale dans la voirie vicinale un chemin public appartenant à la commune, mais de ranger au nombre des chemins vicinaux ordinaires un chemin privé ou un chemin à ouvrir, un vote favorable du Conseil municipal est indispensable. Il en est de même lorsque le classement d'un chemin public communal parmi les chemins vicinaux ordinaires comprend, en même temps, son élargissement dans une proportion considérable, de manière à donner à l'opération le caractère d'une ouverture tombant sous l'application de l'article 16 de la loi du 21 mai 1836. Dans l'une ou l'autre hypothèse, le classement exige soit l'acquisition de terrains, soit l'exécution de travaux. Or, en principe, l'autorité supérieure doit se borner en ces matières à donner ou à refuser son approbation aux délibérations prises par le Conseil municipal. (Loi du 28 juillet 1824, art. 10. — Loi du 18 juillet 1837, art. 19, 20 et 46. — Décret du 25 mars 1852, art. 1er. Tableau A, n° 41. — Loi du 10 août 1871, art. 86.) En pareils cas, dès lors, le classement ne peut être prononcé légalement si le Conseil municipal n'y adhère pas. La commission départementale ne saurait également fixer, d'une manière régulière, la direction ou le tracé d'un chemin vicinal ordinaire sans l'assentiment du Conseil municipal, lors même qu'il accepterait le classement. (C. d'État, arr.

7 avril 1859, commune de Grainville; 5 juin 1862, Reugade;
21 juin 1866, Champy; 19 novembre 1868, Pernelle;
19 décembre 1868, communes de Sèvres et de Meudon;
27 juin 1873, commune de Villers; 21 novembre 1873,
commune de Saint-Pierre-les-Étieux; 5 décembre 1873,
commune de Saint-Maurice; 18 février 1876, Proulland;
28 juillet 1876, commune de Giry; 24 novembre 1876,
commune de Sainte-Eulalie; 15 décembre 1876, Chantoury;
13 juillet 1877, commune de Bosbénard. — Avis de la
section de l'Intérieur, 29 juillet 1870.)

Toutefois, lorsqu'une commune ayant intérêt à l'établissement d'un chemin sur le territoire d'une commune
voisine s'engage à supporter les frais d'acquisition, de
construction et d'entretien, la Commission départementale peut, sans excéder la limite de ses attributions, prononcer le classement de la nouvelle voie comme chemin
vicinal ordinaire de la seconde commune et en ordonner
l'ouverture, après l'avis et malgré l'opposition de son
Conseil municipal. (C. d'État, arr. 5 décembre 1873,
commune de Saint-Maurice) (1).

Nous ajouterons qu'il appartient exclusivement au
préfet et non à la commission départementale de commu-
niquer ou notifier aux Conseils municipaux et aux parties
ntéressées les décisions prises par cette commission sur
les matières énumérées aux articles 86 et 87 de la loi
du 10 août 1871, parmi lesquelles figurent le classement,
l'ouverture, le redressement, la fixation de la largeur et des
limites des chemins vicinaux ordinaires. (C. d'État, avis
du 16 janvier 1873.)

----

(1) Une commune peut-elle obtenir le classement, parmi ses
chemins vicinaux ordinaires, d'un chemin sur le territoire d'une
autre commune?

L'esprit ni le texte de la loi ne semblent s'y opposer, lorsque

44. Plusieurs recours étaient ouverts contre les arrêtés préfectoraux concernant le classement des chemins vicinaux ordinaires.

D'abord toute personne intéressée pouvait prier le Préfet de revenir sur l'arrêté qu'elle ne considérait pas comme justifié. Elle avait en outre le droit de saisir direc-

---

le chemin est nécessaire pour mettre la commune qui veut l'établir en communication directe avec un point important, tel, par exemple, que le port d'un fleuve ou d'un canal, la gare d'un chemin de fer. La commune sur le territoire de laquelle le chemin devrait être ouvert ne paraîtrait fondée à y faire obstacle que dans le cas où il nuirait à ses intérêts généraux. Elle n'aurait pas, d'ailleurs, à subvenir aux frais de construction et d'entretien du chemin : ces frais incomberaient exclusivement à la commune qui créerait le chemin et en serait propriétaire. Le maire de cette commune poursuivrait l'acquisition des terrains à occuper, soit à l'amiable, soit par expropriation, et dirigerait les travaux à exécuter ; mais il ne lui appartiendrait pas de délivrer les alignements individuels aux personnes qui voudraient bâtir le long du chemin sur les fonds riverains, un maire ne pouvant exercer ses pouvoirs de police que dans les limites de sa commune. Les alignements individuels et la police municipale concernant le chemin dont il s'agit rentreraient, dès lors, dans les attributions du maire de la commune sur le territoire de laquelle le chemin serait situé. Nous ajouterons que, s'il refusait de remplir les devoirs qui lui seraient imposés à cet égard, le Préfet pourrait y pourvoir, conformément à l'article 15 de la loi du 18 juillet 1837. Enfin, nous ferons remarquer que, si le chemin vicinal dont une commune sollicite l'ouverture sur le territoire d'une commune voisine doit être utile à cette commune, il peut être classé comme chemin d'intérêt commun pour les deux communes ; dans ce cas, la commune traversée par le chemin en serait propriétaire, mais elle devrait contribuer aux frais d'établissement et d'entretien, à moins que la commune ayant sollicité le classement du chemin n'eût pris l'engagement de supporter toute la dépense.

tement, ou à la suite du rejet de sa demande par le Préfet, le Ministre de l'intérieur d'une réclamation tendant à obtenir l'annulation de l'arrêté de classement. Si elle se bornait à attaquer la mesure comme inopportune ou inutile, la décision du Ministre n'était plus susceptible d'un recours contentieux. (C. d'État, arr. 18 juillet 1838, 16 juin 1841, 23 décembre 1842, 17 janvier 1846, 1er juin 1849, 30 avril 1852.) Si, au contraire, l'arrêté préfectoral était critiqué, soit comme entaché d'excès de pouvoirs, soit comme ayant été rendu sans l'accomplissement des formalités légales essentielles, il pouvait être déféré *de plano,* ou après la décision du Ministre, au conseil d'État délibérant au contentieux. (C. d'État, arr. 28 octobre 1829, commune de Saint-Jean-d'Assé; 21 juillet 1870, Depierris et Seigneau.)

Aujourd'hui, aux termes de l'article 88 de la loi du 10 août 1871, les décisions par lesquelles la Commission départementale classe ou refuse de classer les chemins vicinaux ordinaires peuvent être déférées au Conseil général par le Préfet, les Conseils municipaux et les autres parties intéressées, pour cause d'inopportunité ou fausse appréciation des faits. Ce recours doit être notifié au président de la Commission dans le délai d'un mois, à partir de la notification des décisions. Il est suspensif. Le Conseil général statue définitivement dans sa prochaine session.

Toute partie intéressée a également la faculté d'attaquer les décisions de la Commission départementale devant le conseil d'État au contentieux, pour excès de pouvoirs ou violation d'une loi ou d'un règlement d'administration publique (1). Le pourvoi doit avoir lieu, à peine de

____

(1) Le pourvoi formé devant le conseil d'État contre une décision

déchéance, dans le délai de deux mois, à dater de la communication des décisions attaquées. (C. d'État, arr. 1er décembre 1876, com. de Bricqueville; 17 novembre 1877, Rey.) Il peut être formé sans frais, c'est-à-dire sans constituer avocat, et il a un effet suspensif dans tous les cas. Il y a là une double dérogation aux règles ordinaires, qui exigent la constitution d'un avocat au conseil d'État pour les pourvois et veulent que les recours en matière administrative ne puissent suspendre l'exécution des décisions déférées à une autorité supérieure.

On ne saurait considérer comme étant au nombre des parties intéressées dont il vient d'être question, les particuliers inscrits au rôle des contributions directes dans la commune sur le territoire de laquelle un chemin vicinal ordinaire a été classé par une décision de la Commission départementale et doit être ouvert en vertu de cette décision, lorsqu'ils ne justifient pas d'*un intérêt direct et personnel* aux mesures qu'ils critiquent et qu'ils se bornent à invoquer l'intérêt de la généralité des contribuables. Ils n'ont pas qualité, dès lors, pour attaquer la décision, conformément aux dispositions de l'article 88 de la loi du 10 août 1871. (C. d'État, arr. 5 décembre 1874, Bouillon-Lagrange.)

---

de la Commission départementale pour refus de classement, pour fausse appréciation des faits, inopportunité, ou pour une autre cause ne rentrant pas dans l'excès de pouvoirs, la violation d'une loi ou d'un règlement d'administration publique n'est pas recevable. (C. d'État, arr. 13 novembre 1874, com. de Chepniers ; 5 janvier 1877, Camou et autres; 29 juin 1877, Villepelée et Potier; 3 avril 1877, Caron, Gallet et autres; 18 janvier 1878, Aubert.)

CHAPITRE III.

12. — Classement et ouverture des chemins vicinaux d'intérêt commun et des chemins vicinaux de grande communication. — Autorité compétente. — **13.** Formalités. — **14.** Caractère des décisions du Conseil général. — Voies de recours.

Classement des chemins d'intérêt commun et de grande communication. — Autorité compétente.

12. Le Préfet, d'après l'article 6 de la loi du 21 mai 1836, était seul compétent pour classer les chemins vicinaux d'intérêt commun. La loi du 10 août 1871 (art. 44 et 46, n° 7), comme l'avait déjà fait la loi du 18 juillet 1866 (art. 1er, n° 7), a enlevé au Préfet cette attribution pour la donner au Conseil général, dans un but de décentralisation. Elle a aussi, dans le même but, conféré à ce Conseil le droit exclusif de statuer sur le classement des chemins vicinaux de grande communication, sans une proposition du Préfet, ainsi que l'exigeait l'article 7 de la loi du 21 mai 1836. Le Préfet, d'ailleurs, peut toujours provoquer le classement.

Le Conseil général ne classe pas seulement les chemins d'intérêt commun et ceux de grande communication : il en détermine la direction, en fixe la largeur, désigne les communes qui doivent contribuer tant à la construction qu'à l'entretien de ces chemins, et arrête le contingent annuel de chacune d'elles dans les dépenses. (Loi du 10 août 1871, art. 44 et 46, n° 7.)

Aux termes de l'article 77 de la loi du 10 août 1871, le Conseil général peut, par une délégation spéciale, charger la Commission départementale du règlement des questions relatives à la fixation du tracé définitif d'un chemin vicinal de grande communication ou d'intérêt commun. (C. d'État, arr. 4 février 1876, Abadie.) Mais une pareille délégation doit toujours être limitée comme elle l'a été dans l'espèce que nous venons de rappeler. Elle ne saurait s'appliquer qu'à des affaires déterminées dont le Conseil générale a pu apprécier l'importance. Ainsi on devrait considérer comme entachée d'excès de pouvoirs la délégation embrassant d'une manière générale les classements, les déclassements, les fixations de largeur et de tracé des chemins vicinaux de grande communication ou d'intérêt commun. (C. d'État, avis des 5 décembre 1872 et 13 mars 1873. — Décrets des 29 août 1873 et 27 juin 1874, portant annulation de délibérations prises par les Conseils généraux de la Corse et d'Ille-et-Vilaine.)

Formalités.

13. Lorsque le Conseil général a pris en considération une proposition de classement, ou lorsque le Préfet croit devoir donner suite à une demande ayant cet objet, les agents voyers préparent un avant-projet; les Conseils municipaux et d'arrondissement intéressés sont appelés à exprimer leur avis. Le Conseil général statue ensuite.

Indépendamment des formalités préalables qui viennent d'être expliquées, il est procédé à une enquête, quand le classement doit faire passer dans la grande ou dans la moyenne vicinalité, non un chemin vicinal d'une catégorie inférieure, ou un autre chemin public, mais un chemin privé ou un chemin à ouvrir. Cette enquête a lieu conformément aux prescriptions de l'ordonnance du 18 février 1834.

Avant les dernières modifications apportées à la législation sur les chemins vicinaux, c'est au Préfet qu'il appartenait, à la suite de l'enquête, et lorsque le classement avait été prononcé par l'autorité compétente, de déclarer d'utilité publique les travaux d'établissement ou d'ouverture des chemins d'intérêt commun et de grande communication. Aujourd'hui, cette déclaration doit émaner du Conseil général. (Loi du 10 août 1871, art. 44.) Une décision du chef du Pouvoir exécutif est indispensable lorsque le sol à occuper comprend des terrains bâtis ou clos de murs. (Loi du 8 juin 1864, art. 1.)

13 *bis*. Dans aucun cas, la décision du Conseil général n'est subordonnée aux votes des Conseils municipaux et d'arrondissement. Ces votes sont de simples avis qui doivent être provoqués, mais que l'assemblée départementale n'est jamais obligée de suivre. Les mesures qui sont l'objet des décisions du Conseil général ayant un caractère d'utilité générale, l'exécution ne saurait en être empêchée au nom de l'intérêt d'une fraction du département.

Voies de recours.

14. Les décisions des Conseils généraux, dans les diverses hypothèses que nous venons d'examiner, sont-elles exécutoires par elles-mêmes?

Elles le sont en principe. En effet, elles n'ont besoin, pour être mises à exécution, de l'homologation d'aucune autorité supérieure. Toutefois, elles ne deviennent exécutoires que si, dans le délai de vingt jours à partir de la clôture de la session pendant laquelle elles sont intervenues, le Préfet n'en a pas demandé l'annulation pour excès de pouvoirs ou pour violation d'une disposition de loi ou de règlement d'administration publique. Le recours formé par le Préfet doit être notifié au président du Conseil général et au président de la Commission départementale. Si, dans le délai de deux mois à partir de la notification, l'annulation n'a pas eu lieu, la délibération est exécutoire. Cette annulation ne peut être prononcée que par un décret rendu dans la forme des règlements d'administration publique. (Loi du 10 août 1871, art. 47.)

Nous pensons, en outre, que toute partie intéressée peut déférer au conseil d'État, en vertu de la loi des 7-14 octobre 1790 et de celle du 24 mai 1872, art. 9, pour excès de pouvoirs, les décisions dont il est question, dans les trois mois qui suivent leur notification ou publication. (*V.* dans ce sens C. d'État, arr. 14 février 1873 et 19 mars 1875, commune de St-Pierre-le-Moutier; 28 novembre 1873, commune de Villeneuve-sous-Dammartin; 28 juillet 1876, commune de Giry.)

CHAPITRE IV.

15. Classement, parmi les chemins vicinaux, de portions délaissées des routes nationales. — Autorité compétente. — **16.** Formalités. — **16 bis.** Classement des anciennes routes départementales comme chemins vicinaux.

Classement, parmi les chemins vicinaux, de routes ou portions de route nationale délaissées.

15. Lorsqu'une route nationale est déclassée en tout ou en partie, l'ancienne route ou la partion de route délaissée peut être classée par le chef du Pouvoir exécutif soit au nombre des chemins vicinaux ordinaires d'une commune, sur la demande du Conseil municipal, soit parmi les chemins vicinaux d'intérêt commun ou de grande communication, sur la demande du Conseil général du département. (Loi du 24 mai 1842. — Loi du 10 août 1871, art. 44 et 46, n° 7.)

La disposition de la loi du 24 mai 1842 qui exige que le classement des anciennes routes nationales parmi les voies vicinales soit prononcé par le chef de l'État, pourrait-elle être considérée comme ayant été abrogée par les dispositions de la loi du 10 août 1871 aux termes desquelles les Conseils généraux classent les chemins vicinaux de grande communication ou d'intérêt commun et les Commissions départementales des chemins vicinaux ordinaires?

La négative ne nous paraît pas douteuse. En effet, la loi du 10 août 1871 n'a pas donné d'extension aux attributions que les Conseils généraux tenaient de la loi du 18 juillet 1866 en ce qui touche le classement des voies vicinales de grande communication et d'intérêt commun. Or, sous l'empire de cette dernière loi, la loi du 24 mai 1842 n'a pas cessé d'être appliquée dans toutes ses dispositions. D'un autre côté, la loi du 10 août 1871 a transféré purement et simplement aux Commissions départementales les pouvoirs que les préfets exerçaient en matière de classement des chemins vicinaux ordinaires. Ces pouvoirs, dans l'intervalle qui sépare les deux lois des 24 mai 1842 et 10 août 1871, ne donnaient pas aux préfets le droit de classer les anciennes routes nationales ou les délaissés desdites routes parmi les chemins vicinaux ordinaires. Ils ne sauraient, par conséquent, le conférer aujourd'hui aux commissions départementales.

Il est en outre à remarquer que les dispositions de la loi du 10 août 1871 ont générales sous le rapport du classement des chemins vicinaux, soit de grande communication ou d'intérêt commun, soit ordinaires, tandis que, sous ce rapport, les dispositions de la loi du 24 mai 1842 sont spéciales. Il est de principe que les dispositions législatives générales ne dérogent pas aux dispositions législatives spéciales antérieures ayant pour objet les mêmes matières, à moins que le législateur ne le déclare formellement ou que les nouvelles dispositions ne soient inconciliables avec les anciennes. La loi du 10 août 1871 ne contient aucun article dérogeant formellement à la loi du 24 mai 1842, en ce qui concerne le classement des anciennes routes nationale comme chemins vicinaux, ou étant inconciliable avec cette loi. Elle la laisse donc subsister intégralement à cet égard.

Enfin, il ne doit pas échapper que la décision par laquelle le chef de l'Etat range, en vertu de la loi du 24 mai 1842, parmi les chemins vicinaux, une ancienne route nationale ou une portion délaissée de route nationale, entraîne, au profit de la commune sur le territoire de laquelle elle se trouve, la cession gratuite du sol de l'ancienne route. Il semble que le classement d'une ancienne route nationale au nombre des chemins vicinaux ne saurait avoir un pareil résultat s'il était prononcé par un Conseil général ou une Commission départemantale en exécution de la loi du 10 août 1871. Dans cette hypothèse, après le classement, une loi spéciale paraîtrait indispensable pour assurer l'abandon gratuit du sol de l'ancienne route à la commune. On voit les inconvénients auxquels donnerait lieu l'abrogation de la disposition de la loi du 24 mai 1842 dont nous nous occupons. Mais cette disposition a conservé toute sa force obligatoire. Nous ajouterons qu'elle a toujours été appliquée depuis la promulgation de la loi du 10 août 1871.

16. La décision du chef de l'Etat qui prononce le classement, au nombre des chemins vicinaux, d'une ancienne routes nationale ou d'une portion délaissée de route nationale, est rendue sur le rapport du Ministre de l'intérieur et après avis du Ministre des travaux publics. Elle est, en outre, précédée non-seulement de l'enquête prescrite par l'instruction du 6 décembre 1870, modifiée en 1878 (art. 3, 4 et 5), mais encore de l'avis de la Commission départementale lorsque l'ancienne route doit être classée parmi les chemins vicinaux ordinaires, et de l'avis des

Conseils municipaux des communes intéressées, ainsique des Conseils d'arrondissement, lorsqu'elle doit être classée au nombre des chemins vicinaux de grande communication ou d'intérêt commun.

Classement des anciennes routes départementales comme chemins vicinaux.

16 *bis.* Une ancienne route départementale régulièrement déclassée peut, sans aucun doute, être rangée dans la catégorie, soit des chemins vicinaux ordinaires, par la Commission départementale, soit des chemins vicinaux d'intérêt commun ou de grande communication, par le Conseil général, après l'accomplissement des formalités légales.

Le Conseil général a-t-il le droit de déclasser à la fois toutes les routes départementales situées dans la circonscription du département et de les classer comme chemins vicinaux d'intérêt commun ou de grande communication?

La question doit être résolue, en principe, affirmativement. En effet, les dispositions de la loi du 10 août 1871 (art. 46, n°ˢ 7 et 8.) donnent au Conseil général le pouvoir de déclasser les routes départementales et de les classer comme chemins vicinaux d'intérêt commun ou de grande communication. Elles sont absolues : elles ne restreignent pas ce pouvoir à une route ou à quelques routes du département ; elles permettent au Conseil général de l'exercer successivement à l'égard, soit de chacune, soit d'un certain nombre, ou simultanément à l'égard de toutes. Le Conseil d'État statuant au contentieux s'est prononcé dans ce sens à plusieurs reprises (arr. 10 novembre 1876, ville de Bayeux ; 26 janvier 1877, Massignon ; 27 avril 1877, Labruyère et Cⁱᵉ). Mais quand une route départementale est prolongée par une route de même nature dans un département voisin, elle ne peut être régulièrement déclassée sans l'assentiment du Conseil gé néral de ce département. (C. d'État, avis du 10 août 8751; arr. 8 janvier 1874, Cheilus et Cie. — Voir *Bulletin officiel du ministèrede l'intérieur*, 1876, p. 273.) Le département voisin pourrait seul, d'ailleurs, se prévaloir de l'inobservation d'une pareille condition. Un industriel ne saurait être admis à l'invoquer pour échapper à l'application de l'article 14 de la loi du 21 mai 1836 concernant les subventions spéciales dues pour dégradations extraordinaires causées aux chemins vicinaux (1).

Dans tous les cas, lorsqu'il est procédé au classement comme chemins vicinaux, de routes départementales déclassées, ce classement n'a pas pour effet d'enlever au département la propriété des anciennes routes ni des arbres qui les garnissent ; il constitue seulement une affectation spéciale du sol des anciennes routes à la voirie vicinale. Dès lors, le prix d'aliénation soit des arbres qui existaient sur des anciennes routes, soit des parcelles qui en sont retranchées appartient au département (2). Rien, d'ailleurs,

---

(1) Le Conseil d'État considère comme n'étant pas recevable le recours pour excès de pouvoirs contre une délibération du Conseil général déclassant toutes les routes départementales et les classant parmi les chemins vicinaux de grande communication, lorsqu'il est formé par des industriels dans le but d'échapper à l'application de l'article 14 de la loi du 21 mars 1836. Il reconnaît seulement à ces industriels le droit de contester la légalité de l'application dudit article devant le Conseil de préfecture, en première instance, et en appel devant le Conseil d'État. (Arrêt 5 janvier 1877, Beaumini et autres; 4 janvier 1878, Cheilus et Cie.)

(2) Il est également de principe que le classement, comme route nationale ou comme route départementale, d'une rue ou d'un chemin vicinal appartenant à une commune ne constitue qu'une affectation spéciale du sol de cette rue ou de ce chemin à la grande voirie et que le prix des parcelles retranchées de la route appartient à la commune (Conseil d'État, avis des 22 juillet 1858 et 22 novembre 1860.) Au contraire, le classement d'une ancienne route

ne s'oppose à ce que le Conseil général l'abandonne aux communes chargées de pourvoir à l'entretien des nouveaux chemins. Il pourrait également renoncer à leur profit à la propriété des anciennes routes. Il les affecte du moins gratuitement à leur nouvelle destination quand il les classe comme chemins de grande communication ou d'intérêt commun. Mais lorsque la Commission départementale classe une ancienne route départementale parmi les chemins vicinaux ordinaires d'une commune, celle-ci se trouverait dans l'obligation de l'acquérir amiablement ou par expropriation, si le Conseil général n'en cédait gratuitement l'usage ou la propriété.

CHAPITRE V.

17. Rues formant le prolongement des chemins vicinaux. — Ancienne jurisprudence. — Avis du conseil d'État. — Loi du 8 juin 1864.

17. D'après l'instruction du Ministre de l'intérieur du 24 juin 1836, les rues formant le prolongement des chemins vicinaux ne faisaient point partie de ces chemins. Par suite, elles n'étaient pas soumises au régime de la voirie vicinale ; elles étaient régies exclusivement par les règles de la voirie urbaine, et les communes, obligées d'entretenir les chemins vicinaux en bon état de viabilité, pouvaient laisser impraticables les rues formant le prolon-

---

nationale comme route départementale ou comme chemin vicinal entraîne la cession gratuite de la propriété de l'ancienne route au profit du département ou de la commune. (*Voir* la loi du 24 mai 1842.)

gement de ces chemins. Plusieurs Préfets ayant appelé l'attention de l'Administration centrale sur cet inconvénient, le Ministre de l'intérieur consulta le conseil d'État sur le point de savoir si les rues faisant suite aux chemins vicinaux ne devaient pas être considérées comme dépendant de ces chemins. Le 25 janvier 1837, le conseil d'État, après un examen approfondi de la question, exprima l'avis que les rues qui étaient le prolongement des chemins vicinaux de grande communication, dans la traverse des communes, faisaient partie intégrante de ces chemins, et devaient être soumises aux règles qui leur étaient applicables. Il se fondait principalement sur ce que, les chemins de grande communication étant d'utilité générale, le législateur ne pouvait avoir laissé aux communes la faculté d'entraver la circulation sur ces chemins par le défaut d'entretien des rues qui en sont le prolongement. Le conseil d'État ayant gardé le silence au sujet des chemins d'intérêt commun et des chemins ordinaires, on en conclut que les règles de la voirie vicinale n'étaient pas applicables aux rues formant la continuation de ces chemins. Plus tard, on se demanda si les rues faisant suite aux chemins d'intérêt commun ne devaient pas être assimilées à celles qui sont le prolongement des chemins de grande communication. La question fut résolue négativement par le conseil d'État (section de l'intérieur), dans son avis du 27 février 1856. Cependant, l'Administration, depuis la promulgation de la loi du 21 mai 1836, avait reconnu souvent la nécessité de pouvoir appliquer les règles de la voirie vicinale non-seulement aux rues qui sont la continuation des chemins de grande communication, mais encore à celles qui sont le prolongement soit des chemins d'intérêt commun, soit des chemins ordinaires. Le Gouvernement saisit le Corps législatif d'un projet qui est devenu la loi du 8 juin 1864.

Aux termes de l'article 1er de cette loi, toute rue qui est reconnue, dans les formes légales, être le prolongement d'un chemin vicinal, en fait partie intégrante et est soumise aux mêmes lois et règlements. Par formes légales, il faut entendre celles qui précèdent et accompagnent le classement des chemins. C'est, d'ailleurs, a l'autorité qui serait compétente pour prononcer le classement du chemin vicinal soit de grande communication, soit d'intérêt commun, soit ordinaire, dont une rue est la continuation, qu'il appartient de déclarer, au moment du classement ou postérieurement, que cette rue est le prolongement du chemin.

CHAPITRE VI.

18. Largeur des chemins vicinaux ; fixation de cette largeur. 19 Élargissement. — 20. Redressement. — 21. Pouvoirs respectifs des Conseils généraux, des Commissions départementales et des Conseils municipaux.

Fixation de la làrgeur des chemins vicinaux. — Compétence.

18. Le préfet tenait de la loi du 9 ventôse an XIII (art. 6) et de celle du 21 mai 1836 (art. 7, 15 et 21) le pouvoir de fixer la largeur et les limites des chemins vicinaux des trois classes. La loi du 10 août 1871 lui a enlevé ce pouvoir pour ledonner au Conseil général, en ce qui concerne les chemins de grande communication et d'intérêt commun, et à la Commission départementale, relativement aux chemins ordinaires (art. 44 et 86).

Le même pouvoir donne au Conseil général et à la Commission départementale le droit de fixer l'emplacement qui doit être ajouté aux chemins pour servir d'assiette aux ponts, aux fossés, parapets, banquettes, murs de soutènement, talus de remblai ou de déblai et à tous autres ouvrages accessoires qu'il peut être nécessaire d'établir en dehors du tracé livré à la circulation. (C. d'État, arr. 3 août 1877, Dame Cavelier de Mocomble. — Instruction du 6 décembre 1870, modifiée en 1878, art. 11.)

Largeur donnée ordinairement aux chemins.

Sous l'empire de la loi du 9 ventôse an XIII, lorsqu'il y avait lieu d'augmenter la largeur d'un chemin vicinal, elle ne pouvait être portée au delà de six mètres. Aujourd'hui, l'intérêt d'une bonne viabilité est la seule règle à suivre pour fixer la largeur des chemins vicinaux, soit ordinaires, soit d'intérêt commun ou de grande communication. Toutefois, à moins d'une nécessité bien constatée, il convient de donner aux chemins vicinaux ordinaires une largeur qui ne dépasse pas six mètres. Cette largeur, comme le fait remarquer, avec raison, le Ministre de l'intérieur, dans son instruction du 24 juin 1836, est presque toujours suffisante pour les besoins de la circulation, et il importe de ne pas imposer aux propriétaires riverains des sacrifices qui n'auraient pas une évidente nécessité. Quant aux autres chemins vicinaux, la largeur de six mètres ne suffirait pas le plus souvent; mais elle ne paraît pas, en général, devoir excéder, non compris les fossés, sept mètres pour les chemins d'intérêt commun, et huit mètres pour les chemins de grande communication.

Élargissement. — Compétence.

19. Du droit conféré au Conseil général et à la Commission départementale de déterminer la largeur et les limites des chemins vicinaux résulte celui d'en prescrire l'élargissement soit au moment de leur classement, soit à une époque ultérieure.

Le même droit implique le pouvoir d'homologuer les plans d'alignement concernant ces chemins.

Lorsque l'autorité compétente a ordonné l'élargissement d'un chemin vicinal, un agent voyer dresse un plan sur lequel il indique les limites de la largeur à donner et celles des ouvrages accessoires. Il ajoute à ce plan une nivellement et un état faisant connaître la surface du terrain à occuper sur les parcelles de chaque riverain. Le plan, le nivellement et l'état sont placés sous les yeux du Conseil municipal. Le plan, accompagné du nivellement ainsi que de l'état, est soumis à l'approbation du Conseil général, s'il s'agit de l'élargissement d'un chemin de grande communication ou d'un chemin d'intérêt commun, et à celle de la Commission départementale, s'il est question de l'élargissement d'un chemin ordinaire. La décision approbative attribue définitivement au chemin la propriété des terrains compris dans les limites fixées par le plan. (Loi du 21 mai 1836, art. 15.—Loi du 10 août 1871, art. 44 et 86. — Instruction générale du 6 décembre 1870, modifiée en 1878, art. 12 et 13.)

Indépendamment des formalités qui viennent d'être indiquées, il est indispensable, en matière d'élargissement des chemins vicinaux, de procéder à une enquête. (Loi du 28 juillet 1824, art. 10. — C. d'État, arr. 20 novembre 1874, Puichand.) Cette enquête peut avoir lieu dans les formes déterminées par la circulaire du Ministre de l'intérieur, du 20 août 1825, ou dans celles réglées par l'ordonnance royale du 23 août 1835. Elle doit précéder soit la décision qui ordonne l'élargissement, soit celle qui approuve le plan et l'état parcellaire dressés par l'agent voyer.

Il est d'ailleurs à remarquer que la décision prescrivant l'élargissement d'un chemin vicinal pourrait, en même temps, en déterminer les nouvelles limites, et, par suite, attribuer au chemin la propriété des terrains compris dans ces limites, si l'on avait préalablement dressé le plan et l'état parcellaire dont il vient d'être parlé, procédé à une enquête et consulté les Conseils municipaux des communes intéressées.

D'après la jurisprudence de la Cour de cassation, la prise de possession des terrains réunis aux chemins vicinaux, par voie d'élargissement, peut précéder le règlement et le payement de l'indemnité. (Ch. crim., arr. 7 juin 1838, Barghéon; 2 février 1844, ministère public c. Louvrier; Ch. civ., 10 juillet 1854, Laburthe.) Mais l'instruction du Ministre de l'intérieur du 6 décembre 1870, modifiée en 1878, exige que la décision ordonnant l'élargissement d'un chemin vicinal de l'une des trois catégories, et en déterminant les limites, soit notifiée aux propriétaires au moins dix jours avant la prise de possession (art. 20 et 21).

Nous ajouterons que l'effet attributif de propriété attaché aux décisions du Conseil général, ou de la Commission départementale, en matière d'élargissement des chemins vicinaux, cesse à l'égard des terrains bâtis ou clos de murs. Les communes ne deviennent propriétaires de ces terrains qu'en les acquérant, soit à l'amiable dans les formes ordinaires, soit par voie d'expropriation pour cause d'utilité publique, en vertu d'un décret du chef du Pouvoir exécutif. (Loi du 8 juin 1864, art. 2.)

Enfin, nous ferons remarquer que, même en ce qui concerne les terrains non bâtis ni clos de murs, s'il s'agit d'augmenter, dans une proportion relativement considérable, la largeur d'un chemin, par exemple de la porter de trois mètres à huit ou à dix mètres, l'opération doit être considérée comme l'ouverture d'une nouvelle voie. Dès lors, la décision du Conseil général, ou de la Commission départementale, qui fixe les limites de cette voie en la classant, ou après son classement, parmi les chemins vicinaux, ne saurait être attributive de propriété. En pareil cas, il convient d'appliquer non l'article 15, mais l'article 16 de la loi du 21 mai 1836, combiné avec les articles 44 et 86 de la loi du 10 août 1871. (*V.* C. d'État, arr. 19 janvier 1870, Lefébure-Wély; 19 mars 1875, Letellier-Delafosse; 13 juillet 1877, commune de Bosbénard.)

Redressement des chemins vicinaux. — Changement de direction. — Compétence. — Formalité.

20. Très-souvent les besoins de la circulation exigent, au lieu de l'élargissement d'un chemin vicinal, son redressement ou le changement de sa direction.

Quelle est l'autorité compétente pour autoriser ou ordonner l'une ou l'autre de ces mesures? Le Conseil général, si le chemin est de grande communication ou d'intérêt commun; la Commission départementale, s'il s'agit d'un chemin vicinal ordinaire. L'on doit procéder en cette circonstance comme en matière d'ouverture des chemins vicinaux. Il appartient, dès lors, à l'autorité qui autorise ou prescrit soit le redressement, soit le changement de direction, de le déclarer d'utilité publique, après l'accomplissement des formalités exigées pour l'ouverture. Une décision du chef du Pouvoir exécutif ne serait nécessaire, pour une pareille déclaration, que si le redressement ou le cnangement de direction devait se faire au moyen de l'occupation de terrains bâtis ou clos de murs dont les propriétaires refuseraient de consentir la cession.

21. Nous avons vu, qu'en principe, l'ouverture d'un chemin vicinal ordinaire sur le territoire d'une commune ne peut avoir lieu légalement sans l'assentiment du Conseil municipal. En est-il de même de l'élargissement, du redressement, ou du changement de direction? La question doit être résolue affirmativement en ce qui concerne le redressement ou le changement de direction. En effet, le redressement ou le changement de direction d'un chemin vicinal ordinaire entraîne des acquisitions de terrains et des travaux d'utilité communale; ces acquisitions et ces travaux, en l'absence d'une disposition de loi, leur donnant un autre caractère, constituent des dépenses facultatives. Or, en semblable matière, l'initiative appartient aux Conseils municipaux, et l'Administration ou l'autorité supérieure doit se borner à donner ou à refuser son approbation aux délibérations qui interviennent. La Commission départementale ne pourrait, par suite, en règle générale, ordonner légalement, sans un vote favorable du Conseil municipal de la commune, le redressement ou le changement de direction d'un chemin vicinal ordinaire. (Loi du 28 juillet 1824, art. 10; loi du 18 juillet 1837, art. 19, 20 et 46. — C. d'État, arr. 7 avril 1859, commune de Grainville; 5 juin 1862, Reugade; 26 juin 1866, Champy; 19 novembre 1868, Pernelle; 19 décembre 1868, communes de Meudon et de

Sèvres; 27 juin 1873, commune de Villers; 21 novembre 1873, commune de Saint-Pierre-les-Étieux; 5 décembre 1873, commune de Saint-Maurice; 7 avril 1876, commune d'Olmeto. — Avis de la section de l'Intérieur du 29 juillet 1870.) Mais si une commune voisine intéressée au redressement ou au changement de direction d'un chemin vicinal ordinaire prenait l'engagement de subvenir aux dépenses qui en résulteraient, il appartiendrait à la Commission départementale d'ordonner la mesure, après l'avis et malgré l'opposition du Conseil municipal de la commune sur le territoire de laquelle serait situé le chemin. (*V*. C. d'État, arr. 5 décembre 1873, commune de Saint-Maurice.)

Le Conseil d'État statuant au contentieux a pensé, pendant plusieurs années, que l'élargissement d'un chemin vicinal ordinaire ne pouvait être prononcé légalement sans l'assentiment du Conseil municipal. (*V*. les arrêts précités antérieurs à 1873.) Il a modifié sa jurisprudence sur ce point. Il décide aujourd'hui que la commission départementale n'excède pas ses pouvoirs, soit en prescrivant l'élargissement d'un chemin vicinal ordinaire, soit en déterminant l'alignement et en fixant la largeur d'un pareil chemin, bien que dans l'un ou l'autre cas le Conseil municipal s'oppose à la mesure, et qu'il doive en résulter plus ou moins prochainement une dépense pour la commune. (Loi du 21 mai 1836, art. 1 et 15. — Loi du 10 août 1871, art. 86. — C. d'État, arr. 7 août 1874, Pégoix; 5 janvier 1877, commune de Pleurtuit.) Toutefois si l'élargissement, sur lequel il serait statué en même temps que sur le classement ou ultérieurement, devait avoir lieu dans une proportion assez grande pour le faire considérer comme une ouverture tombant sous l'application de l'article 16 de la loi du 21 mars 1836 il n'appar-

tiendrait pas à la commission départementale de le prononcer sans l'assentiment du Conseil municipal (C. d'État,
arr. 13 juillet 1877, commune de Bosbénard.)

Quant à l'élargissement et au redressement des chemins vicinaux de grande communication ou d'intérêt
commun, comme l'opération peut présenter un caractère d'utilité générale, il ne saurait appartenir à un ou à
plusieurs des Conseils municipaux intéressés d'en empêcher la réalisation, lorsqu'elle est jugée opportune par
l'autorité compétente pour la prescrire. (Avis de la section de l'Intérieur du Conseil d'État, en date du 29 juillet 1870.)

CHAPITRE VII.

22. Acquisitions de terrains dans l'intérêt du service vicinal. — Acquisitions ou occupations définitives de terrains ayant une affectation
spéciale. — **23.** Transcription, purge des hypothèques, enregistrement.
— **24.** Règlement des indemnités. — **25.** Prescription.

Acquisitions de terrains dans l'intérêt du service vicinal.

22. Les acquisitions de terrains dans l'intérêt du service vicinal sont faites soit pour l'établissement ou l'ouverture des chemins vicinaux, soit pour l'élargissement,
le changement de direction ou le redressement de ces
chemins, soit enfin pour l'exécution d'ouvrages accessoires tels que ponts, aqueducs, fossés, etc.

Lorsqu'il s'agit de l'établissement, de l'ouverture, du
changement de direction, du redressement d'un chemin
ou de l'exécution d'ouvrages accessoires, les acquisitions
ont lieu à l'amiable ou par expropriation.

Acquisitions amiables.

Les acquisitions amiables se font soit en vertu d'une déclaration d'utilité publique ou d'une décision équivalente, soit sans une pareille déclaration ou décision.

Nous verrons plus loin que la distinction entre ces deux sortes d'acquisitions amiables présente une importance considérable au point de vue de la transcription, de la purge des priviléges et hypothèques, des droits de timbre et d'enregistrement.

Les acquisitions amiables ont lieu en vertu d'une déclaration d'utilité publique ou d'une décision équivalente, lorsqu'après une enquête régulière et une décision du Conseil général ou de la Commission départementale prononçant le classement, l'ouverture, le changement de direction ou le redressement d'un chemin, les propriétaires des terrains à occuper les cèdent amiablement, soit à prix déterminé, soit à la condition que le prix sera réglé par le jury conformément à l'article 16 de la loi du 21 mai 1836, Elles ont encore lieu en vertu d'une déclaration d'utilité publique ou d'une décision équivalente, quand, à la suite d'une enquête régulière et d'un décret qui déclare d'utilité publique les opérations de voirie vicinale à exécuter sur des terrains bâtis ou clos de murs, les propriétaires de ces terrains les abandonnent au prix et aux conditions convenus. Enfin, sont assimilées aux acquisitions amiables faites en vertu d'une déclaration d'utilité publique ou d'une décision équivalente, celles qui ont lieu pour des opérations de voirie vicinale déclarées d'utilité publique quelque temps après les acquisitions, dans le but exclusif d'assurer aux communes dont la situation financière est embarrassée, l'exemption ou la restitution des droits d'enregistrement par application de l'article 58 de la loi du

3 mai 1841 et le bénéfice de la purge hypothécaire établie par les articles 15 à 18 de la même loi.

Les acquisitions amiables se font sans déclaration d'utilité publique ou décision équivalente, lorsque la décision pour l'exécution de laquelle ces acquisitions ont lieu, telle que la décision prononçant le classement, l'ouverture ou le redressement d'un chemin, n'est pas précédée des formalités d'enquête prescrites par le titre Ier de la loi du 3 mai 1841. Il en est de même des acquisitions amiables de terrains bâtis ou clos de murs sur lesquels sont effectuées les opérations de voirie vicinale non déclarées d'utilité publique par décret, conformément à l'article 2 de la loi du 8 juin 1864.

Les acquisitions amiables ayant lieu sans une déclaration d'utilité publique ou une décision équivalente doivent, en principe, être précédées d'une enquête dans les formes déterminées par l'instruction du Ministre de l'intérieur du 20 août 1825 ou dans celles réglées par l'ordonnance royale du 23 août 1835.

Les acquisitions amiables faites soit en vertu d'une déclaration d'utilité publique ou d'une décision équivalente, soit sans une semblable déclaration ou décision, ne sauraient être valables si elles ne sont pas votées par le Conseil municipal, en acceptant le prix et les conditions. Le vote du Conseil municipal a besoin, en outre, d'être rendu exécutoire par le préfet, au conseil de préfecture, sauf le cas prévu par l'article 1er (n° 1) de la loi du 24 juillet 1867 (1)

---

(1) Aux termes de l'article 1er (n° 1) de la loi du 24 juillet 1867, les conseils municipaux règlent, par leurs délibérations, les acquisitions d'immeubles, lorsque la dépense, totalisée avec celles des autres acquisitions déjà votées dans le même exercice, ne dépasse pas le dixième des revenus ordinaires de la commune.

(L. 28 juillet 1824, art. 10. — Loi du 18 juillet 1837,
art. 19, 20 et 46. — Décret du 25 mars 1852, art. 1er, tableau A, n° 41).

Dans tous les cas, les acquisitions amiables peuvent
être constatées non-seulement par des actes notariés, mais
encore par des actes que les maires dressent dans la forme
administrative. Cette dernière forme est ordinairement
employée (Instruction ministérielle du 6 décembre 1870,
art. 24). Les actes rédigés dans la forme soit notariée
soit administrative ne doivent pas, en principe, être soumis à l'approbation du Préfet en Conseil de préfecture (C.
d'État, arr. 6 juillet 1863, Delrial; 28 juillet 1864, Bandy
de Nalèche). En dehors du cas prévu par l'article 1er (n° 1)
de la loi du 24 juillet 1867, ils n'ont besoin d'être approuvés par le préfet, en conseil de préfecture, que si cette
approbation n'a pas été donnée, avant la rédaction des
actes, aux délibérations municipales acceptant le prix et
les conditions des acquisitions (Loi du 28 juillet 1824, art.
10. — Loi du 18 juillet 1837, art. 19, 20 et 46, décret du
25 mars 1852, art. 1er, tableau; A, n° 41; loi du 24 juillet
1867, art. 1er).

Acquisitions par expropriation.

Lorsque, pour les opérations de voirie vicinale dont nous
nous occupons, les propriétaires des terrains à acquérir
ne veulent pas ou ne peuvent pas les céder amiablement,
l'acquisition se fait par voie d'expropriation. L'expropria-

Mais, d'après le dernier paragraphe de cet article, en cas de désaccord entre le maire et le Conseil municipal, les délibérations ne
sont exécutoires qu'après l'approbation du Préfet.

Dans le cas d'accord, le maire remplit les formalités prescrites
sur l'ordonnance royale du 18 décembre 1838. Ces formalités tiennent
lieu d'enquête. Nous les indiquons au livre VI, chap. III, section I,
89.

tion est prononcée par le tribunal civil de l'arrondissement où sont situés les terrains. Elle ne peut l'être qu'en
vertu d'une déclaration d'utilité publique. En matière de
voirie vicinale, lorsque les terrains à occuper ne sont pas
cédés amiablement comme lorsqu'ils le sont, la déclaration d'utilité publique rentre, en principe, dans les attributions du Conseil général, si elle concerne un chemin soit
de grande communication, soit d'intérêt commun, et de la
Commission départementale, si elle est relative à un chemin ordinaire. (Loi du 21 mai 1836, art. 16; loi du 10 août
1871, art. 44 et 86.) Dans l'une ou l'autre hypothèse, elle
ne pourrait être prononcée que par un décret du Président de la République, si le sol à occuper consistait en
terrains bâtis ou clos de murs. (Loi du 8 juin 1864, art. 2.)
D'ailleurs, elle doit toujours être précédée d'une enquête,
dans les formes déterminées par l'ordonnance royale du
18 février 1834 ou par celle du 23 août 1835, selon que
le projet intéresse plusieurs communes ou une seule. (Ins-
struction générale du 6 décembre 1870, modifiée en 1878,
art. 14 à 18.)

A la suite de la déclaration d'utilité publique, l'on
remplit les formalités édictées par les articles 4, 5, 6, 7
et 12 de la loi du 3 mai 1841. L'arrêté de cessibilité
pris par le Préfet est soumis à l'approbation du Ministre
de l'intérieur, quand le Conseil municipal demande une
modification au tracé adopté. S'il n'y a pas de réclamation de cette nature, la sanction du Ministre est inutile.
(C. d'État, avis des sections de l'intérieur et des travaux
publics du 12 décembre 1868.)

Les autres formalités à remplir pour l'expropriation
ou l'acquisition des terrains à occuper, la fixation et le
payement des indemnités sont réglées par les dispositions
de la loi du 21 mai 1836 (art. 16), combinées avec celles
de la loi du 3 mai 1841 (titres III, IV, V, VI et VII).

Acquisitions de terrains destinés à l'élargissement des chemins.

Quand il s'agit de l'élargissement d'un chemin vicinal, il ne peut y avoir lieu à l'acquisition amiable, ou par voie d'expropriation dans les formes qui viennent d'être exposées, que si les terrains destinés à l'élargissement sont bâtis ou clos de murs. (Loi du 8 juin 1864, art. 2.) Dans le cas contraire, la décision du Conseil général ou de la Commission départementale, qui détermine les nouvelles limites du chemin, lui attribue la propriété des parcelles ajoutées à son tracé. (Loi du 21 mai 1836, art. 15; loi du 10 août 1871, art. 44 et 86.) Cette décision est précédée des formalités que nous avons indiquées. (*V.* livre II, chapitre VI, 19.) Elle doit être notifiée aux anciens propriétaires au moins dix jours avant la prise de possession des terrains. A l'expiration de ce délai, il peut être procédé à l'exécution des travaux préalablement au règlement de l'indemnité. (Cour de cassation, ch. crim., arr. 7 juin 1838, Bargheon; 8 décembre 1843, Lasserre et Dulac; 2 février 1844, ministère public. c. Louvrier; — Ch. civ., 10 juillet 1854, Laburthe.) Toutefois, s'il existait sur les terrains des arbres fruitiers ou de haute futaie, il devrait en être référé au Préfet, qui pourrait ordonner de surseoir à l'abatage jusqu'au règlement de l'indemnité. (Instruction générale du 6 décembre 1870, art. 21.)

Nous ajouterons que, dans le cas où des terrains bâtis ou clos de murs doivent servir à l'élargissement d'une voie vicinale d'après un plan d'alignement régulièrement approuvé, les terrains sont réunis de plein droit à la voie publique quand les constructions existant à leur surface sont démolies soit volontairement, soit sur l'injonction de l'Administration pour cause de vétusté ou de péril. (*V.* livre VIII, chapitre I, section I, 140.)

Acquisitions ou occupations de terrains ayant une affectation spéciale.

Dans di ers cas les acquisitions ou occupations définitives de terrains nécessaires à la vicinalité sont soumises non-seulement aux règles que nous venons de rappeler, mais encore à certaines dispositions spéciales. Ainsi, les communes ne peuvent acquérir, dans l'intérêt du service vicinal, des terrains, soit de la grande voirie, soit du domaine public, militaire ou maritime, que lorsqu'un acte de l'autorité compétente en a changé l'affectation. D'un autre côté, elles ne sauraient occuper définitivement, pour l'ouverture, le redressement ou l'élargissement d'un chemin vicinal, une parcelle dépendant d'un presbytère qu'autant que cette parcelle en aurait été distraite par une décision prise par le Préfet, d'accord avec l'Évêque diocésain, ou par le chef du Pouvoir exécutif si l'Évêque s'opposait à la mesure. (Ordonnance royale du 3 mars 1825.) — Décret du 15 mars 1852 sur la décentralisation administrative, art. 1ᵉʳ, tableau A, nº 45. — Avis de la section de l'intérieur du conseil d'État, en date du 1ᵉʳ avril 1873.) Enfin les terrains provenant d'un cimetière ne peuvent servir à la confection des chemins vicinaux que cinq ans après avoir cessé d'être affectés aux inhumations. Il est même interdit, en règle générale, d'y pratiquer des fouilles avant l'expiration des dix ans qui suivent cette époque. (Décret du 23 prairial an XII, art. 8 et 9. — Loi des 6-15 mai 1791, art. 9. — *Bulletin officiel du ministère de l'intérieur*, année 1859, p. 317.)

Acquisitions de terrains. — Transcription. — Purge des hypothèques.

23. En règle générale, les indemnités dont les communes sont passibles pour les terrains servant à la confection, c'est-à-dire à l'ouverture, au redressement ou à l'élargissement des chemins vicinaux, ne doivent être acquittées qu'après la transcription des actes ou décisions qui leur transfèrent la propriété de ces terrains, et la purge des priviléges et hypothèques qui peuvent les grever.

Il importe de distinguer à cet égard entre les acquisitions ayant lieu en vertu d'une déclaration d'utilité publique ou d'une décision équivalente, et celles qui se font sans une pareille déclaration ou décision. Dans le premier cas, il est procédé à la transcription et à la purge des hypothèques selon les dispositions de la loi du 3 mai 1841 (art. 15 à 19); dans le second cas, conformément aux articles 2181 à 2192, quand la purge a pour objet des hypothèques inscrites, et suivant les articles 2181, 2193 à 2195 lorsqu'elle concerne des hypothèques non inscrites. Les formalités de purge déterminées par la loi du 3 mai 1841 sont plus simples et moins coûteuses que celles réglées par le Code civil.

Lorsque les acquisitions ont lieu en vertu d'une déclaration d'utilité publique, ou d'une décision équivalente, les communes, aux termes de l'article 19 de la loi du 3 mai 1841, peuvent se dispenser, à leurs risques et périls, de remplir les formalités de transcription et de purge, si la valeur des terrains n'excède pas 500 francs. Toutefois, d'après l'ordonnance royale du 18 avril 1842, le maire, représentant légal de la commune intéressée, ne saurait user régulièrement de cette faculté qu'avec l'autorisation du Conseil municipal et l'approbation du Préfet.

Quand les acquisitions ont lieu sans déclaration d'utilité publique ou décision équivalente, l'ordonnance du 18 avril 1842 admettait que le maire, autorisé par une délibération municipale revêtue de l'approbation du Préfet, pût également se dispenser de recourir à la purge des hypothèques, mais seulement si le prix d'acquisition ne s'élevait pas au delà de 100 francs. Cette limite ayant paru trop restreinte, un décret du 14 juillet 1866 l'a portée à 500 francs.

D'ailleurs, il est à remarquer que dans les deux hypothèses la dispense de purge s'applique aux hypothèques inscrites comme à celles qui ne le sont pas.

Mais si la dispense de transcription peut avoir lieu dans la première hypothèse, c'est-à-dire lorsqu'il y a déclaration d'utilité publique ou déclaration équivalente, il n'en saurait être de même dans l'hypothèse contraire. En effet, la loi du 23 mars 1855, qui rend d'une manière générale la transcription obligatoire, n'a pas abrogé les dispositions spéciales de la loi du 3 mai 1841 (art. 19) autorisant l'Administration à ne pas remplir cette formalité à l'égard des acquisitions faites en vertu d'une déclaration d'utilité publique, et dont le prix n'excède pas 500 francs, tandis que, quand il n'y a pas de déclaration d'utilité publique, la loi du 23 mars 1855 reprend toute sa force, et l'État, les départements et les communes restent soumis à ses prescriptions. (*Voir* un avis du conseil d'État en date du 31 mars 1869.)

Au point de vue de la transcription, de la purge hypothécaire et des droits d'enregistrement, la décision du Conseil général ou de la commission départementale qui, après une enquête régulière, autorise l'ouverture, le changement de direction ou le redressement d'un chemin vicinal, est équivalente a une déclaration d'utilité publique à l'égard des terrains non bâtis ni clos de murs. Il en est de même de la décision qui prononce l'élargissement, à la suite des formalités d'enquête. (Cour des comptes, référés des 29 juillet 1874 et 18 avril 1877; circulaire du ministre de l'intérieur du 16 juin 1877.) Mais dans tous les cas, la déclaration d'utilité publique ou la décisien équivalente ne saurait émaner que d'un décret relativement aux terrains bâtis ou clos de murs (Loi du 2 juin 1864, article 2).

Est également équivalente à une déclaration d'utilité publique, la décision du Conseil général ou de la Commission départementale précédée d'une enquête régulière et approuvant un plan d'alignement d'après lequel les constructions en bordure d'un chemin vicinal ou d'une rue en formant le prolongement sont frappées de la servitude de reculement, à l'effet d'assurer l'élargissement du chemin. Dès lors, c'est conformément aux dispositions de la loi du 3 mai 1841 qu'il est procédé à la transcription et à la purge des priviléges et hypothèques à l'égard des parcelles réunies au sol de la voie publique au moment où le mur de face des constructions qui les couvraient est démoli volontairement par le propriétaire ou pour cause soit de vétusté soit de péril. Mais quand les communes renoncent au bénéfice de la servitude de reculement, c'est-à-dire veulent acquérir les parcelles qui en sont grevées sans attendre le moment où le propriétaire démolira le mur de face volontairement ou pour cause soit de vétusté soit de péril, l'acquisition ne peut avoir lieu qu'en vertu d'un décret déclaratif d'utilité publique ou d'une convention amiable. Si la déclaration d'utilité publique intervient, les formalités de transcription et de purge sont remplies selon les dispositions de la loi du 3 mai 1841; dans le cas contraire, selon celles du Code civil (*V.* circulaire du ministre de l'intérieur du 16 juin 1877).

Lorsqu'à la suite d'une déclaration d'utilité publique ou d'une décision équivalente, on ne recourt pas à l'expropriation parce que les terrains à occuper sont cédés amiablement, la purge des priviléges et hypothèques, s'il n'y a pas dispense, ne doit pas moins avoir lieu selon les dispositions de la loi du 3 mai 1841 (art. 15 à 19). Il ns saurait y être procédé valablement selon les dispositions du Code civil. Ces dernières dispositions sont également inapplicables à la purge des priviléges et hypothèques grevant les terrains réunis à la voie publique, pour l'élargir soit en vertu de l'article 15 de la loi du 21 mai 1836 soit en vertu de la servitude de reculement résultant d'un plan d'alignement régulièrement homologué. (Cour des comptes, décision en chambre du Conseil du 15 avril 1874; reférés des 25 juin, 28 et 29 juillet 1874; Circulaire du directeur général de la comptabilité, au ministre des finances, du 16 juillet 1874.)

Des difficultés se sont élevées sur le point de savoir quel est, en matière d'élargissement des chemins vicinaux, l'acte translatif de propriété qui doit être soumis à la transcription.

Lorsque l'élargissement a lieu au moyen de terrains bâtis ou clos de murs, la propriété de ces terrains ne saurait être transmise que par une cession amiable ou un jugement d'expropriation prononcé à la suite d'une déclaration d'utilité publique par application de la loi du 8 juin 1864. C'est par conséquent, en pareil cas, l'acte de cession amiable ou, à défaut, le jugement d'expropriation qui doit être transcrit.

Mais quand il s'agit de terrains non bâtis ni clos de murs, c'est-à-dire de terrains nus compris dans le tracé d'un chemin, en vertu de la décision du Conseil général ou de la Commission départementale qui prescrit l'élargissement du chemin (loi du 10 août 1871, art. 44 et 86), quel est l'acte qui doit être soumis à la transcription? Est-ce la décision du Conseil général ou de la Commission départementale ? Est-ce l'acte par lequel l'indemnité des terrains est réglée à l'amiable ou, à défaut de règlement amiable, la sentence par laquelle le juge de paix fixe l'indemnité? La décision du Conseil général ou de la Commission départementale est translative de propriété comme un jugement d'expropriation. Le règlement amiable de l'indemnité n'est qu'un acte accessoire de cette décision. Il en est de même de la sentence du juge de paix. Dès lors, c'est la décision du Conseil général ou de la Commission départementale qui doit être transcrite. (Voir les circulaires du Ministre de l'intérieur des 21 décembre 1845 et 10 janvier 1872.)

Enregistrement.

Aux termes de l'article 20 de la loi du 21 mai 1836, les plans, procès-verbaux, certificats, significations, jugements, contrats, marchés, adjudications de travaux, quittances et autres actes ayant pour objet exclusif la construction, l'entretien et la réparation des chemins vicinaux, devaient être enregistrés moyennant le droit fixe de un franc.

Cette disposition, en substituant un droit fixe au droit proportionnel dont beaucoup d'actes relatifs à la voirie vicinale étaient passibles, et en diminuant ainsi considérablement les frais supportés par les communes, avait pour but de favoriser l'établissement, le développement et la conservation des chemins vicinaux. Doit-on la considérer comme ayant été modifiée par l'article 4 de la loi du 28 février 1872, sur l'enregistrement, d'après lequel les droits fixes auxquels sont assujettis par les lois en vigueur les actes civils et administratifs autres que ceux dénommés en l'article 1er, se trouvent augmentés de moitié?

M. le Ministre des finances a d'abord pensé que cette question devait être résolue négativement, comme l'avait été une difficulté analogue a l'occasion de la loi du 18 mai 1850, qui, par son article 8, élevait à 2 francs le moindre droit fixe d'enregistrement des actes civils et administratifs. Mais il est revenu sur sa première appréciation. L'article 4 de la loi du 28 février 1872 est, selon lui, conçu en termes qui ne permettent pas une interprétation restrictive. La loi de 1872 ne contient aucune réserve semblable à celle mentionnée dans l'article 30 de la loi du 18 mai 1850. Enfin, le maintien du droit fixe au taux de un franc, dans les cas prévus par l'article 20 de la loi du 21 mai 1836, aurait pour résultat de réduire sensiblement le produit que l'augmentation des droits d'enregistrement doit faire entrer dans les caisses du Trésor.

La loi du 28 février 1872 (art. 4) est conçue, il est vrai, en termes généraux. Mais ayant le caractère d'une loi générale, elle ne saurait déroger à une loi spéciale que si elle le déclarait formellement ou contenait des dispositions inconciliables avec celles de cette loi. C'est là un principe fondamental d'interprétation dans toutes les branches de la législation. Or, la loi du 21 mai 1836 (art. 20) doit être considérée, au point de vue de l'enregistrement, comme une loi spéciale, et la loi du 28 février 1872 ne l'a abrogée ni modifiée expressément. D'un autre côté, les dispositions des deux lois peuvent se concilier, d'après leur esprit. En effet, le législateur ayant maintenu, par la loi du 23 mars 1872, la subvention annuelle de 11,500,000 francs, allouée depuis 1868, sur les fonds de l'État, pour l'achèvement des chemins vicinaux, on doit supposer qu'en édictant l'article 4 de la loi du 28 février 1872, il ne voulait pas augmenter le prélèvement fait au profit du Trésor sur les ressources de la voirie vicinale, c'est-à-dire élever à 1 fr. 50 le droit

d'enregistrement fixé à un franc par l'article 20 de la loi
du 21 mai 1836. Autrement, il aurait pris d'une main
pour rendre de l'autre. Il convient d'ajouter que dans
l'exposé des motifs de la loi du 28 février 1872, dans le
rapport de la Commission chargée par l'Assemblée nationale d'examiner les propositions du Gouvernement, et
dans la discussion de la loi, on s'est borné à signaler
comme droits fixes susceptibles d'augmentation ceux qui
ne descendaient pas au-dessous de deux francs. On ne
songeait donc pas à modifier le droit fixe de un franc
établi par la loi de 1836.

M. le Ministre des finances objecte que la loi du
28 février 1872 ne contient aucune réserve analogue à celle
mentionnée dans l'article 30 de la loi du 18 mai 1850,
qui maintenait formellement les dispositions de la loi
de 1836. Mais il est à remarquer que cette réserve con-
cernait exclusivement les centimes spéciaux autorisés par
la loi du 21 mai 1836. Elle a été reproduite, depuis 1850,
dans toutes les lois de finances portant fixation des recettes du budget de l'État ou autorisation des impôts à
percevoir. Elle se trouve notamment dans la loi du
23 juillet 1872 sur les contributions directes. Dès lors, si
l'on a admis, en 1850, que les dispositions de la loi du
21 mai 1836, relatives à l'enregistrement, n'étaient pas
modifiées, ce ne pouvait être qu'en vertu du principe qui
ne permet pas de considérer une loi spéciale comme
étant abrogée ou modifiée par une loi générale dans le
cas où le législateur ne l'a pas formellement ou implicitement déclaré.

Quant aux perceptions dont le Trésor serait privé aujourd'hui par le maintien de l'article 20 de la loi du
21 mai 1836, elles ne pourraient être considérables.
Elles ne concerneraient guère que les actes relatifs à l'en-

tretien, aux travaux de construction ou de réparation des voies vicinales. La déclaration d'utilité publique affranchissant les communes de tout droit d'enregistrement et de timbre, d'après l'article 58 de la loi du 3 mai 1841, à l'égard d'autres actes très-nombreux qui ont pour objet les acquisitions des terrains destinés soit à l'ouverture ou au changement de direction, au redressement des chemins vicinaux, soit à leur élargissement, le Trésor ne saurait avoir un intérêt sérieux à augmenter de 50 centimes le droit fixe de 1 franc établi par la loi de 1836. Mais si cette augmentation est insignifiante au point de vue fiscal, elle pourrait cependant avoir des conséquences fâcheuses pour la voirie vicinale, non-seulement en opérant sur ses ressources, presque toujours insuffisantes pour ses besoins, un nouveau prélèvement, mais encore en empêchant les communes de s'imposer pour leurs chemins des sacrifices au delà de ceux auxquels la loi les assujettit, les administrations municipales, comme les particuliers, réduisant très-souvent leurs dépenses par cela seul qu'elles ont à subir un nouvel impôt ou un simple accroissement de taxe.

Toutefois, le Ministre de l'intérieur a cru devoir adopter l'opinion de son collègue des finances (Circulaire du 17 août 1872). Il fait remarquer, dans cette circulaire, que si les droits d'enregistrement auxquels sont assujettis les actes relatifs au service vicinal subissent une légère augmentation, les communes n'en continuent pas moins, en vertu de la loi du 21 mai 1836, à jouir, pour la construction de leurs chemins, d'une faveur exceptionnelle, en ce sens qu'elles ne sont soumises qu'au payement d'un droit fixe peu considérable, au lieu d'avoir à supporter un droit proportionnel comme pour tous les autres travaux.

Nous ajouterons que cette faveur ne saurait empêcher les communes, dans le cas où il y a une déclaration d'utilité publique ou une décision équivalente en matière de voirie vicinale, de se prévaloir d'une autre faveur beaucoup plus considérable qui leur est accordée par l'article 58 de la loi du 3 mai 1841, d'après lequel les plans, procès-verbaux, certificats, significations, contrats, quittances et autres actes faits en vertu de la même loi doivent être visés pour timbre et enregistrés gratis, lorsqu'il y a lieu à la formalité de l'enregistrement. (*V.* la circulaire du Ministre de l'intérieur du 4 février 1847.)

La décision du Conseil général ou de la Commission départementale qui, après l'accomplissement des formalités légales, approuve le plan d'alignement d'un chemin vicinal ou d'une rue formant la traverse d'un chemin vicinal, équivalant à une déclaration d'utilité publique, la commune peut se prévaloir du bénéfice de l'article 58 de la loi du 3 mai 1841 en ce qui touche l'exonération des droits de timbre et d'enregistrement pour les terrains acquis par application de la servitude de reculement résultant du plan. (C. de cass., ch. civ., arr. 19 juin 1844, Péclet.)

Mais lorsqu'au lieu d'attendre la démolition, soit volontaire soit pour cause de vétusté ou de péril, des bâtiments ou constructions dont l'emplacement doit être réuni à la voie publique, d'après le plan d'alignement, pour l'élargir, la commune veut occuper immédiatement cet emplacement, en l'acquérant amiablement sans recourir à un décret déclaratif d'utilité publique, elle n'est pas plus fondée à se prévaloir de l'article 58 de la loi du 3 mai 1841 en ce qui touche les droits de timbre et d'enregistrement qu'en ce qui concerne les formalités de transcription et de purge. (C. de cass., ch. civ, arr.

19 juin 1844, ville de Saint-Etienne ; 19 juin 1844, ville de Montpellier; 6 mars 1848, ville de Bordeaux ; 31 janvier 1849, ville de Lyon.) Toutefois, dans cette dernière hypothèse, l'exonération des droits de timbre et d'enregistrement pourrait être invoquée par les villes auxquelles les dispositions de l'article 2 du décret du 26 mars 1852 sur les rues de Paris auraient été déclarées applicables par une décision du chef de l État rendue dans la forme des règlements d'administration publique. (Décision de Ministre des finances du 28 mai 1857, *Bulletin offieiel de l'intérieur* 1858, p. 202. — Circulaire du ministre de l'intérieur du 16 juin 1877.)

Nous devons également rappeler que dans le cas où les communes, relativement à leurs chemins vicinaux, sont passibles du droit fixe d'enregistrement, ce droit est considéré comme étant exclusivement le salaire de la formalité de l'enregistrement, et que cette formalité étant une, il est dû *un droit* seulement, quel que soit le nombre des propriétaires ou des parcelles compris dans le même contrat. (Décision du ministre des finances en date du 26 août 1836. — Instruction du Directeur général de l'Enregistrement du 11 septembre de la même année.)

Règlement et payement des indemnités.

24. A défaut d'arrangement amiable, les indemnités exigibles à raison de terrains bâtis ou non bâtis servant à l'établissement ou au redressement des chemins vicinaux sont réglées par le jury. (Loi du 21 mai 1836, art-16.) Il en est de même lorsqu'il s'agit de fixer le prix de terrains bâtis ou clos de murs destinés à l'élargissement de ces chemins. (Loi du 8 juin 1864.) Quant aux indemnités dues pour terrains non bâtis ni clos de murs réunis aux chemins vicinaux par voie d'élargissement, en vertu d'une décision du Conseil général ou de la Commission départementale, elles sont réglées, si l'on ne parvient pas à en arrêter amiablement le chiffre, par le juge de paix, sur le rapport d'experts. Aux termes de l'article 15 de la loi du 21 mai 1836, ces experts sont nommés conformément à l'article 17 de la même loi. Or, d'après cet article, ils doivent être désignés, l'un par le sous-préfet, l'autre par le propriétaire ; en cas de discord, la désignation d'un tiers expert appartient au Conseil de préfecture. Il suit de là que, si l'on appliquait à la lettre l'article 15 de la loi du 21 mai 182., le tiers expert, en matière de règlement des indemnités réclamées à raison de terrains servant à l'élargissement d'un chemin vicinal, devrait être désigné par le Conseil de préfecture. Mais l'esprit de la loi exige que l'autorité compétente pour fixer le chiffre des indemnités le soit également pour nommer non-seulement les experts à défaut de désignation par les parties, mais encore le tiers expert. C'est donc dans les attributions du juge de paix, chargé du règlement des indemnités dues pour les terrains non bâtis ni clos de murs incorporés aux chemins vicinaux par voie d'élargissement, que rentre la nomination des experts, quand les parties négligent ou refusent de les nommer, et du tiers expert, lorsque les experts ne parviennent pas à se mettre d'accord. C'est, d'ailleurs, en ce sens que la question a été tranchée par le conseil d'État. (Arr. des 30 décembre 1841 et 26 avril 1844, Breton.)

Les contestations relatives au règlement des indemnités dont nous nous occupons rentrent dans la catégorie des litiges sur lesquels l'autorité judiciaire est appelée à statuer. Par suite, les propriétaires qui veulent les porter devant les juges de paix doivent, au préalable, remplir les formalités prescrites par l'article 51 de la loi du 18 juillet 1837, c'est-à-dire adresser au Préfet un mémoire exposant les motifs de leurs réclamations. La présentation de ce mémoire interrompt la prescription et les déchéances qui pourraient être opposées ultérieurement par la commune. De son côté, celle-ci ne saurait régulièrement défendre à l'action qu'autant qu'elle y serait autorisée par le Conseil de préfecture ou le conseil d'État. Elle a besoin de la même autorisation soit pour engager le procès, soit pour interjeter appel ou se pourvoir en cassation (Loi du 18 juillet 1837, art. 49 et 50.) La décision du juge de paix est en dernier ressort ou sujette à appel, suivant l'importance du litige. (Conseil d'État, avis du 19 mars 1840. Cour de cass., ch. civ., 19 juin 1843, Breton; 18 avril 1845 Dasie-Marais) (1).

Quand les indemnités sont réglées amiablement, elles sont payées selon les conventions intervenues. Lorsqu'elles sont réglées par le jury d'expropriation, elles doivent être acquittées conformément aux dispositions de la loi du 3 mai 1841 (art. 53 et 55) qui exigent, en règle générale, qu'elles soient payées ou consignées préalablement à la prise de possession.

Par exception à cette règle, le payement ou la consignation peut n'avoir lieu qu'après la prise de possession à l'égard des terrains incorporés à la voie publique par application des servitudes de voirie (C. de cass., ch. réunies arr. 10 juillet 1840, Delalande; ch. crim., arr. 10 juin 1843, Léger; 19 juin 1857, Requiem; 20 décembre 1862, Morin; 8 novembre 1868, Malgras).

---

(1) Les actions civiles intentées par les communes ou dirigées contre elles relativement aux chemins vicinaux sont jugées comme affaires sommaires et urgentes, conformément à l'article 405 du Code de procédure civile. (Loi du 21 mai 1836, art. 20.)

Il est également admis que la prise de possession n'est pas interdite avant le payement ou la consignation des indemnités réglées par le juge de paix. (*V.* nos observations relatives aux acquisitions de terrains destinés à l'élargissement des chemins vicinaux.)

Prescription.

25. Nous ajouterons que l'action en indemnité des propriétaires pour les terrains qui servent à la construction, c'est-à-dire à l'ouverture, au redressement ou à l'élargissement des chemins vicinaux, est prescrite par le laps de temps de deux ans. (Loi du 21 mai 1836, art. 18.) Ce laps de temps a pour point de départ le moment où les propriétaires sont dépossédés (1).

------

(1) La prescription édictée par l'article 18 de la loi du 21 mai 1836 s'applique également aux indemnités dues à raison d'occupation temporaire ou d'extraction de matériaux, dans l'intérêt du service vicinal; mais elle ne s'applique pas aux réclamations ayant pour objet les autres dommages causés par les travaux relatifs aux chemins vicinaux.(C. d'État, arr. 13 mars 1874, communes de Presle et de Nerville.)

LIVRE III

Déclassement des chemins vicinaux. — Aliénation des terrains
retranchés de la voirie vicinale.

CHAPITRE PREMIER.

Déclassement des chemins vicinaux.

26. — Le déclassement d'un chemin vicinal est l'acte
qui enlève à ce chemin le caractère légal de voie vicinale
ordinaire, d'intérêt commun ou de grande communication
que lui avait imprimé le classement.

Quelle est l'autorité compétente pour prononcer le déclassement d'un chemin vicinal ? C'est l'autorité qui a le
pouvoir de classer les chemins de la catégorie à laquelle
appartient le chemin qu'il s'agit de déclasser.

CHAPITRE II.

27. Déclassement des chemins vicinaux ordinaires. — Compétence. —
Formalités. — Pouvoirs de la Commission départementale. — Voies de
recours.

Déclassement des chemins vicinaux ordinaires. — Compétence. — Formalités.

27. La loi du 10 août 1871 (art. 86) a conféré à la
Commission départementale le droit de classer les chemins vicinaux ordinaires. Elle garde le silence sur le
déclassement de ces chemins. La législation antérieure,
qui reconnaissait formellement au Préfet le pouvoir de
classer les chemins vicinaux ordinaires, ne lui attribuait
pas non plus d'une manière expresse celui de les déclasser. Mais on a toujours considéré ce dernier droit comme
étant compris implicitement dans le droit de prononcer
le classement. Dès lors, comme le fait remarquer le Mi-

nistre de l'intérieur dans une circulaire du 23 septembre 1871, il y a lieu d'admettre, en l'absence d'une disposition législative contraire, que la Commission départementale, investie formellement du pouvoir de classer les chemins vicinaux ordinaires, l'est implicitement de celui d'en prononcer le déclassement.

Toute demande de déclassement d'un chemin vicinal ordinaire doit être adressée par la commune à laquelle il appartient, ou par le particulier intéressé, soit au Préfet du département, soit à la Commission départementale. Lorsqu'elle est adressée au Préfet, celui-ci la soumet à la Commission. Dans tous les cas, si la Commission considère la demande comme étant susceptible d'être accueillie, le Préfet la fait déposer, avec un plan d'ensemble du chemin, à la mairie, pendant quinze jours, afin que les intéressés puissent présenter leurs observations tant sur le déclassement que sur la destination ultérieure du chemin. Avis de ce dépôt est donné aux habitants de la localité par voie de publication et affiche en la forme ordinaire. Pareil avis doit être publié et affiché dans les communes voisines que le déclassement peut intéresser. A l'expiration du délai de quinzaine, le Conseil municipal de la commune sur le territoire de laquelle le chemin est situé, et celui de chacune des autres communes intéressées, sont appelés à délibérer. Le Conseil municipal de la commune propriétaire du chemin doit déclarer s'il est d'avis que le chemin soit conservé à la circulation comme chemin rural ou s'il y a lieu de le supprimer. Les délibérations des divers Conseils sont transmises au Préfet, accompagnées de l'avis des agents voyers et du sous-préfet. Le Préfet les soumet, avec ses observations, à la Commission départementale, qui statue, c'est-à-dire prononce le déclassement ou rejette la demande tendant à l'obtenir. Expédition de cette décision est adressée au maire de la commune sur le territoire de laquelle se trouve le chemin. Elle est annexée au tableau des chemins vicinaux, si le déclassement est prononcé. Avis de la décision est, dans tous les cas, donné aux maires des autres communes dont les conseils municipaux ont été appelés à délibérer sur le déclassement. (Instruction générale du 6 décembre 1870, art. 28 à 32.)

Nous ajouterons que la décision qui autorise soit le changement de direction ou le redressement d'un chemin vicinal ordinaire, soit la réduction de sa largeur avec fixation de ses nouvelles limites emporte, à moins d'une disposition contraire, déclassement des parties abandonnées. (Instruction du 6 décembre 1870, art. 34.)

Caractère du Chemin déclassé. — Suppression.

Quand le Conseil municipal de la commune à laquelle appartient le chemin qu'il est question de déclasser refuse de se prononcer sur sa destination ultérieure, le chemin, au moment où il est retranché de la vicinalité, prend le caractère de chemin rural. Il ne pourrait, dans tous les cas, être supprimé comme voie publique, que si la suppression était votée par le Conseil municipal et approuvée par le Préfet. Cette double condition est indispensable. (Loi du 18 juillet 1837, art. 19 et 20 ; — Conseil d'État, arr. 16 février 1860, commune de Saint-Just-en-Chaussée ; 1ᵉʳ février 1866, Boyer.)

Pouvoirs de la Commission départementale.

Lorsque la commune propriétaire du chemin s'oppose au déclassement, la Commission départementale doit-elle s'arrêter devant cette opposition? Le Ministre de l'intérieur semble le croire. (Instruction du 6 décembre 1870, art. 31.) Cependant, d'après un avis de la section de l'Intérieur du Conseil d'État, en date du 29 juillet 1870, qui nous paraît conforme aux véritables principes, il appartiendrait à la Commission de prendre une décision contraire à la délibération du Conseil municipal. Dans tous les cas elle ne saurait légalement prononcer le déclassement d'un chemin vicinal ordinaire sans que le Conseil municipal de la commune à laquelle le chemin appartient eût été consulté (C. d'État, arr. 23 mars 1877, commune de Pourrain.)

Voies de recours.

Antérieurement à la loi du 10 août 1871, les arrêtés du Préfet, en matière de déclassement, étaient toujours susceptibles d'un recours devant le Ministre de l'intérieur. Il ne pouvait être attaqué devant le Conseil d'État, soit directement, soit sur appel de la décision du Ministre, que pour violation des formes légales, excès de pouvoirs ou incompétence. (C. d'État, arr. 28 octobre 1829, commune de Saint-Jean-d'Assé; 21 juillet 1870, Depierris et Seigneau.)

Sous l'empire de la loi de 1871, les décisions de la Commission départementale relatives au déclassement des chemins vicinaux ordinaires sont sujettes aux mêmes voies de recours que ses décisions concernant le classement. Dès lors, elles peuvent être attaquées soit devant le Conseil général pour cause d'inopportunité ou fausse appréciation des faits, soit devant le Conseil d'État pour violation d'une loi ou d'un règlement d'administration publique.

Ces recours, comme nous l'avons expliqué au sujet du classement, doivent avoir lieu dans les formes et les délais déterminés par l'article 88 de la loi du 10 août 1871.

CHAPITRE III.

23. Déclassement des chemins vicinaux de grande communication et des chemins d'intérêt commun. — Compétence. — Formalités. — Pouvoirs du Conseil général. — Voies de recours. — Ce que deviennent les chemins vicinaux de grande communication ou d'intérêt commun lorsqu'ils sont déclassés.

Déclassement des chemins de grande communication et des chemins d'intérêt commun. — Compétence.

28. La loi du 21 mai 1836 ayant gardé le silence sur le déclassement des chemins vicinaux, il était admis, avant les modifications apportées à cette loi, que le pouvoir de classer les chemins de l'une des trois catégories impliquait celui de les déclasser. On considérait, par conséquent, le Conseil général comme étant seul compétent pour prononcer le déclassement des chemins vicinaux de grande communication, et le Préfet comme ayant seul le pouvoir de déclasser les chemins d'intérêt commun. La loi du 18 juillet 1866 consacra cette jurisprudence en ce qui touche les premiers chemins, et enleva au Préfet, pour le donner au Conseil général, le déclassement des chemins vicinaux d'intérêt commun. La loi du 10 août 1871 (art. 46, n° 8), a maintenu, sur ces deux points, les dispositions de la loi de 1866. Aujourd'hui, comme sous l'empire de cette dernière loi, c'est donc au Conseil général qu'il appartient de déclasser, non-seulement les chemins de grande communication, mais encore les chemins d'intérêt commun.

Formalités.

Dans l'un et l'autre cas, la décision du Conseil général, d'après l'esprit, sinon le texte de la nouvelle loi, doit être précédée de l'avis des Conseils municipaux intéres-

sés et du conseil de chacun des arrondissements où sont
situés les chemins.

Pouvoirs du Conseil général.

Il est d'ailleurs hors de doute que le déclassement peut
avoir lieu sans l'assentiment de ces conseils.

D'après l'article 7 de la loi du 21 mai 1836, le Conseil
général ne pouvait prononcer le déclassement d'un chemin de grande communication que sur la proposition du
Préfet. Sous l'empire de la législation actuelle, depuis
la loi du 18 juillet 1866, le Conseil général a le droit de
le faire sans une pareille proposition et même malgré le
Préfet. Mais, si la loi de 1866 avait étendu à cet égard
les pouvoirs du Conseil général, elle les avait restreints
sur un autre point important. En effet, avant 1866, le
Conseil général pouvait déclasser un chemin de grande
communication, sans distinguer si ce chemin était prolongé ou non par une autre voie publique dans un ou
plusieurs départements voisins. Aux termes de l'article 1er
(n° 9) de la loi du 18 juillet 1866, il ne lui appartenait
pas de prononcer le déclassement d'un chemin vicinal
de grande communication ou d'intérêt commun prolongé
dans un autre département soit par un chemin de même
nature, soit par une route départementale. La loi de
1866 n'avait pas désigné l'autorité qui devait statuer
dans ce cas. Mais, comme le déclassement des routes
départementales et celui des chemins vicinaux de grande
communication ou d'intérêt commun était l'objet d'une
seule et même disposition, on en avait conclu qu'un décret étant nécessaire pour déclasser une route départementale dont le tracé se prolongeait sur le territoire d'un
département voisin, un décret l'était également, dans un
cas semblable, pour le déclassement d'un chemin vicinal

de grande communication ou d'intérêt commun. (Voir la circulaire du Ministre de l'intérieur, en date du 4 août 1866.)

Actuellement, d'après l'esprit, sinon le texte de la loi du 10 août 1871 (art. 46, n° 8), le Conseil général a le droit de déciasser un chemin de grande communication ou d'intérêt commun, lors même que le tracé s'étend dans un ou plusieurs départements voisins. Toutefois, il convient qu'un accord avec les départements voisins soit tenté, sauf au Conseil à décider s'il doit passer outre. Il doit être procédé, pour arriver à cet accord, dans les formes déterminées par les articles 89 et 90 de la loi de 1871. (Circulaire du Ministre de l'intérieur du 23 septembre 1871.)

Voies de recours.

Les décisions du Conseil général en matière de déclassement des chemins vicinaux de grande communication ou d'intérêt commun ont le même caractère que celles qui concernent le classement. Elles sont, par suite, susceptibles des mêmes recours. Nous renvoyons, sur ce point, à ce que nous avons dit des voies de recours en traitant du classement des chemins dont il s'agit.

Ce que deviennent les chemins de grande communication ou d'intérêt commun lorsqu'ils sont déclassés.

Que devient le chemin vicinal de grande communication ou d'intérêt commun quand il est déclassé?

Lorsque le Conseil général prononce le déclassement d'un chemin vicinal de grande communication, rien ne s'oppose à ce qu'il le classe en même temps comme chemin vicinal d'intérêt commun, si les Conseils municipaux et les Conseils d'arrondissement intéressés ont été consultés sur cette double opération.

Dans les cas où le Conseil général se borne à déclasser un chemin de grande communication, cette voie rentre dans la catégorie des chemins d'intérêt commun ou des chemins vicinaux ordinaires, selon qu'elle appartenait à la première ou à la seconde catégorie au moment de son classement. Si, antérieurement au classement, elle n'était pas chemin vicinal, elle prend, lorsqu'elle est déclassée, le caractère de chemin rural.

Quant au chemin vicinal d'intérêt commun, le Conseil général peut, en le déclassant, le classer comme chemin de grande communication, si toutes les formalités qu'exigent préalablement les deux mesures sont remplies; mais il ne saurait le ranger directement dans la catégorie des chemins vicinaux ordinaires, le classement de ces chemins étant placé dans les attributions de la Commission départementale. Le chemin d'intérêt commun qui cesse de l'être sans se trouver classé parmi les chemins vicinaux de grande communication, devient chemin vicinal ordinaire s'il avait ce caractère au moment de son classement, et simple chemin rural dans le cas contraire.

Enfin, comme pour les chemins ordinaires, la décision de l'autorité compétente qui prescrit soit le changement de direction ou le redressement d'un chemin d'intérêt commun ou de grande communication, soit la réduction de sa largeur avec fixation de ses nouvelles limites, emporte, à moins d'une disposition contraire, déclassement des parties délaissées. (Instruction du 6 décembre 1870, art. 34.)

CHAPITRE IV.

2 9. Aliénation des terrains retranchés de la vicinalité. — **30** Droits des propriétaires riverains. — 31. Échanges. — **31** *bis*. Aliénation de terrains retranchés d'une route nationale ou départementale qui, avant son classement, était un chemin vicinal,

Aliénation de terrains retranchés de la voirie vicinale.

29. Lorsque le Conseil municipal d'une commune, en votant le redressement ou le déclassement d'un chemin vicinal appartenant à la commune, vote, en même temps, l'aliénation des terrains qui doivent être retranchés de la voirie vicinale, l'enquête à laquelle il est ensuite procédé sur le projet de redressement ou de déclassement peut servir pour le projet d'aliénation, si le public est préalablement averti qu'elle portera à la fois sur les deux projets. (Instruction générale du 6 décembre 1870, art. 35.)

Dans le cas où l'aliénation des terrains devenus inutiles à la voie publique n'a pas été votée en même temps que le déclassement, le redressement ou la réduction de largeur du chemin, elle ne saurait avoir lieu régulièrement qu'après une enquête de *commodo et incommodo*.

Enquête préalable.

Cette enquête est exigée par l'article 10 de la loi du 28 juillet 1824 dans le but d'éclairer l'Administration supérieure sur les avantages et les inconvénients du projet. Le Ministre de l'intérieur a pensé qu'elle devait se faire comme pour l'aliénation des biens communaux en général, dans les formes réglées par la circulaire émanée de son département à la date du 20 août 1825. D'après cette circulaire, il convient d'annoncer l'enquête huit jours d'avance à son de trompe ou de caisse et par affiches placardées au lieu principal de réunion publique, afin que les intéressés ne puissent en ignorer et que, par suite, le silence de ceux qui s'abstiennent de présenter des observations soit considéré comme un assentiment. Il est en outre nécessaire que le préambule du procès-verbal de l'enquête, dont il est donné connaissance aux déclarants, contienne un exposé exact de la nature, des motifs et des fins du projet annoncé. Tous les habitants, sans distinction, sont admis à émettre leurs vœux sur l'objet de l'enquête ; ils doivent expliquer ce qu'ils en pensent et déduire les raisons de leur opinion. Les déclarations sont individuelles, successives, insérées séparément au procès-verbal et signées par les déclarants ou, pour ceux qui ne savent pas écrire, certifiées conformes à la déclaration orale par le commissaire enquêteur. Lors même qu'elles sont identiques, elle doivent être indiquées séparément. Quant au choix du commissaire enquêteur, il rentre dans les attributions du sous-préfet, qui doit avoir soin de ne pas le faire porter, soit sur le maire de la commune, dont la présence pourrait empêcher la libre expression des sentiments de la population, soit sur un agent dépendant de l'Administration municipale, l'impartialité et le désintéressement d'un pareil agent pouvant être suspectés.

Autorité compétente pour autoriser les aliénations.

C'est au Préfet qu'il appartient d'autoriser l'aliénation des terrains provenant des chemins vicinaux. Il n'avait ce pouvoir, sous l'empire de la loi du 28 juillet 1824, que lorsque la valeur des terrains n'excédait pas 3,000 francs. Il devait statuer en Conseil de préfecture. Un acte du

Pouvoir exécutif était nécessaire pour autoriser la vente des terrains estimés au delà de 3,000 francs. Aujourd'hui, depuis le décret du 25 mars 1852 sur la décentralisation administrative, le Préfet est compétent quelle que soit la valeur des terrains. Il est toujours tenu, d'ailleurs, de prendre sa décision en Conseil de préfecture.

Droits des propriétaires riverains.

30. L'article 19 de la loi du 21 mai 1836 reconnaît aux propriétaires riverains un droit de préemption sur les terrains retranchés de la vicinalité. Ce droit va-t-il jusqu'à leur permettre d'exiger la vente des terrains? Nous ne le pensons pas. En effet, de ce que les terrains sont dépouillés du caractère de chemin vicinal, il ne s'en suit pas nécessairement qu'ils doivent être vendus. Sans doute, si la commune les aliène, les propriétaires riverains doivent être préférés aux autres personnes qui voudraient les acquérir. Cette préférence s'explique par la considération que le plus souvent les terrains dont il est question ont été détachés des fonds voisins lors de leur affectation au service de la voirie. Elle est en outre justifiée par la gêne qui résulterait ordinairement, pour l'exploitation des fonds riverains, de l'aliénation desdits terrains en faveur d'autres que ceux qui possèdent les fonds. Mais les propriétaires riverains ont seulement le droit de réclamer une pareille préférence. La loi n'a pas entendu leur donner la faculté de contraindre la commune à vendre les terrains. Celle-ci est libre de les conserver si elle croit pouvoir en faire un usage plus avantageux. (V. une circulaire du ministre de l'intérieur du 26 mars 1838.) Toutefois, quand une parcelle de terrain provenant d'un chemin vicinal est laissée en dehors de ses limites fixées par une décision de l'autorité compétente prononçant le retrécissement du chemin, ou son élargissement sur l'un des côtés avec retranchement de l'autre, si cette parcelle est attenante à une maison, la commune ne saurait refuser de l'abandonner par voie d'alignement individuel au propriétaire de la maison qui veut s'avancer jusqu'au nouveau tracé du chemin. En pareil cas, il y a lieu d'appliquer les règles de la voirie urbaine combinées avec celles de la voirie vicinale.

Lorsque l'aliénation du sol provenant d'un chemin vicinal a été votée en principe par le conseil municipal, et autorisée par le préfet, il doit être dressé un plan parcellaire et un état estimatif. Le maire de la commune met les propriétaires riverains en demeure de déclarer, dans le délai de quinzaine, s'ils entendent user du bénéfice de l'article 19 de la loi du 21 mai 1836 et se rendre acquéreurs du sol, en payant la valeur déterminée soit à l'amiable, soit à dire d'experts. Il est rédigé procès-verbal de cette mise en demeure. (Instruction générale du 6 décembre 1870, art. 37.)

Arrangement amiable.

Si les propriétaires font, dans le délai ci-dessus indiqué, leur soumission de se rendre acquéreurs du sol, et si l'accord s'établit sur le prix, la convention doit être soumise à l'approbation du conseil municipal et du préfet. Le préfet, comme nous l'avons expliqué plus haut, statue en conseil de préfecture. Nous devons ajouter que si le conseil municipal avait antérieurement pris une délibération portant vote de l'aliénation aux prix, clauses et conditions acceptés après cette délibération par les propriétaires riverains, une nouvelle délibération ne serait pas nécessaire. D'un autre côté, si le préfet avait approuvé la délibération dont il s'agit, il n'aurait pas à homologuer l'acte constatant l'aliénation. (C. d'État, arr. 6 juillet 1863, Delrial; 28 juillet 1864, Bandy de Nalèche.)

Fixation du prix à défaut d'arrangement amiable. — Expertise.

Le prix de l'aliénation, à défaut d'arrangement amiable, doit être fixé par experts, aux termes de l'article 19 de la loi du 21 mai 1836. Le propriétaire est invité à nommer un expert dans le délai de quinzaine. Un second expert est désigné par le sous-préfet. En cas de désaccord entre les deux experts, un tiers expert est nommé par le conseil de préfecture. (Loi du 21 mai 1836, art. 17 et 19. — Instruction du 6 décembre 1870, art. 38.)

Le ministre de l'intérieur avait pensé que l'expertise devait être homologuée par le préfet. Mais il a reconnu, avec raison, que ce fonctionnaire ne pouvait être investi d'un pareil pouvoir. En effet, l'expertise dont il s'agit a pour but de fixer le prix d'une cession de terrain, c'est-à-dire la principale condition d'un contrat de droit civil. Or, il ne peut appartenir au préfet de statuer sur la validité d'un contrat de cette nature, soit en l'approuvant, soit en refusant de l'approuver. Les décisions qu'il prend à cet effet n'ont aucune valeur. Les difficultés soulevées au sujet de l'expertise doivent être portées devant l'autorité judiciaire. (C. d'État, arr. 9 janvier 1868, Chastaignier; 23 janvier 1868, Ouizille.)

Caractère de l'expertise.

Quel est le caractère de l'expertise?

L'article 19 de la loi du 21 mai 1836 ne définit pas d'une manière précise la mission donnée aux experts chargés d'évaluer le prix des terrains soumissionnés par les propriétaires riverains. Deux opinions sont en présence. Les uns pensent que les experts émettent un simple avis destiné à éclairer l'autorité qui doit statuer, c'est-à-dire les tribunaux judiciaires. Le législateur, selon les autres, a entendu confier aux experts la mission de véritables arbitres soumis aux règles établies par les articles 1003 et suivants du Code de procédure civile. Cette seconde opinion nous paraît plus conforme à l'esprit et au texte de la loi. C'est au surplus à l'autorité judiciaire qu'il appartient de trancher la question. (C. d'État, arr. 9 janvier 1868, Chastaignier ; 23 janvier 1868, Ouizille.)

Cas où le maire de la commune est propriétaire riverain.

Une autre difficulté s'est élevée sur le point de savoir si le maire, propriétaire de fonds qui sont riverains de terrains retranchés de la vicinalité, se trouve, en raison des fonctions qu'il exerce, privé du bénéfice de soumissionner ces terrains. Le doute naît des termes de l'article 1596 du Code civil, d'après lequel les administrateurs ne peuvent se rendre adjudicataires, sous peine de nullité, ni par eux-mêmes, ni par personnes interposées, des biens des communes ou des établissements publics confiés à leurs soins. Ces dispositions ne paraissent pas applicables au cas prévu par l'article 19 de la loi du 21 mai 1836. Il ne s'agit pas, dans ce cas, de l'aliénation des biens communaux faite dans les conditions ordinaires. Les terrains provenant des chemins vicinaux sont grevés d'un droit de préférence accordé par la loi aux propriétaires riverains; ils ne peuvent être vendus qu'à ces propriétaires, si ceux-ci veulent s'en rendre acquéreurs. Lorsque l'un d'eux est le maire de la commune, on ne s'expliquerait pas pourquoi il serait, par suite de cette qualité, privé du droit qu'il tient de la loi comme simple particulier. Le Ministre de l'intérieur s'est prononcé dans ce sens à plusieurs reprises. (V. notamment le *Bulletin officiel du ministère de l'intérieur*, année 1842, p. 318.) Il n'échappera pas, d'ailleurs, que l'autorité judiciaire serait seule compétente pour statuer sur la validité d'une acquisition faite en pareil cas par le maire de la commune.

Cas où les propriétaires ne sont pas d'accord.

Quand les propriétés situées sur les deux rives du chemin appartiennent aù même propriétaire, c'est lui seul qui a le droit de soumissionner le sol du chemin déclassé. Si les propriétés situées sur les deux rives du chemin appartiennent à des propriétaires différents, et que l'un d'eux seulement fasse la soumission de se rendre acquéreur, c'est en faveur de ce propriétaire qu'a lieu la concession de la totalité du chemin. Si les deux riverains font l'un et l'autre la soumission de se rendre acquéreurs, le sol est concédé à chacun d'eux jusqu'au milieu du chemin. (Instruction générale de 1870, art. 39.) Nous ajouterons que les difficultés qui s'élèvent entre les propriétaires riverains sur l'exercice du droit de préemption établi en leur faveur par l'article 19 de la loi du 21 mai 1836 sont de la compétence exclusive des tribunaux judiciaires. (Conseil d'État, arr. 27 avril 1877, Clergeaud.)

Cas où les propriétaires riverains renoncent à leur droit de préemption.

Lorsque les propriétaires riverains du chemin supprimé déclarent renoncer au bénéfice de l'article 19 de la loi du 21 mai 1836, lorsqu'ils ne font pas leur soumission ou ne nomment pas leurs experts dans les délais déterminés, le sol du chemin peut être aliéné dans les formes suivies ordinairement pour la vente des biens communaux, c'est-à-dire par la voie d'adjudication. (Instruction générale de 1870, art. 40.) Dans ces divers cas, les propriétaires riverains ne sauraient être fondés à se plaindre de l'aliénation faite au profit d'autres personnes.

Le prix de vente des terrains retranchés de la vicinalité a le caractère d'une ressource extraordinaire. Il ne peut être affecté régulièrement aux dépenses des chemins vicinaux ou à tout autre qu'en vertu d'une délibération du Conseil municipal approuvée par le Préfet.

Aliénation des terrains provenant de la voirie vicinale. — Échanges.

31. Les échanges de terrains provenant de la voirie vicinale sont soumis aux mêmes règles que la vente, en ce qui touche les formes et la compétence. Ils ne peuvent être consentis en faveur d'une personne qui n'est pas le propriétaire riverain qu'autant que celui-ci, mis régulièrement en demeure, ne déclare pas, dans le delai déterminé, vouloir bénéficier des dispositions de l'article 19 de la loi du 21 mai 1836.

Ce que nous avons dit du caractère et de l'emploi du prix de vente s'applique à la soulte payée à la commune.

Aliénation de terrains provenant d'une route nationale ou départementale qui, avant son classement, était un chemin vicinal.

31 bis. Lorsqu'un chemin vicinal appartenant à une commune est classé comme route nationale ou départementale, il ne cesse pas d'être la propriété de la commune. (Conseil d'État, avis des 22 juillet 1858 et 22 novembre 1860.) Il s'en suit que le prix de l'aliénation des terrains retranchés de la route doit être versé dans la caisse municipale. Nous pensons, en outre, que la vente ou l'échange de ces terrains tombe sous l'application des règles que nous venons de rappeler.

Quant à l'aliénation de terrains provenant d'un chemin vicinal qui, avant son classement, était route départementale, nous nous retirons à nos précédentes explications (L. II, chapitre IV, 16 *bis*).

Ce que deviennent les droits de vue et d'accès sur les terrains retranchés de la vicinalité et cessant d'être affectés à l'usage de voies publiques.

Les droits de vue et d'accès que les propriétaires riverains exercent sur les chemins vicinaux, comme ceux dont ils jouissent sur les autres voies publiques, sont d'une nature particulière. Ils sont subordonnés aux modifications et à l'existence de ces chemins comme voies publiques. Ils cessent dès lors d'exister, soit sur le chemin qui en est grevé lorsque le chemin perd le caractère de voie publique, soit sur les terrains qui sont retranchés d'un chemin et ne sont plus affectés à la circulation en vertu d'une décision de l'autorité compétente. Mais la commune à laquelle appartient le chemin est tenue de dédommager les propriétaires riverains, en leur procurant des avantages équivalents à ceux dont ils sont privés, par exemple en leur cédant le sol déduction faite des droits qu'ils exerçaient, en leur payant une indemnité ou en établissant un nouveau passage. (C. de cass., ch. civ., arr. 27 mai 1851, ville de Lons-le-Saunier; 3 mai 1858, Joliot; — chamb. civ., arr. 16 mai 1877, Delaby c. Louvet.)

LIVRE IV.

CHAPITRE PREMIER.

32. Objet et division des travaux de la voirie vicinale. — **33.** Direction de ces travaux. — **34.** Agents auxiliaires. — **35.** Proposition tendant à substituer le service des ponts et chaussées à celui des agents voyers. — **36.** Proposition tendant à placer le service vicinal dans les attributions du ministre des travaux publics. — **37.** Cantonniers.

Travaux de la voirie vicinale. — Objet et division de ces travaux

32. Les travaux de la voirie vicinale ont pour objet soit l'établissement ou l'ouverture des chemins vicinaux, le redressement ou l'élargissement de ces chemins, leur entretien ou les réparations dont ils ont besoin, soit enfin les ouvrages accessoires qui s'y rattachent, tels que les ponts, aqueducs, fossés, etc.

Ils se divisent en travaux exécutés par les habitants à titre de prestations en nature, et travaux exécutés à prix d'argent par voie d'entreprise ou de régie.

Direction.

33. Dans l'un et l'autre cas, ils sont effectués sous l'autorité et la direction du Préfet, lorsqu'ils concernent les chemins de grande communication ou d'intérêt commun. (Loi du 21 mai 1836, art. 9; loi du 10 août 1871, art. 3. — Conseil d'État, arr. 12 janvier 1877, Préfet de l'Aude.) Ils sont exécutés sous l'autorité du Préfet, et sous la direction du maire, quand ils concernent les chemins ordinaires. (Loi du 10 août 1871, art. 3; loi du 18 juillet 1837, art. 10 et 20.)

Quel que soit d'ailleurs le chemin pour lequel ils s'exécutent, ils ont le caractère de travaux communaux. Dès lors, dans tous les cas où ils ne tombent pas sous l'application des règles spéciales de la vicinalité, ils restent soumis aux règles qui régissent les travaux communaux. (V. une circulaire du Ministre de l'intérieur du 20 novembre 1873.) Ils rentrent, en outre, dans la catégorie des travaux publics, comme on le verra plus loin. (Livre IV, chap. II, 40.)

Agents auxiliaires (agents voyers).

34. Les Préfets et les maires ne peuvent se passer, pour la rédaction des projets, la direction et la surveillance des travaux de la voirie vicinale, du concours d'hommes de l'art. Aussi la loi du 21 mai 1836 a-t-elle donné aux Préfets le droit de nommer des agents voyers; ces agents ont pour mission, non-seulement de préparer les projets, plans, devis et cahiers des charges concernant l'établissement, l'ouverture et le redressement des chemins vicinaux, mais encore de diriger et de surveiller les travaux sous la direction morale des Préfets et des maires, d'en assurer et constater la bonne exécution. Ils doivent, en outre, après avoir prêté serment, dresser procès-verbal des contraventions et délits commis sur les chemins vicinaux, en ce qui touche la police et la conservation de ces chemins. Une loi récente les a appelés à concourir à la répression de la fraude concernant la circulation des boissons. (Loi du 28 février 1872.) Ils ont à leur tête un agent voyer en chef. Ils se divisent ordinairement en agents voyers d'arrondissement et agents voyers de canton.

Le Conseil général fixe le traitement des agents voyers. (Loi du 21 mai 1836, art. 11.) Il ne lui appartient pas de déterminer les conditions auxquelles doivent satisfaire les candidats aux fonctions d'agent voyer, ni les règles d'après lesquelles les nominations sont faites (A). Mais il peut désigner un autre service que celui des agents voyers pour les travaux des chemins vicinaux de grande communication et d'intérêt commun. (Loi du 10 août 1871, art. 46, n° 7.) Il a désigné dans certains départements les ingénieurs des ponts et chaussées.

Proposition tendant à substituer le service des ponts et chaussées à celui des agents voyers.

35. La Commission chargée d'éclairer l'Assemblée nationale sur l'état des routes, chemins et ponts, a proposé, dans un rapport présenté à l'Assemblée le 24 mai 1871 : 1° de substituer aux agents voyers le corps des ponts et chaussées, pour le service vicinal ; 2° de dist.aire ce service des attributions du Ministre de l'intérieur et de le placer dans celles du Ministre des travaux publics.

L'Assemblée nationale a écarté la première de ces propositions. En effet, la loi du 10 août 1871 (art. 46, n° 7), comme l'avait déjà fait celle du 18 juillet 1866 (art. 1er, n° 10) a conféré aux Conseils généraux le droit de désigner les services auxquels serait confiée l'exécution des travaux sur les chemins vicinaux de grande communication et d'intérêt commun. Les Conseils généraux ont conservé, par suite, la faculté de choisir, suivant les besoins et les intérêts de la vicinalité, soit les agents voyers, soit les ingénieurs des ponts et chaussées. La mesure proposée ne leur aurait plus permis d'opter entre

---

(A) Le Ministre de l'intérieur, dans une circulaire du 23 septembre 1871, a interprété dans un sens contraire l'article 45 de la loi du 10 août 1871. Telle n'est plus aujourd'hui sa manière de voir. Il pense que les Conseils généraux ne sauraient, sans excéder la limite de leurs pouvoirs, déterminer les conditions auxquelles sont tenus de satisfaire les candidats aux fonctions d'agent voyer et les règles du concours. Cette nouvelle jurisprudence a été consacrée par les décrets rendus sur l'avis conforme du conseil d'État les 8 novembre 1873, 25 juin 1874, 5 août 1875, 5 décembre 1876.

ces deux catégories d'agents : elle leur aurait imposé, pour tous les travaux de la voirie vicinale qu'ils sont appelés à autoriser, les ingénieurs des ponts et chaussées. Mais, selon la Commission, elle aurait procuré une économie considérable dans les frais du personnel et assuré plus de garantie pour la bonne exécution des travaux.

Les espérances de la Commission sur le premier point se seraient réalisées difficilement, car il aurait fallu augmenter le personnel des ponts et chaussées et lui accorder, pour le surcroît de travail dont il aurait été chargé, des rémunérations représentant à peu près les traitements alloués aujourd'hui aux agents voyers. Sur le second point, il est incontestable que les ingénieurs des ponts et chaussées offrent toutes les garanties désirables de moralité et de capacité. Mais, habitués à donner aux travaux de l'État un caractère artistique ou monumental, ne se laisseraient-ils pas entraîner à imprimer ce caractère aux ouvrages de la voirie vicinale et à faire ainsi peser sur les communes des dépenses considérables hors de proportion avec leurs ressources et sans utilité véritable pour leurs chemins ? D'un autre côté, les ingénieurs des ponts et chaussées occupant un rang élevé dans la hiérarchie administrative, se livrant à des études de haute théorie, ayant souvent à examiner des questions très-importantes, ne négligeraient-ils pas les détails minutieux de chaque jour qu'exige le service vicinal ? Auraient-ils, comme les agents voyers, l'esprit de conciliation indispensable dans les relations continuelles du service vicinal avec les administrations municipales et les habitants des campagnes ? On objecte que, dans plusieurs départements où les ingénieurs sont chargés de la voirie vicinale, ils savent éviter les écueils qui viennent d'être signalés. Mais en serait-il de même s'ils n'avaient plus à craindre la concurrence des agents voyers ? Il est permis d'en douter. Il résulte de la législation actuelle une émulation salutaire entre les deux corps, et si celui des agents voyers est beaucoup plus modeste, il remplit cependant, en général, d'une manière satisfaisante la mission qui lui est confiée. Il serait d'ailleurs facile d'apporter à son organisation et à son mode de recrutement toutes les améliorations que les besoins du service peuvent exiger. L'Assemblée nationale, dès lors, a pensé sagement que le Conseil général devait conserver, dans chaque département, le droit de choisir entre les diverses catégories d'hommes de l'art celle dont le concours paraîtrait le plus avantageux pour l'exécution des travaux des chemins de grande communication ou d'intérêt commun.

Proposition tendant à placer le service vicinal dans les attributions du Ministre des travaux publics.

36. La proposition de la Commission tendant à distraire le service vicinal des attributions du Ministre de l'intérieur pour le placer dans celles du Ministre des travaux publics n'est pas mieux justifiée que la précédente. Le Ministre de l'intérieur a toujours eu ce service sous son autorité ; il a provoqué ou préparé les principales lois qui l'ont créé, celles qui l'ont développé et amélioré successivement. En assurant l'exécution de ces lois par de nombreuses instructions, par une constante vigilance, il est parvenu à faire établir sur tous les points de la France des voies de communication qui doivent être considérées comme l'un des plus puissants instruments de civilisation, et de prospérité pour l'agriculture, le commerce et l'industrie. Pourquoi lui retirer la haute direction et le contrôle de ce service? La Commission

se borne à dire qu'il est opportun de détacher la vicinalité du ministère de l'intérieur pour la rattacher au ministère des travaux publics, afin qu'il n'y ait, dans chaque
département, qu'une seule et unique direction des travaux de la grande voirie et de la voirie vicinale. Mais il
est à remarquer que les travaux de la voirie vicinale diffèrent considérablement de ceux de la grande voirie. Ils
n'intéressent qu'une ou plusieurs communes, tandis que
les travaux de la grande voirie intéressent soit l'État,
soit un ou plusieurs départements. Les travaux de la
voirie vicinale, sauf les subventions accordées à divers
titres, sont exécutés au nom et aux frais des communes,
tandis que les travaux de la grande voirie le sont au
nom et aux frais de l'État ou du département. Par suite,
les travaux concernant les chemins vicinaux sont soumis
à de nombreuses règles spéciales qui ne permettent
pas de les assimiler à ceux de la grande voirie. Il convient d'ajouter que le service vicinal, service essentiellement communal, a des rapports étroits avec les services
relatifs aux acquisitions et aux aliénations faites dans un
intérêt municipal, aux recettes et aux dépenses, au
budget et à la comptabilité des communes. Lorsqu'il
s'agit de l'ouverture, du redressement ou de l'élargissement d'un chemin vicinal, il y a toujours à examiner si
les voies et moyens sont assurés et souvent à statuer sur
des demandes tendant à obtenir la déclaration d'utilité
publique des travaux à exécuter sur des terrains bâtis ou
clos de murs, l'autorisation d'acquérir ces terrains, de
contracter des emprunts ou de recourir, soit à des aliénations de biens communaux, soit à des impositions
extraordinaires ou à des emprunts pour subvenir aux
dépenses. Ces divers objets rentrant dans les attributions
du Ministre de l'intérieur en ce qui touche l'instruction

des affaires ou le contrôle, il devrait être consulté sur les questions qui s'y rattachent par son collègue des travaux publics, si celui-ci était chargé de l'exécution des lois et règlements concernant les chemins vicinaux. De là, une procédure compliquée qui entraînerait de longs retards pour beaucoup d'affaires pouvant recevoir aujourd'hui une prompte solution. Il n'y aurait donc pas d'avantages, mais de graves inconvénients à distraire le service vicinal des attributions du Ministre de l'intérieur en faveur du Ministre des travaux publics.

Cantonniers.

37. Au-dessous des agents auxiliaires de direction et de surveillance, c'est-à-dire des agents voyers ou des ingénieurs des ponts et chaussées, viennent des agents d'exécution. Ils sont nécessaires principalement pour l'entretien des chemins. En effet, cet entretien, lorsque la circulation est active, ne saurait être convenablement assuré qu'au moyen d'ouvriers employés à réparer les dégradations dès qu'elles ont lieu. Ces ouvriers ont reçu le nom de *cantonniers*, parce qu'ils sont chargés de l'entretien, soit d'une ou de plusieurs parties de chemin, soit d'un ou plusieurs chemins dans une certaine circonscription.

Il appartient au Préfet de nommer des cantonniers pour les chemins de grande communication et d'intérêt commun, de fixer leur traitement et de les révoquer. Il exerce ce droit avec ou sans l'assentiment des communes intéressées. Il le tient de celui de diriger les travaux concernant les chemins dont il s'agit et de pourvoir à leur exécution, conformément aux décisions 'u Conseil général.

Quant à la création de cantonniers pour les chemins vicinaux ordinaires, elle est facultative pour les com-

munes : elle ne saurait leur être imposée en l'absence
d'une disposition de loi donnant formellement un pareil
pouvoir à l'Administration supérieure. Comme elle entraîne une dépense imputable sur les fonds communaux,
elle ne peut avoir lieu régulièrement qu'en vertu d'un
vote du Conseil municipal approuvé par le Préfet. (Loi
du 18 juillet 1837, art. 19 et 20.) Lorsque la mesure est
ainsi décidée en principe, c'est le maire, aux termes de
l'article 12 de cette loi, qui doit nommer les cantonniers,
fixer leur traitement, s'il ne l'a pas été par le Conseil
municipal, et les révoquer.

D'après l'article 176 de l'Instruction générale du 6 décembre 1870, le Préfet doit arrêter dans chaque dépar-
partement, sur la proposition de l'agent-voyer en chef,
un règlement pour le service des cantonniers et des cantonniers chefs. Le Préfet a sans aucun doute le droit
de faire un semblable règlement pour les cantonniers
attachés aux chemins vicinaux de grande communication
et d'intérêt commun ; mais il ne saurait l'avoir en ce qui
concerne les cantonniers employés seulement sur les
chemins vicinaux ordinaires, ces cantonniers étant placés
exclusivement sous l'autorité des maires.

Nous ajouterons que les cantonniers, en général, n'ont
pas qualité pour verbaliser. Les cantonniers chefs attachés aux chemins vicinaux de grande communication
peuvent, lorsqu'ils sont commissionnés à cet effet, et
après avoir prêté serment, dresser des procès-verbaux
pour constater les contraventions à la police du roulage
commises sur ces chemins. (Loi du 30 mai 1851, art. 15.)
Ils sont en outre appelés, avec les agents voyers, à concourir à la répression de la fraude concernant la circulation des boissons. (Loi du 28 février 1872.)

CHAPITRE II.

88. Travaux des prestations (renvoi). — **39.** Travaux exécutés à prix d'argent. Entreprise (adjudication, traité de gré à gré). — Régie. — Approbation des projets, devis et cahiers des charges. — Rédaction de ces documents, composition des projets, formes à suivre pour les adjudications, traités de gré à gré, mise en régie et réception des travaux (renvoi). — **40.** Caractère des travaux de la voirie vicinale. — Difficultés. — Compétence. — **41.** Travaux exécutés dans la zone frontière et dans les zones de servitude des places de guerre et des postes militaires. — **41** *bis.* Ouvrages de la voirie vicinale de nature à modifier le régime des cours d'eau. — Travaux de la voirie vicinale soumis à des règles spéciales dans l'intérêt des chemins de fer. — Ouvrages intéressant plusieurs chemins vicinaux. — Difficultés relatives aux ponts situés dans le voisinage des usines et aux étangs contigus aux chemins vicinaux.

38. Nous avons vu que les travaux de la voirie vicinale se divisent en travaux exécutés par les habitants à titre de prestations et travaux exécutés à prix d'argent par voie d'entreprise ou de régie. Nous ferons connaître les règles relatives aux travaux des prestations en traitant des ressources affectées aux dépenses de la vicinalité.

39. Les travaux exécutés à prix d'argent, le sont par entreprise ou en régie, ainsi que nous venons de le rappeler.

Dans le premier cas, ils sont préalablement l'objet d'une adjudication publique ou d'un traité de gré à gré.

L'adjudication présente des avantages considérables. En provoquant la concurrence, elle permet d'obtenir les meilleures conditions et les garanties les plus sérieuses au point de vue de la dépense et de la bonne exécution des travaux ; d'un autre côté, elle écarte tout soupçon de collusion entre l'administration et les entrepreneurs. Aussi est-elle prescrite comme règle générale.

Il peut seulement, par dérogation à cette règle, être procédé à des traités de gré à gré, avec l'autorisation du Préfet :

1° Pour les ouvrages et fournitures dont la dépense n'excède pas 3,000 francs ;

2° Pour ceux dont l'exécution ne comporte pas les délais de l'adjudication ;

3° Pour ceux qui par leur nature ou leur spécialité exigent des conditions particulières d'aptitude de la part de l'entrepreneur ;

4° Enfin pour ceux dont la mise en adjudication n'a pas abouti. (Instruction du 6 décembre 1870, art. 149.)

Travaux exécutés à prix d'argent. — Régie.

Les travaux de la vicinalité peuvent être mis en régie, soit avant d'être commencés, soit en cours d'exécution. La régie consiste en ce que les travaux sont entrepris ou continués au moyen d'ouvriers employés par l'administration sous la direction de l'un de ses agents, lorsque les autres modes d'exécution ont été reconnus moins avantageux ou impossibles. Elle est prescrite par le Préfet pour les travaux concernant les chemins vicinaux de grande communication ou d'intérêt commun, et par le maire pour les travaux relatifs aux chemins vicinaux ordinaires. Dans le dernier cas, elle doit, en outre, être autorisée par le Préfet, à moins que la dépense ne dépasse pas 300 francs. (Instruction générale du 6 décembre 1870, art. 149.)

Approbation des projets.

Les projets, devis et cahier des charges doivent être soumis à l'approbation des Préfets, en ce qui concerne non-seulement les chemins vicinaux ordinaires, mais encore les chemins vicinaux de grande communication ou d'intérêt commun. (Instruction générale du 6 décembre 1870, art. 150. — Circulaire du Ministre de l'intérieur du 20 novembre. — Décrets des 8 nov. 1873, 23 et 25 juin 1874.)

Rédaction des projets, formes à suivre pour les adjudications, traités de gré à gré, la mise en régie des travaux et leur réception (renvoi).

Pour la rédaction des documents dont nous venons de parler, la composition des projets, les formes à suivre relativement aux adjudications, aux marchés de gré à gré, à la mise en régie et à la réception des travaux, nous croyons devoir renvoyer à l'instruction du 6 décembre 1870 (art. 150 à 173) et au règlement général du service vicinal dans chaque département (art. 38 à 61).

Caractère des travaux de la voirie vicinale. — Difficultés soulevées par les travaux. — Compétence.

40. Les travaux de la voirie vicinale peuvent soulever des difficultés, soit entre l'Administration et les entrepreneurs au sujet des marchés conclus par voie d'adjudication ou de gré à gré, soit entre l'Administration ou les entrepreneurs et les particuliers à raison de dommages causés à ces derniers. Les difficultés dont il s'agit ont été considérées longtemps comme étant de la compétence des tribunaux judiciaires. On se fondait sur ce que les travaux concernant la voirie vicinale ne pouvaient être assimilés à des travaux publics. (C. d'État, arr. 18 avril 1816, Rérolle; 1er septembre 1819, Picqueny; 16 janvier 1822, Hongre; 31 juillet 1822, Pujol; 2 avril 1828, Saint-Didier; 18 février 1829, commune d'Amayé.)

De 1825 à 1841, le conseil d'État admit l'assimilation des travaux de la vicinalité aux travaux publics en ce qui concerne l'autorité compétente pour statuer sur les difficultés s'y rattachant, lorsque les projets avaient été préparés, approuvés et adjugés d'après les formalités usitées pour les travaux des ponts et chaussées. (Arr. 13 juillet 1825, Bourguignon; 9 novembre 1836, Français; 15 juillet 1841, Falin; 11 et 17 août 1841, Préfet du Loiret et Thionnet.)

Enfin, à partir de 1843, le conseil d'État a constamment décidé que les travaux exécutés pour la construction, le redressement, l'élargissement, la réparation ou l'entretien des chemins vicinaux rentrent dans la catégorie des travaux publics, qu'il y ait ou non des marchés, et quelle qu'en soit la forme; que, dès lors, aux termes de l'article 4 de la loi du 28 pluviôse an VIII, il appartient aux Conseils de préfecture seuls, sauf recours devant le conseil d'État délibérant au contentieux, de connaître des difficultés relatives, soit aux marchés ayant pour objet les travaux de la vicinalité, soit aux dommages causés par ces travaux, et ne consistant pas en une expropriation avec dépossession matérielle de terrain (Arr. 30 septembre 1843, Nicod de Bouchant; 28 août 1844, de Chavaille; 23 décembre 1845, Garnier; 24 juin 1847, Passarieu) (1).

Les marchés qui ont pour objet seulement la fourniture des matériaux destinés aux chemins vicinaux ne sont pas assimilés aux marchés relatifs à l'exécution des travaux. Les difficultés qu'ils soulèvent sont, par suite, de la compétence des tribunaux judiciaires. Mais lorsque les fournisseurs s'engagent à mettre leurs matériaux en œuvre, les marchés doivent être considérés comme des marchés de travaux publics. Les difficultés auxquelles ils donnent lieu sont, par conséquent, de la compétence des conseils de préfecture, sauf recours au conseil d'État.

Quant aux opérations préparatoires ou conservatoires

----

(1) Pour la prescription de l'indemnité due à raison de dommages causés par les travaux relatifs aux chemins vicinaux, V. livre IV, chapitre III, 53.

auxquelles il est procédé dans l'intérêt des chemins vicinaux, et consistant notamment dans l'étude des projets, la rédaction des plans, devis, cahiers des charges, l'arpentage et le bornage, on doit les considérer comme des travaux exécutés pour l'établissement ou l'entretien des chemins.

Les difficultés que soulèvent ces opérations doivent donc également être portées devant le conseil de préfecture. (C. d'État, arr. 9 janvier 1849, Molicard et Levasseur c. commune de Saint-Denis-les-Sens.)

Travaux exécutés dans la zone frontière et dans les zones de servitude des places de guerre et des postes militaires.

44. Les travaux de la voirie vicinale sont soumis à certaines restrictions dans l'intérêt de la défense nationale, lorsqu'ils doivent être exécutés soit dans la zone frontière, soit dans les zones de servitude des places de guerre et des postes militaires. Aux termes de la loi du 19 janvier 1791, du décret du 22 décembre 1812 et de l'ordonnance du 18 septembre 1816, les travaux autres que ceux d'entretien ou de réparation ne devaient être entrepris dans l'étendue de la zone frontière sur aucune voie publique qu'après avoir été l'objet de conférences entre les ingénieurs des ponts et chaussées et les officiers du génie, et après avoir été autorisés par le gouvernement sur le rapport de la commission des travaux mixtes. (V. les circ. du Ministère de l'Intérieur des 13 septembre 1819, 21 novembre 1842 et 27 octobre 1849.)

D'après la loi des 8-10 juillet 1791, art. 29 ; l'ordonnance du 1er août 1821, art. 4 ; le décret du 10 août 1853, art. 9, il ne peut être fait, dans les zones de servitude des places de guerre et postes militaires, aucun chemin, aucune levée ni chaussée, aucun exhaussement de terrain, aucune fouille ou excavation, aucune exploitation de carrière, aucune construction au-dessous du niveau du sol, enfin aucun dépôt de matériaux ou autres objets sans que leur alignement et leur position aient été concertés avec les officiers du génie, et que, d'après ce concert, le Ministre de la guerre ait déterminé ou fait déterminer, par un décret, les conditions auxquelles les travaux doivent être assujettis.

La zone frontière était comprise dans les limites indiquées sur une carte dressée par les soins du Ministre de la guerre. La loi des 7-11 avril 1851 a voulu qu'elle fût déterminée par un règlement d'administration publique accompagné d'un plan délimitatif indiquant les départements, arrondissements, communes et fractions de communes qu'elle embrasserait.

Elle devait comprendre des portions de territoire réservées dans lesquelles les décrets et règlements relatifs aux travaux mixtes continueraient d'être appliqués aux chemins vicinaux de toutes classes ; mais les chemins devaient pouvoir s'exécuter librement dans tout le reste de la zone frontière (art. 1er et 2). Le règlement d'administration publique prescrit par la loi de 1851 a été rendu le 16 août 1853. Il a été modifié par les décrets des 15 mars 1862 et 3 mars 1874. Ces décrets ont fixé les limites actuelles de la zone frontière. Ils décident que, dans les portions de cette zone indiquées dans les annexes desdits décrets, les chemins vicinaux ne sont soumis aux lois et règlements relatifs aux travaux mixtes, que lorsqu'ils ont dans leur tracé plus de six mètres de largeur entre les fossés ou plus de quatre mètres d'empierrement (1).

---

(1) Pour les ponts situés dans la zone frontière, au passage des

En dehors des territoires ainsi délimités, tous les chemins vicinaux peuvent s'exécuter librement dans les autres parties de la zone frontière. Toutefois, avant l'exécution des travaux, les projets doivent être communiqués au directeur des fortifications, qui peut ordonner, aux frais de l'administration de la guerre, les travaux qu'il serait nécessaire de faire dans l'intérêt de la défense du pays.

Quant aux chemins vicinaux situés dans l'étendue des zones de servitude des places de guerre et des postes militaires, ils restent soumis aux décrets et règlements sur les travaux mixtes, quelle que soit leur dimension. (Décrets des 10 août 1853, art. 9 ; 16 août 1853, art. 2, § 4 ; 15 mars 1862, art. 4.) D'après l'article 2 du décret du 3 mars 1871, le rayon des enceintes fortifiées, indiqué aux articles 3 de la loi des 7-11 avril 1851, 2, 3 et 7 du décret du 16 août 1853, 2 du décret du 31 juillet 1861 et 4 du décret du 15 mars 1862, est étendu, en ce qui concerne les travaux mixtes de toute nature, à un myriamètre autour des places et postes militaires compris dans la zone frontière. Cette distance est comptée à partir des ouvrages les plus avancés.

Le décret du 16 août 1853 règle les formalités à remplir en matière de travaux mixtes.

Ouvrages de la voirie vicinale de nature à modifier le régime des cours d'eau. — Ponts. — Bacs, bateaux ou passages d'eau.

41 *bis*. Les ouvrages de la voirie vicinale, tels que les

chemins vicinaux, sur les rivières navigables et flottables, *voir* les articles 3 et 5 du décret du 15 mars 1862. Les ponts sur les cours d'eau non navigables ni flottables ne sont soumis aux règles des travaux mixtes que lorsqu'ils se trouvent dans la zone de servitude des places de guerre et des postes militaires.

6

ponts, qui peuvent modifier le **régime des cours d'eau,** sont également soumis à des règles particulières.

Lorsqu'il s'agit d'exécuter des travaux de cette **nature** sur un cours d'eau non navigable ni flottable, le **Préfet,** avant d'approuver le projet, doit prescrire une conférence entre les agents de la vicinalité et ceux du service hydraulique. Si ces derniers ne donnent pas leur adhésion au projet, les pièces de l'affaire sont transmises au Ministre de l'intérieur, qui tranche la difficulté, après s'être concerté avec le Ministre des travaux publics. (Circ. du Ministre de l'intérieur du 29 octobre 1872.)

D'un autre côté, un pont destiné au passage d'un chemin vicinal sur un cours d'eau navigable ou flottable ne peut être établi sans l'assentiment du Ministre des travaux publics. Le projet est adressé au Ministre de l'intérieur, qui le communique à son collègue. Celui-ci consulte le Conseil général des ponts et chaussées et fait connaître sa décision au Ministre de l'intérieur, qui la notifie avec ses propres observations au Préfet. (V. arrêté du Gouvernement du 19 ventôse an VI, art. 9 ; Instruction ministérielle du 19 thermidor an VI. — C. d'État, arr. 27 mai 1863, Delahaye.)

Enfin, lorsqu'un pont à établir pour le service vicinal sur un cours d'eau quelconque doit être construit moyennant la concession d'un péage, les travaux ne sauraient être exécutés qu'en vertu d'un décret rendu dans la forme des règlements d'administration publique. (Loi du 14 floréal an x, art. 10 et 11. — Lois annuelles de finances.)

Ce décret déclare les travaux d'utilité publique et homologue le tarif du péage. C'est au Ministre de l'intérieur qu'il appartient de le provoquer, après avoir pris l'avis du Ministre des travaux publics. L'approbation du projet est réservée, dans ce cas, au Ministre de l'intérieur, comme dans tous autres cas où une subvention est allouée sur les fonds de l'État pour favoriser la construction d'un pont de la voirie vicinale ou urbaine.

D'ailleurs, que les ponts de l'une ou l'autre de ces voiries soient établis avec ou sans péage, sur un cours d'eau navigable ou flottable, ou sur un cours d'eau d'un ordre inférieur, s'ils sont suspendus, les ingénieurs ou les agents voyers, selon qu'ils ont été construits sous le contrôle des premiers ou des seconds, doivent les visiter annuellement pour constater l'état des ouvrages.

Le Préfet, à la suite de ces visites, ordonne les réparations nécessaires. Il transmet, dans tous les cas, au ministre de l'intérieur, le procès-verbal de chaque visite annuelle. (Circulaires du Ministre de l'intérieur des 1er février 1847, 14 juin 1850, 9 septembre 1850, 9 août 1852.)

Une autre circulaire du même ministre, en date du 6 octobre 1852, combinée avec une circulaire du Ministre des travaux publics du 7 mai 1870, indique les principales dispositions à insérer dans le cahier des charges relatif à la construction des ponts suspendus destinés au passage des chemins vicinaux ou des autres voies publiques communales.

Pour connaître les clauses et conditions les plus importantes à imposer à l'entrepreneur des travaux de construction d'un pont fixe, on consultera utilement le modèle inséré aux Annales des chemins vicinaux (année 1846, 47, p. 249); le cahier des charges annexé à un décret du 28 juin 1873 qui a déclaré d'utilité publique l'établissement d'un pont communal à Pommiers (Aisne); enfin les circulaires du ministre des travaux publics des 15 juin 1869 et 9 juillet 1877.

Certaines voies publiques traversées par un cours d'eau ou y aboutissant ne sont pas desservies par des ponts, mais par des bacs, bateaux ou passages d'eau mis à la disposition des voyageurs et autres personnes, quelquefois à titre gratuit, le plus souvent moyennant un péage. Ces bacs, bateaux ou passages d'eau sont établis, sous l'empire de la législation actuelle, en vertu d'une décision du Ministre des travaux publics pour les routes nationales, les chemins vicinaux, soit ordinaires soit d'intérêt commun, les rues formant la traverse de ces routes ou de ces chemins, les autres rues ne formant pas la traverse des routes départementales ou des chemins vicinaux de grande communication, enfin pour les chemins ruraux. Le péage perçu dans ces divers cas appartient à l'État, quel que soit le cours d'eau. Lorsque les bacs, bateaux ou passages d'eau doivent desservir les routes départementales, les chemins vicinaux de grande communication ou les rues formant la traverse de ces routes ou de ces chemins, ils sont établis en vertu d'une délibération du Conseil général et le péage appartient au département, sans qu'il y ait à distinguer si le cours d'eau est ou non soit navigable soit flottable. Le tarif d'après lequel le péage est perçu doit être homologué par un décret rendu sur le rapport du Ministre des finances et dans la forme des règlements d'administration publique, quand le péage appartient à l'État. Il est fixé par une délibération du Conseil général, lorsque le péage appartient au département. L'exploitation des bacs, bateaux ou passages d'eau est ordinairement concédée ou amodiée. La concession ou amodiation a lieu, en règle générale, par voie d'adjudication. (Lois des 6 frimaire an VII et 14 floréal an X. —Lois annuelles de finances. —Loi du 10 août 1871, art. 46, n° 13; circulaires du Ministre des travaux publics des 31 août 1852 et 14 octobre 1871.)

Nous n'avons pas besoin de faire remarquer les inconvénients d'un pareil mode de passage et combien il importe d'y substituer un pont dès que les circonstances le permettent.

Les difficultés qui s'élèvent entre l'Administration et le concessionnaire soit d'un pont à péage, soit d'un bac, bateau ou passage d'eau au sujet de l'exécution des conventions relatives à la concession, sont de la compétence du Conseil de préfecture, sauf recours au conseil d'État. (C. d'État, arr. 7 mai 1852, Paturot; 19 novembre 1852, David.) Mais les contestations entre les redevables et soit le concessionnaire, soit, lorsqu'il n'y a pas de concession, les agents de l'Administration, sur l'application ou l'interprétation du tarif des droits de péage, doivent être soumises aux tribunaux judiciaires. (C. d'État, arr. 29 mars 1855; Pointurier; 17 mai 1855, Mahé; 1er juin 1870, Woilquin. — Cass., ch. civ., arr. 9 juillet 1851, Coste. — Tribunal des conflits, 9 mai 1851, Astugue.) Il n'appartient pas d'ailleurs aux tribunaux judiciaires de statuer sur le débat qui s'élève entre l'Administration et le concessionnaire sur le sens et la portée des clauses du tarif stipulant certaines exemptions. (C. d'État, arr. 20 janvier 1865, Ponts de Lyon.) Un pareil débat semble rentrer dans la catégorie des difficultés soulevées par l'exécution des conventions relatives à la concession.

La concession des droits de péage perçus sur les ponts est souvent rachetée. Si le concessionnaire se refuse au rachat ou s'il exige un prix exagéré, une loi spéciale est indispensable, en l'absence d'une clause du cahier des charges permettant le rachat et en déterminant les conditions. La loi spéciale autorise le rachat sur des bases et à des conditions analogues à celles qui sont prescrites pour le rachat des droits de navigation sur les fleuves et canaux par la loi du 29 mai 1845. C'est ainsi que les lois spéciales des 8 juin 1864 et 27 août 1876 ont autorisé le rachat des droits de péage perçus sur les ponts communaux de Port-Jouet (Deux-Sèvres) et de Pont-sur-Seine (Aube). Lorsqu'il y a accord entre la commune ou les communes intéressées et le concessionnaire, un décret déclare d'utilité publique le rachat du péage. Il est nécessaire pour régulariser l'accord. Il doit être rendu après avis du conseil d'État. Il a été statué dans cette forme à l'égard du pont communal de la Maillerie (Haute-Vienne), le 12 janvier 1867 ; d'Audierne (Finistère), le 14 juillet 1868 ; de Vivoin (Sarthe), le 5 juin 1869 ; d'Appoigny (Yonne), le 19 décembre 1874 ; de Basseau (Charente), le 28 janvier 1876 ; etc.

Travaux de la voirie vicinale soumis à des règles spéciales, dans l'intérêt des chemins de fer.

Nous ajouterons que les travaux de la voirie vicinale sont encore soumis à certaines règles spéciales dans l'intérêt des chemins de fer. Ainsi le Ministre des travaux publics ou le préfet, selon le caractère de la voie, peut autoriser, dans l'intérêt d'une voie ferrée, la Compagnie concessionnaire, non-seulement à établir des passages à niveau sur les chemins vicinaux, à construire des ponts ou viaducs au-dessus, des tunnels au-dessous, mais aussi à dévier ou à déplacer ces chemins. Des modifications de cette nature ne doivent pas être considérées comme une expropriation tombant sous l'application de la loi du 3 mai 1841. (C. d'État, arr. 1er mai 1858, commune de Pexiora.)

Si, en ce qui les concerne, la Compagnie remplit entièrement les conditions qui lui sont imposées par le Ministre des travaux publics ou par le préfet, les communes intéressées ne peuvent la contraindre à leur payer

une indemnité, même lorsque le parcours des chemins se
trouve allongé. (C. d'État, arr. 20 mars 1862, chemin de
fer de Carmaux ; 8 février 1864, commune d'Arnouville ;
14 août 1865, chemin de fer de Paris à Lyon et à la
Méditerrannée ; 23 février 1870, Compagnie du chemin
de fer d'Orléans ; 20 mars 1874, Chemins de fer de Paris
à Lyon et à la Méditerranée c. ville de Cannes.

Ouvrages intéressant plusieurs chemins vicinaux.

Nous mentionnerons, en dernier lieu, comme étant
régis par des règles spéciales, les ouvrages qui intéressent plusieurs chemins vicinaux appartenant à des communes différentes. Tels sont les ponts situés à la limite
de deux communes et destinés à relier leurs chemins
respectifs. Les ouvrages de cette nature tombent sous
l'application des articles 72 et 73 de la loi du 18 juillet 1837, combinés avec l'article 46 (n° 23) de la loi du
10 août 1871.

Dès lors, les Conseils municipaux des communes intéressées sont appelés à délibérer sur la part contributive
de chacune d'elles dans les frais d'établissement ou d'entretien des ouvrages.

Les délibérations prises à cet effet sont soumises à
l'approbation du Préfet. En cas de discord entre les
Conseils municipaux, le Conseil général prononce après
l'avis des Conseils d'arrondissement dans les circonscrip-
tions desquels se trouvent les communes intéressées.
Si ces communes appartiennent à des départements différents, il est statué par le chef du Pouvoir exécutif, les
Conseils généraux et d'arrondissement préalablement
consultés. La part de dépense définitivement assignée à
chaque commune est portée d'office à son budget. En

cas d'urgence, un arrêté du Préfet suffit pour ordonner les travaux et pourvoir aux frais à l'aide d'un rôle provisoire. Il est procédé ultérieurement à la répartition définitive de la dépense dans les formes qui viennent d'être expliquées.

Ces dispositions sont-elles applicables à l'ensemble d'un chemin vicinal ordinaire qui intéresserait plusieurs communes? Nous ne le pensons pas. Un pareil chemin nous paraîtrait devoir être classé parmi les chemins de grande communication ou d'intérêt commun.

En le soumettant aux dispositions dont il s'agit, on créerait une quatrième classe de chemins vicinaux que la loi n'a pas admise. Le Ministre de l'intérieur s'est prononcé plusieurs fois dans ce sens, en interprétant les articles 155 du Règlement sur le service vicinal et 256 de l'Instruction générale du 6 décembre 1870, que l'on invoquait à l'appui de l'opinion contraire.

Difficultés relatives à la construction, à l'entretien, à la réparation ou à la reconstruction des ponts qui desservent les chemins vicinaux dans le voisinage des usines. — Difficultés concernant les dégâts causés aux chemins vicinaux par la contiguïté des étangs.

Des difficultés s'élèvent souvent entre les communes et les propriétaires des moulins ou autres usines relativement à la construction ou à la reconstruction, à l'entretien ou à la réparation des ponts destinés à desservir les voies publiques communales, dans le voisinage des usines. Lorsqu'un cours d'eau artificiel a été creusé ou dévié dans l'intérêt d'une usine au travers d'une rue, d'un chemin public rural ou vicinal, il est équitable que l'usinier rétablisse les communications interrompues, c'est-à-dire qu'il supporte non-seulement les frais de construction et d'entretien du pont nécessaire à cet effet, mais encore ceux de reconstruction de l'ouvrage tombé par vétusté ou détruit par cas de force majeure.

La commune à laquelle la voie publique appartient semble fondée à soutenir que, la dépense ayant pour cause première le fait de l'usinier, celui-ci est tenu d'y pourvoir par application des articles 1382 et 1383 du Code civil. Mais quand le cours d'eau traversant une voie communale telle qu'une rue, un chemin public rural, est naturel ou a été établi avant la voie, l'usinier est étranger à l'interruption des communications qu'entraîne le passage du cours d'eau. Il ne pourrait, dès lors, être obligé de la faire cesser et de construire, réparer ou entretenir un pont dans ce but que s'il s'y était engagé spécialement.

Les difficultés de cette nature sont de la compétence des tribunaux judiciaires lorsque les parties se bornent à invoquer les lois féodales, la situation ancienne ou actuelle des lieux, enfin les règles de droit commun (C. d'État, arr. 14 avril 1853, Pivent c. commune de Saint-Germain-le-Vasson ; 2 février 1860, Carbonnel ; 13 juillet 1866, Caron c. ville de Commercy). Il ne saurait appartenir au Conseil de préfecture de les trancher, sauf recours au Conseil d'État, qui si elles avaient pour objet l'interprétation ou l'application d'une convention ayant le caractère d'un marché de travaux publics et consistant, notamment, en une souscription consentie par l'usinier ou ses auteurs en vue de favoriser l'établissement de la voie publique ou du pont. Dans les autres cas, le litige ne peut guère échapper à la compétence des tribunaux judiciaires qu'à l'égard de questions préjudicielles qui porteraient sur le sens ou la portée d'actes administratifs dont l'une des parties voudrait se prévaloir et dont l'examen devrait être renvoyé à l'Administration.

Le Préfet excéderait la limite de ses attributions en mettant à la charge d'un usinier intégralement ou partiellement les frais de construction, de reconstruction ou d'entretien d'un pont desservant une voie urbaine, vicinale ou rurale. (C. d'État, arr. 15 décembre 1865, Carlier et Butler.) Mais le Préfet ne commettrait aucun excès de pouvoirs, en invitant seulement l'usinier à supporter la dépense, ou en refusant de le décharger des frais dont il aurait été antérieurement déclaré passible. Une semblable décision n'empêche pas l'usinier, au cas où il est poursuivi pour le payement des sommes qui lui sont réclamées, de soutenir devant les tribunaux compétents qu'il n'en est point débiteur. (C. d'État, arr. 4 mars 1858, Carbonnel ; 1er septembre 1858, Deconquans ; 18 décembre 1874, Heurlier c. com. d'Esbly.)

D'après les observations qui précèdent, on ne devait reconnaître aucune force légale à l'article 371 de l'ancien règlement général sur les chemins vicinaux qui mettait, dans certains cas, à la charge des usiniers les frais de construction ou de réparation des ponts destinés à desservir les voies vicinales traversées par les cours d'eau. Aussi cet article n'a-t-il pas été inséré dans le nouveau règlement général sur les chemins vicinaux. L'Administration, par le même motif, n'a pas cru devoir reproduire, dans ce règlement, l'article 370 de l'ancien ainsi conçu :

« Les propriétaires d'étangs dont les chaussées occupent le même emplacement que les chemins vicinaux sont tenus à la réparation de tous les dégâts causés par le mouvement et l'infiltration des eaux, de manière à ce que la largeur du chemin ne soit jamais diminuée du côté de l'étang. »

Le pouvoir réglementaire conféré à l'autorité préfectorale par l'article 21 de la loi du 21 mai 1836 ne saurait lui donner le droit d'imposer aux propriétaires des

étangs bordant les chemins vicinaux l'obligation de réparer les dégâts résultant, pour les chemins, d'actes licites
de jouissance et de propriété, du mouvement ordinaire
ou de l'infiltration naturelle des eaux. Une pareille
charge ne leur incomberait qu'en vertu d'engagements
qu'ils auraient contractés formellement ou tacitement.
En dehors d'engagements de cette nature, les propriétaires
des étangs ne peuvent être responsables que d'usurpations
prévues par la loi du 9 ventôse an XIII (art. 8) et de dégradations extraordinaires causées aux chemins vicinaux par
les transports rentrant dans l'exploitation d'un établissement industriel, conformément à l'article 14 de la loi du 21
mai 1836, ou par des faits délictueux tels que les enlèvements de terre, les détériorations tombant sont l'application de l'article 479 (n° 11) du Code pénal. Dès lors, les Préfets et les maires doivent se borner, relativement aux obli-
gations spéciales dont peuvent être tenus les propriétaires
des étangs contigus aux chemins vicinaux, soit à réclamer
l'exécution des engagements pris par ces propriétaires ou
le payement des subventions dont ils sont passibles, soit à
poursuivre la répression des usurpations, délits ou contraventions qu'ils commettent sur les chemins. (Instructions
du Ministre de l'intérieur au préfet de l'Allier, 21 avril
1877.)

CHAPITRE III.

42. Occupation temporaire de terrains dans l'intérêt du service vicinal pour l'extraction et le dépôt des matériaux, etc. — Autorité compétente pour permettre l'exercice de cette servitude. — **43.** Désignation des terrains. — **44.** Exception à ladite servitude. — **45.** Occupation amiable. — **46.** Occupation d'office. — **47.** Règlement de l'indemnité. — Bases. — Compétence. — **48.** Extraction de matériaux dans les forêts et dans les terrains domaniaux. — **49.** Distance entre les fouilles et les chemins. — **50.** Troubles apportés à l'occupation temporaire. — **51.** Dépôt de matières provenant des chemins vicinaux. — **52.** Payement de l'indemnité due à raison d'une occupation temporaire, d'un dépôt ou d'une extraction de matériaux. — **53.** Prescription.

Occupation temporaire de terrains dans l'intérêt du service vicinal.

42. L'exécution des travaux publics rend souvent indispensable l'occupation temporaire de terrains, soit pour l'étude ou la préparation des projets, l'extraction ou le dépôt des matériaux, soit pour le passage des ouvriers et des voitures employés à les transporter. De nombreux actes de la législation française ont formellement ou implicitement accordé à l'administration le droit de recourir à une pareille occupation, et ont grevé ainsi la propriété d'une servitude spéciale. (Arrêts du Conseil des 7 septembre 1755 et 20 mars 1780; loi des 28 septembre -6 octobre 1791, titre Ier, section VI, art. 1er; loi du 28 pluviôse an VIII, art. 4; Code civil, art. 650; loi du 16 septembre 1807, art. 55; loi du 21 mai 1836, art. 17; loi du 15 juillet 1845, art. 3.)

Autorité compétente pour permettre l'exercice de cette servitude.

En admettant cette servitude en faveur des chemins vicinaux par une disposition spéciale, le législateur de 1836 a voulu faire disparaître les doutes qui s'élevaient sur le point de savoir si elle s'appliquait en pareille matière. D'ailleurs, à défaut d'arrangement amiable, elle ne peut être exercée dans l'intérêt du service vicinal sans un arrêté du Préfet l'autorisant et désignant les lieux. (Loi du 21 mai 1836, art. 17.) Nous n'avons pas besoin d'ajouter qu'il convient de ne pas s'en prévaloir sans nécessité, et que dans le cas où on y recourt, on ne doit pas la faire peser sur un propriétaire plutôt que sur un autre, par des considérations personnelles (1).

Désignation des terrains.

43. Les hommes de l'art chargés de rédiger les projets pour la construction, la réparation en l'entretien des chemins vicinaux doivent indiquer, dans ces projets, les carrières et les proprié'és dont l'occupation temporaire leur paraît nécessaire pour l'extraction des matériaux, leur dépôt ou tout autre objet relatif à l'exécution des travaux. On ne saurait trop leur recommander d'indiquer de préférence les terrains communaux et le lit des rivières et des ruisseaux. Une semblable indication a le double avantage, si elle est adoptée, de ne pas faire porter sur les propriétaires une servitude qui leur paraît souvent fort onéreuse, et d'éviter aux communes l'obligation de payer des indemnités.

Quand la servitude ne peut être exercée que sur des propriétés privées, il convient de choisir, dans l'intérêt des

____

(1) L'autorisation d'occuper d'office temporairement un terrain pour en extraire ou enlever des matériaux destinés à l'exécution de travaux publics peut être accordée non-seulement aux agents de l'État, des départements ou des communes et aux entrepreneurs ou aux concessionnaires des travaux, mais encore aux simples fournisseurs des matériaux. (C. d'État, arr. 9 mai 1867, Stuckler.)

propriétaires, comme dans celui des communes, les emplacements où elle causera le moins de dommages. Ainsi l'on doit s'abstenir, autant que possible, d'occuper les lieux plantés en arbres ou en vignes.

Dans le cas où, pendant le cours des travaux, il devient nécessaire d'occuper des terrains autres que ceux indiqués aux devis, la désignation en est faite par le Préfet, sur la proposition des agents voyers et l'avis du maire pour les chemins vicinaux ordinaires, et sur la proposition des mêmes agents seulement pour les chemins vicinaux de grande communication où d'intérêt commun. (Voir l'Instruction générale, art. 47 à 49.)

Exception à la servitude d'occupation temporaire de terrains.

44. Il est certaines propriétés qui ne peuvent être occupées temporairement dans l'intérêt des travaux publics, et par suite dans l'intérêt du service vicinal, sans l'assentiment des propriétaires.

D'après l'arrêt de 1755, tous les lieux entourés de murs ou de clôtures équivalentes semblaient échapper à la servitude dont nous nous occupons; mais l'arrêt de 1780, resté inconnu jusqu'en 1840, et appliqué aujourd'hui à toute la France, bien qu'il paraisse avoir été rendu spécialement pour la Normandie, a restreint l'exception au cas où la clôture renferme des cours et jardins, vergers et autres possessions de ce genre qui sont les annexes des habitations. Le conseil d'État délibérant au contentieu en a conclu que l'exception est accordée à l'habitaion et à ses dépendances. (Arr. 7 mars 1861, Thiac; 12 juillet 1864, Poullain; 2 mai 1867, Watel; 31 décembre 1869, de Janzé.) Toutefois, il ne faudrait pas croire que l'exception s'applique exclusivement aux cours, vergers et autres possessions de ce genre attenant aux habitations. Un verger clos de murs, mais séparé de l'habitation par un chemin, rentre dans le cas d'exception prévu par l'arrêt de 1780. (C. d'État, arr. 26 décembre 1862, Brulé-Grouzelle.)

Contestations relatives à la désignation des terrains.

La désignation des terrains donne lieu à diverses réclamations.

Lorsque le propriétaire se borne à soutenir que l'on aurait pu désigner un autre terrain que le sien, et lui éviter le préjudice qu'il va subir, il doit adresser sa réclamation au Préfet, et subsidiairement au Ministre de l'intérieur, qui l'apprécie souverainement, une question de cette nature ne pouvant être discutée par la voie contentieuse. (C. d'État, arr. 29 novembre 1848, Roland.) Quand le propriétaire prétend que son terrain se trouve dans le cas d'exception prévu par les arrêts de 1755 et 1780, rien ne s'oppose à ce qu'il suive la marche qui vient d'être indiquée; il peut, en outre, présenter sa réclamation par la voie contentieuse devant le Conseil de préfecture, sauf recours au conseil d'État. (Arr. 1er juillet 1840, de Champigné; 22 mars 1851, Blancher; 7 juillet 1863, Leremboure; 7 janvier 1864, Guyot de Villeneuve; 8 août 1872, Ve Ledoux; 28 novembre 1873, Timoléon d'Ortoli.)

45. Les terrains désignés dans les projets de travaux de la vicinalité ou en dehors de ces projets peuvent être occupés amiablement ou d'office.

Occupation temporaire par conventions amiables.

Lorsque l'occupation doit avoir lieu en vertu de conventions faites avec le propriétaire, ces conventions sont soumises à l'approbation du Conseil municipal et du Pré-

fet pour les chemins vicinaux ordinaires, et seulement à
la sanction du Préfet pour les chemins de grande communication ou d'intérêt commun. L'intervention, soit du
Conseil municipal, soit du Préfet, n'est pas nécessaire
lorsque les conventions ont lieu entre les propriétaires
et les entrepreneurs. (Instruction générale du 6 décembre
1870, art. 51.) Dans tous les cas, les contestations qui
s'élèvent au sujet de l'éxécution des conventions sont de
la compétence de l'autorité judiciaire. (C. d'État, arr. 5
janvier 1860, Canteranne ; 18 février 1864, département
du Morbihan ; 26 février 1870, Chemin de fer de Paris à
Lyon et à la Méditerranée.)

Occupation d'office.

46. Quand l'occupation temporaire n'est pas consentie,
elle ne peut être opérée régulièrement qu'en vertu d'un
arrêté préfectoral. Cet arrêté doit être notifié aux parties
intéressées, au moins dix jours avant que son exécution
soit commencée. (Loi du 21 mai 1836, art. 17.)

Le Ministre de l'intérieur a pensé qu'il était convenable d'ajouter à ces formalités celles qui suivent, empruntées, pour la plupart, à un décret du 8 février 1868, concernant l'occupation temporaire des terrains pour les
travaux entrepris dans l'intérêt de l'État :

« La notification de l'arrêté préfectoral autorisant
« l'occupation est faite au propriétaire, avec mise en de-
« meure de se faire représenter sur les lieux à l'heure
« et au jour fixés, dans un délai qui ne peut être inférieur
« à dix jours, pour constater contradictoirement avec
« un agent de l'Administration désigné par le sous-préfet,
« l'état du terrain. » (Instruction du 6 décembre 1870,
art. 52.)

« La notification est faite administrativement aux par-
« ties intéressées et constatée par un reçu de ces parties
« ou par un procès-verbal de l'agent chargé de la noti-
« fication. Une copie de ce procès-verbal est laissée au
« domicile des parties intéressées. La minute est déposée
« à la mairie. » (Ibid., art. 54.)

« Le délai entre la notification de l'arrêté et la recon-
« naissance des terrains est augmenté d'un jour par trois
« myriamètres de distance entre la situation des lieux et
« le domicile des intéressés. » (Ibid., art. 54.)

« A défaut par le propriétaire de se faire représenter,
« la constatation de l'état des terrains est faite d'office
« par l'agent désigné à cet effet. Le procès-verbal de
« l'opération, destiné à fournir les éléments nécessaires
« pour évaluer la dépréciation des terrains ou faire l'esti-
« mation des dommages qui résulteront de l'occupation
« est déposé à la mairie de la localité. L'occupation peut
« avoir lieu dès que ce dépôt est effectué. » (Ibid.,
art. 55.)

« Immédiatement après l'extraction des matériaux ou
« la cessation de l'occupation, et à la fin de chaque cam-
« pagne, si l'occupation doit durer plusieurs années, il
« est procédé, à la requête de la partie la plus diligente,
« au règlement de l'indemnité, conformément aux pres-
« criptions de l'article 17 de la loi du 21 mai 1836. » (Ibid.,
art. 56.)

Règlement des indemnités.

47. Les indemnités dues à raison de l'occupation temporaire de terrains, dans l'intérêt du service vicinal, sont
réglées à l'amiable ou d'office.

Règlement amiable.

Les conventions ayant pour objet le règlement amiable sont soumises à l'approbation du Conseil municipal et du Préfet pour les chemins vicinaux ordinaires, et à la sanction du Préfet seulement pour les chemins vicinaux de grande communication ou d'intérêt commun. (Instruction générale du 6 décembre 1870, art. 51.) Le Conseil municipal ni le Préfet n'ont à intervenir lorsque les indemnités sont à la charge des entrepreneurs. (Ibid.)

Règlement non amiable. — Compétence.

Lorsque les indemnités réclamées pour l'occupation temporaire d'office ne peuvent être fixées à l'amiable, elles sont réglées par le Conseil de préfecture sur le rapport d'experts nommés l'un par le sous-préfet, l'autre par le propriétaire. En cas de dissentement entre les deux experts, le tiers expert est nommé par le Conseil de préfecture. (Loi du 21 mai 1836, art. 17.)

Mais si le terrain occupé n'est pas celui qui a été désigné par l'arrêté du Préfet, ou si l'occupation a dépassé les limites indiquées par cet arrêté, les tribunaux judiciaires sont seuls compétents pour statuer. (C. d'État, arr. 8 mai 1861, Leclerc de Pulligny ; 16 août 1862, Nicolas ; 26 novembre 1866, Laget ; 17 février 1869, De Mellanville ; 5 mai 1869, Dufau.) En pareil cas, il y a une voie de fait dont l'auteur peut être poursuivi même devant les tribunaux de police correctionnelle. Le Préfet ne saurait ratifier les actes d'un entrepreneur ou d'agents de l'Administration par une autorisation ultérieure. (Conseil d'État, arr. 8 mai 1861, Roubière.) Toutefois, si devant le tribunal civil ou correctionnel, les entrepreneurs ou les agents de l'Administration soutiennent qu'ils se sont conformés aux arrêtés du Préfet, le Tribunal est tenu de surseoir à statuer et d'impartir un délai pour faire déterminer le sens et la portée des actes administratifs invoqués. Cette interprétation rentre dans les attributions du Conseil de préfecture. (C. d'État, arr. 8 mai 1861, Leclerc de Pulligny ; 17 juillet 1861, Chemins de fer de Paris à Lyon ; 24 février 1865, Watel et Nobilet ; 8 août 1865, id.)

Ce sont également les tribunaux judiciaires qui prononcent sur les difficultés concernant le prix des matériaux employés à d'autres travaux que ceux pour lesquels l'autorisation de les extraire a été accordée. (C. d'État, arr. 11 avril 1849, Quesnel.)

Le conseil d'État avait pensé que l'entrepreneur n'était pas justiciable des tribunaux judiciaires par cela seul qu'il avait omis de prévenir le propriétaire et de justifier de l'autorisation avant l'occupation. (Arr. 10 mars 1843, Armelin.) Mais le même Conseil a décidé le contraire ultérieurement. (Arr. 17 février 1869, De Mellanville ; 19 juillet 1872, Prigione.)

Nous ajouterons que, dans le cas où l'occupation est autorisée d'office, comme dans celui où elle a lieu amiablement, s'il est fait avec le propriétaire, avant, pendant ou après l'occupation, une convention, soit pour fixer les conditions de l'occupation et les bases de l'indemnité, soit seulement pour régler l'indemnité, les contestations qui s'élèvent sur l'application de cette convention sont de la compétence des tribunaux judiciaires. (C. d'État, arr. 5 janvier 1860, Canteranne ; 8 mai 1861 Leclerc de Pulligny ; 21 novembre 1861, Villequier ; 18 février 1864, département du Morbihan ; 24 juin 1864, Cardinal ; 17 janvier 1868, Burnet ; 5 mai 1869, Dufau ;

26 février 1870, Chemins de fer de Paris à Lyon et à la Méditerranée.)

Quelles doivent être les bases de l'indemnité réglée par le conseil de Préfecture?

Il y a une distinction à faire entre le cas où l'occupation temporaire comprend une carrière en exploitation et le cas où elle a seulement pour objet un terrain dont le propriétaire ou le fermier n'exploitait que la surface.

Dans le premier cas, l'indemnité doit être fixée d'après la valeur des matériaux extraits; dans le second, seulement d'après le dommage causé à la surface des terrains par les fouilles, le dépôt et le transport des matériaux. (Loi du 16 septembre 1807, art. 55.)

Le législateur a pensé que dans le terrain où il n'existait pas de carrière en exploitation, on ne causait pas de préjudice au propriétaire en prenant les matériaux sans les payer, parce qu'il ignorait la valeur du sous-sol, et n'en tirait pas parti. Il est difficile d'admettre que par cela seul qu'une personne ignore la valeur des objets sur lesquels porte son droit de propriété et n'en profite pas actuellement, l'État, les départements ou les communes puissent équitablement s'emparer de ces objets sans indemnité. Qui assurerait que le propriétaire n'eût pas tiré parti de ces matériaux à une époque plus ou moins éloignée de celle où son terrain a été occupé? Aussi critique-t-on généralement et avec raison la disposition de la loi du 16 septembre 1807 qui ne permet pas de faire entrer dans l'estimation du dommage causé par une extraction de matériaux la valeur de ces matériaux, lorsqu'il n'existe aucune carrière en exploitation dans le terrain occupé temporairement.

Que faut-il entendre par une carrière en exploitation dans le sens de l'article 55 de la loi du 16 septembre 1807?

Primitivement on ne considérait comme une carrière en exploitation, dans ce sens, que celle qui donnait actuellement un revenu à son propriétaire. Plus tard on a reconnu qu'il suffisait, pour qu'une carrière dût être réputée en exploitation, que le propriétaire ne l'eût pas abandonnée, c'est-à-dire n'eût plus planté ou remis en culture le terrain dans lequel il l'avait ouverte. (C. d'État arr. 18 mai 1854, Lebègue; 20 juillet 1854, Pouplin; 23 juillet 1857, Espivent; 17 mars 1864, Auvray; 1er avril 1869, Watel.)

On considère en outre le terrain occupé temporairement comme comprenant une carrière en exploitation, lorsque l'Administration ou l'entrepreneur qui la représente ouvre sur ce terrain une carrière à proximité d'une autre carrière exploitée dans la même propriété pour la même nature de matériaux. (C. d'État, arr. 21 décembre 1859, de Viart; 16 avril 1863, Gruter; 18 février 1864, Chemins de fer de l'Ouest; 7 avril 1864, Pescatore.)

Lorsqu'un terrain où il existe une carrière en exploitation est occupé temporairement, le propriétaire, indépendamment du prix des matériaux extraits, a-t-il droit à une indemnité pour le préjudice que lui cause l'exploitation de la carrière?

Si le dommage résulte nécessairement de l'exploitation, par exemple de la perte des récoltes ou des arbres qui se trouvaient sur le sol fouillé, le propriétaire n'est pas fondé à réclamer une indemnité pour un pareil dommage. Il obtient le prix des matériaux extraits : il n'aurait reçu que ce prix s'il avait exploité lui-même.

7.

(C. d'État, arr. 18 fév. et 17 mars 1864, Chemins de
fer de l'Ouest.)

Si, au contraire, le dommage pouvait être évité par
une exploitation soigneuse, il doit être réparé. (C. d'État,
arr. 3 mai 1850, Debrousse; 6 mai 1858, Godbarge;
27 juin 1865, Labourdelle).

Extraction de matériaux dans les forêts.

48. Le code forestier, par son article 145, reconnaît à
l'Administration le pouvoir d'indiquer dans les forêts les
lieux où peuvent être faites des extractions de matériaux
pour l'exécution des travaux publics. Il ajoute que les
entrepreneurs seront tenus envers l'État, les communes
et les établissements publics, comme envers les particuliers, de payer toutes les indemnités de droit et d'observer toutes les formalités prescrites par les lois et
règlements.

L'ordonnance royale du 8 août 1845 a déterminé les
formalités auxquelles sont soumises les extractions de
matériaux ayant pour objet les travaux de la voirie vicinale, lorsque ces extractions ont lieu dans les bois régis
par l'administration des forêts.

D'après cette ordonnance, les lieux d'extraction doivent
être désignés préalablement à l'agent forestier supérieur de l'arrondissement. Les agents forestiers, de concert avec les agents du service vicinal, ou, à défaut de
ceux-ci, avec le maire, procèdent à la reconnaissance
du terrain et en déterminent les limites. Ils indiquent
également le nombre, l'espèce et les dimensions des
arbres dont l'abattage est reconnu nécessaire, ainsi que
les chemins à suivre pour le transport des matériaux.
En cas de contestation sur ces divers points, il est statué
par le Préfet (art. 2).

Les clauses et conditions qui sont imposées, tant pour le mode d'extraction que pour le rétablissement des lieux en l'état, sont rédigées par les agents forestiers et remises par eux au Préfet, qui les fait insérer dans le cahier des charges des travaux.

Un arrêté spécial règle les conditions lorsque les travaux s'exécutent par économie.

Dans tous les cas, les communes demeurent responsables du payement de tous dommages et indemnités (art. 3).

L'évaluation des indemnités dues à raison de l'occupation ou de la fouille des terrains et des dégâts causés par l'extraction est faite conformément au deuxième paragraphe de l'article 17 de la loi du 21 mai 1836.

L'agent forestier supérieur de l'arrondissement remplit les fonctions d'expert dans l'intérêt de l'État (art. 4).

Les agents forestiers, les agents du service vicinal et les maires sont expressément chargés de veiller à ce que les matériaux provenant du sol des forêts ne soient pas employés à des travaux autres que ceux pour lesquels les extractions ont été autorisées.

Les agents forestiers exercent contre les contrevenants toutes poursuites de droit (art. 5).

Les arbres abattus sont vendus comme menus marchés sur l'autorisation du conservateur (art. 6).

Les contestations qui peuvent s'élever relativement à l'exécution des travaux d'extraction et à l'évaluation des indemnités, sont soumises au Conseil de préfecture, conformément à l'article 4 de la loi du 28 pluviôse an VIII et à l'article 17 de la loi du 21 mai 1836 (art. 7).

Extraction de matériaux dans les terrains domaniaux autres que les forêts.

Le Ministre de l'intérieur a pensé qu'il y avait lieu de concerter des mesures analogues à celles qui viennent d'être exposées, avec les agents de l'Administration des domaines, lorsque les terrains à occuper ou à fouiller dépendent de propriétés régie par cette administration. (Instruction du 6 décembre 1870, art. 62.)

Distance entre les fouilles et la limite des chemins.

49. Dans tous les cas, une carrière ne peut être ouverte ou fouillée soit dans les terrains de l'État, des communes ou des établissements publics, soit dans ceux des simples particuliers, à une distance de la limite des chemins vicinaux moindre que celle qui est prescrite par le règlement sur le service vicinal, sans une autorisation spéciale du Préfet. (Règlement général sur les chemins vicinaux, art. 206. — Instruction du 6 décembre 1870, art. 61.) Cette prohibition a pour but de prévenir les éboulements ou les détériorations de la voie publique qui pourraient résulter de l'ouverture d'une carrière ou de fouilles à une distance trop rapprochée du chemin. Elle a en outre pour objet de pourvoir à la sécurité des voyageurs.

Troubles apportés à l'occupation temporaire et à l'extraction des matériaux.

50. Après la reconnaissance des lieux dans les formes que nous avons indiquées, les propriétaires, locataires ou fermiers, ne peuvent apporter aucun trouble ou empêchement à l'occupation des terrains ni à l'extraction des matériaux. L'arrêt du conseil d'État du 7 septembre 1755 a édicté cette prohibition dans l'intérêt des travaux publics en général. Toute contravention qui n'est pas ac-

compagnée d'une voie de fait tombe sous l'application de l'article 471 du Code pénal, qui déclare passible d'une amende de un franc à quinze francs inclusivement ceux ayant contrevenu aux règlements faits par l'autorité administrative. Lorsque l'opposition à l'occupation temporaire ou à l'extraction de matériaux est accompagnée de voie de fait, elle constitue, aux termes de l'article 438 du Code pénal, un délit de police correctionnelle punissable d'un emprisonnement de trois mois à deux ans, et d'une amende ne pouvant excéder le quart des dommages-intérêts, ni être au-dessous de 16 francs. L'article 438 du Code pénal ne parle, il est vrai, que de travaux autorisés par le Gouvernement, mais il s'applique aux travaux publics entrepris dans l'intérêt des communes, et dès lors à ceux qui concernent la voirie vicinale. (Cour d'appel d'Aix, arr. 8 juillet 1858. Cass., chambre crim., arr. 2 février 1844, Louvrier.)

51. Les Préfets peuvent-ils autoriser les agents du service vicinal à déposer sur les propriétés riveraines les matières provenant de la chaussée, des accotements fossés et talus dépendant d'un chemin vicinal? Ce pouvoir nous paraît résulter des termes généraux de l'article 17 de la loi du 21 mai 1836. Telle est également l'opinion du Ministre de l'intérieur, qui fait remarquer, dans son Instruction du 6 décembre 1870 (art. 57) que si le dépôt dont il est question rencontre de l'opposition, il doit être procédé de la même manière que pour une occupation temporaire de terrain. Le Ministre recommande d'ailleurs de ne déposer les matières sur les propriétés riveraines qu'après l'enlèvement des récoltes. Cette recommandation tend à sauvegarder à la fois l'intérêt des propriétaires et celui des communes tenues de réparer le dommage qui peut être causé à ces derniers.

52. L'indemnité due à raison de l'occupation temporaire de terrain, d'extraction de matériaux, de dépôts, d'enlèvement de terre, doit-elle être préalable?

On a invoqué, pour soutenir l'affirmative, la loi des 28 septembre-6 octobre 1791 (titre 1er, section VI, art. 1er), aux termes de laquelle les agents de l'Administration ne peuvent fouiller dans un champ, pour y chercher des pierres, de la terre ou du sable nécessaires à l'entretien des grandes routes ou autres ouvrages publics, *qu'au préalable* le propriétaire ne soit indemnisé. Mais la législation postérieure semble avoir abrogé implicitement ces dispositions, en ce qui touche le règlement de l'indemnité. En effet, elle ne les rappelle nulle part. D'ailleurs il serait impossible de les appliquer, car on ne peut connaître d'avance la quantité de matériaux qui sera extraite ou le dommage qui sera causé au propriétaire. Aussi le conseil d'État, délibérant au contentieux, a-t-il toujours repoussé en pareille matière le système de l'indemnité préalable. (V. notamment arr. 4 juin 1823, Pallon; 13 avril 1850, Rouille.) Mais il a décidé que si l'occupation durait longtemps, le propriétaire ne saurait être obligé d'attendre plusieurs années la réparation du préjudice qu'il éprouve. (Arr. 15 juin 1861, Roubière; 28 janvier 1864, Dupont.) Conformément à cette jurisprudence, l'Instruction du 6 décembre 1870 (art. 56) exige, lorsque l'occupation doit se prolonger au delà d'une année, qu'il soit procédé à la fin de chaque campagne au règlement de l'indemnité. Le propriétaire continue ainsi à toucher annuellement l'équivalent des revenus de son héritage.

Prescription de l'action en indemnité.

53. Aux termes de l'article 18 de la loi du 21 mai 1836, l'action des propriétaires en indemnité pour l'extraction de matériaux ou pour occupation temporaire des terrains se prescrit par le laps de deux ans.

Quand l'Administration ou une commune oppose cette prescription, si le propriétaire refuse de l'admettre, il appartient au Conseil de préfecture de trancher la difficulté, d'après la règle qui veut que le juge de l'action soit celui de l'exception, sauf certains cas dans lesquels l'espèce ne semble pas rentrer. (C. d'État, arr. 19 juillet 1871, Rigolet.)

Quel est le point de départ de la prescription? Ce doit être la prise de possession, quand l'indemnité est due à raison d'un terrain servant à l'ouverture, à l'élargissement ou au redressement d'un chemin vicinal. Mais lorsqu'il s'agit, comme ici, d'une occupation temporaire ou d'une extraction de matériaux, la prescription doit courir du moment où cesse cette occupation ou cette extraction. (C. d'État, arr. 19 juillet 1871, Rigolet.)

Nous ajouterons que la prescription biennale édictée par l'article 18 de la loi du 21 mai 1836 ne s'applique pas, d'après les termes mêmes de cet article, aux réclamations qui ont pour objet les autres dommages causés par l'exécution des travaux relatifs aux chemins vicinaux. (C. d'État, arr. 13 mars 1874, communes de Presle et de Nerville.)

Dans ce cas, la seule prescription qui puisse être opposée est la prescription trentenaire. Il en est de même losrque l'indemnité due à raison de terrains occupés définitivement pour occupation temporaire ou extraction de matériaux a été réglée soit amiablement d'une manière régulière, soit par le jury, le juge de paix ou le Conseil de préfecture conformément aux articles 15, 16 et 17 de la loi du 21 mai 1836. (Code civil, art. 2262.)

LIVRE V

Dépenses des chemins vicinaux.

CHAPITRE PREMIER.

54. Dépenses auxquelles donne lieu la voirie vicinale. — Statistique.

54. Les dépenses auxquelles donnent lieu les chemins vicinaux sont les frais d'établissement et d'ouverture, d'élargissement ou de redressement, de réparation, d'entretien ou de conservation de ces chemins et des ouvrages qui en dépendent.

D'abord assez restreintes, les dépenses de la voirie vicinale ont pris successivement des proportions considérables, depuis 1836. La statistique dressée par les soins du Ministre de l'intérieur indique les ressources affectées aux chemins vicinaux par période de cinq années, jusqu'en 1866 inclusivement. Ces ressources représentent à peu près les dépenses effectuées dans les mêmes périodes. Nous les faisons connaître au livre suivant. Nous n'avons pas trouvé de tableaux statistiques pour l'année 1867. Mais les rapports du Ministre sur le service des chemins vicinaux pendant 1869, 1870 et 1871 ne mentionnent pas seulement, comme le faisaient les rapports antérieurs, les ressources de la vicinalité, ils indiquent, en outre, les dépenses.

Dépenses de la vicinalité. — Renseignements statistiques.

D'après ces rapports, les dépenses des chemins vicinaux se sont élevées :

En 1868 à	123,798,159 fr.	25 c
— 1869 à	136,3 7,416	19
— 1870 à	138,049,645	87
— 1871 à	117,807,509	81

L'année 1871 présente une diminution sensible de dépenses sur celles des années précédentes. Cette diminution doit être attribuée à la guerre de 1870-1871 (1).

Le rapport du Ministre de l'intérieur, en date du 1ᵉʳ mars 1874, sur le service vicinal pendant l'année 1871, indique, par les chiffres suivants, les dépenses faites dans l'intérêt des chemins vicinaux, depuis le 1ᵉʳ janvier 1837 jusqu'au 31 décembre 1871 :

```
De 1837 à 1841.. . . . . . . . . . .   243,048,960 fr.
 — 1842 à 1846.. . . . . . . . . . .   297,339,619
 — 1847 à 1851.. . . . . . . . . . .   350,556,487
 — 1852 a 1856.. . . . . . . . . . .   388,842,064
 — 1857 à 1861.. . . . . . . . . . .   457,900,625
 — 1862 à 1866.. . . . . . . . . . .   540,713,497
 — 1867 à 1871.. . . . . . . . . . .   702,562,566

                    Total . .   2.960,963,818 fr.
```

Ainsi dans cette période de trente-cinq ans. l'on a dépensé près de trois milliards pour l'établissement, l'ouverture, le redressement, l'élargissement, la réparation et l'entretien des diverses voies vicinales. Le Ministre estime que ces dépenses s'élèveront à quatre milliards cinq cents millions en 1883.

CHAPITRE II.

55. Caractère des dépenses de la voirie vicinale. — 56. Mesures coërcitives dont ces dépenses sont susceptibles.

Caractère des dépenses.

55. Notre législation, dès l'origine des chemins vicinaux,

(1) Les dépenses des chemins vicinaux ont été de 138,997,065 fr. 34 c. en 1872. Elles se sont élevées, en 1873, à 160,928,217 fr. 83 c. (*V.* le rapport du Ministre de l'intérieur du 12 décembre 1875 sur le service vicinal pendant l'année 1873.) En 1874 elles ont été de 162,226,147 fr. 43 c. (Rapport du 20 février 1877.) En 1875, elles se sont élevées à 157,090 fr. 90 c. (Rapport du 24 janvier 1878.)

a mis les dépenses qui les concernent à la charge des communes. La loi des 28 septembre-6 octobre 1791 (titre Ier, section VI, art. 2 et 3) déclarait que les chemins reconnus par le Directoire de district pour être nécessaires à la communication des paroisses seraient rendus praticables et entretenus par les communautés sur les territoires desquelles ils étaient établis. Elle ajoutait qu'il pourrait y avoir à cet effet une imposition au marc la livre de la contribution foncière. Elle voulait que, sur la réclamation d'une des communautés ou sur celle des particuliers, le Directoire du département, après avoir pris l'avis de celui du district, ordonnât l'amélioration des mauvais chemins, afin que la communication ne fût interrompue dans aucune saison. Elle décidait, en outre (titre II, art. 41), que les dommages causés aux propriétés riveraines par le passage des voyageurs qui les auraient décloses, lorsque les chemins publics étaient impraticables, seraient à la charge de la communauté.

La loi du 11 frimaire an VII (1er décembre 1798) rangeait les dépenses de la voirie et des chemins vicinaux parmi celles des communes faisant partie d'un canton ou formant à elles seules un canton (art. 4 et 10).

L'arrêté des Consuls du 4 thermidor an X (23 juillet 1802) disposait que les chemins vicinaux étaient à la charge des communes ; que les Conseils municipaux émettraient leur vœu sur le mode qu'ils jugeraient le plus convenable pour parvenir à leur réparation, et qu'ils proposeraient à cet effet l'organisation qui leur paraîtrait devoir être préférée *pour la prestation en nature* (art. 6).

La loi du 28 juillet 1824 (art. 1er) portait que les chemins reconnus, par arrêté du Préfet, sur une délibération du Conseil municipal. pour être nécessaires à la communication des communes, étaient à la charge de celles sur le territoire desquelles ils étaient établis.

Sous l'empire de ces diverses dispositions, les communes étaient bien obligées, en principe, d'entretenir les chemins vicinaux ; mais elles remplissaient rarement cette obligation. Les administrations de département, les Préfets ensuite, la leur rappelaient souvent ; l'action de l'autorité supérieure ne pouvait aller plus loin.

En 1836, le législateur, éclairé par l'expérience, ne se borna pas à déclarer, dans la loi du 21 mai, que les chemins vicinaux légalement reconnus seraient à la charge des communes ; il décida que si elles refusaient ou négligeaient d'entretenir ces chemins, les Préfets pourraient les y contraindre, soit en les imposant d'office, soit en faisant exécuter les travaux. (Loi du 21 mai 1836, art. 5.)

Toutefois, il est à remarquer que les dépenses de la voirie vicinale, qui sont obligatoires pour les communes, ne sauraient donner lieu à des mesures coërcitives que jusqu'à concurrence de certaines ressources qui seront indiquées dans le Livre IV.

A quelles dépenses de la vicinalité les communes peuvent-elles être contraintes d'appliquer ces ressources ?

A celles qui ont pour objet :

1° L'entretien, la réparation ou la conservation des chemins des trois classes. (Loi du 21 mai 1836, art. 2 ; Loi du 10 août 1871, art. 44, 46 (§ 7) et 86) ;

2° L'ouverture, le redressement et l'élargissement des chemins vicinaux de grande communication ou d'intérêt commun. (Loi du 21 mai 1836, art. 2 ; Loi du 10 août 1871, art. 44) ;

3° Les frais d'établissement ou d'élargissement des

chemins vicinaux ordinaires, lorsque l'opération n'a pas le caractère d'une ouverture ou d'un redressement. (Loi du 24 juillet 1824, art. 1er; loi du 21 mai 1836, art. 1er et 15.)

Quant aux frais d'ouverture ou de redressement de ces derniers chemins, on doit les considérer comme rentrant dans la catégorie des dépenses communales facultatives, d'après la jurisprudence du conseil d'État. (Arr. 7 avril 1859, commune de Grainville ; 5 juin 1862, Reugade; 21 juin 1866, Champy ; 19 novembre 1868, Pernelle; 19 décembre 1868, communes de Sèvres et de Meudon ; 27 juin 1873, commune de Villers ; 21 novembre 1873, commune de Saint-Pierre-les-Étieux ; 5 décembre 1873, commune de Saint-Maurice ; 13 juillet 1877, commune de Bosbénard. — Avis de la section de l'Intérieur du 29 juillet 1870.)

Mesures coercitives.

57. Quelles sont les mesures coercitives dont les dépenses obligatoires de la vicinalité sont susceptibles ?

Ces mesures sont :

1° L'inscription d'office, aux budgets des communes, de crédits imputables sur les ressources de la vicinalité (loi du 21 mai 1836, art. 8 et 5);

2° L'imposition d'office, dans les limites du *maximum* fixé par la loi, non-seulement de centimes spéciaux additionnels au principal des quatre contributions directes, mais encore de journées de prestation (*Ibid.*) ;

3° L'exécution d'office des travaux (*Ibid.*).

Nous exposerons, dans le livre suivant, les formalités à suivre pour prendre ces mesures.

LIVRE VI

Ressources de la voirie.

CHAPITRE PREMIER.

57. Division des ressources de la voirie. — 58. Renseignements statistiques. — 59. Spécialité des ressources.

Ressources de la voirie vicinale. — Division de ces ressources.

57. Les ressources applicables aux dépenses des chemins vicinaux se divisent, sous le rapport de leur origine, en ressources ordinaires ou extraordinaires créées par les communes et en ressources éventuelles.

Les ressources ordinaires comprennent :

1° Les revenus ordinaires ;

2° Les centimes spéciaux ordinaires ;

3° Les prestations.

Les ressources extraordinaires :

1° Les centimes spéciaux extraordinaires ;

2° La quatrième journée de prestation, autorisée par la loi du 11 juillet 1868 (art. 3) ;

3° Les impositions extraordinaires et les emprunts ;

4° Les allocations sur le produit de la vente de biens, de coupes de bois, etc.

Les ressources éventuelles sont :

1° Les subventions spéciales ou industrielles. (Loi du 21 mai 1836, art. 14) ;

2° Les prestations par suite de condamnations judiciaires. (Loi du 18 juillet 1859 ; Décret du 21 décembre 1859) ;

3° Les souscriptions particulières ;

4° Les subventions départementales, non-seulement sur les centimes spéciaux et sur les centimes facultatifs (Loi du 21 mai 1836, art. 8 ; Loi annuelle de finance), mais encore sur impositions extraordinaires ou sur emprunts ;

5° Les subventions de l'État sur les fonds créés par la loi du 11 juillet 1868 ou sur d'autres fonds.

(V. l'Instruction générale du Ministre de l'intérieur en date du 6 décembre 1870, art. 63.)

Les ressources de la voirie vicinale se partagent, au point de vue de leur affectation, en ressources des chemins vicinaux ordinaires, ressources des chemins vicinaux d'intérêt commun et ressources des chemins vicinaux de grande communication.

Renseignements statistiques.

58. Les diverses ressources de la vicinalité ont suivi, dans leur développement, la même progression que les dépenses. Elles ont successivement atteint les chiffres suivants :

En 1837. . . . .   44,431,582 fr.
— 1838.   45,090,316
— 1839.   48,614,459
— 1840.   51,486,043
— 1841.   53,345,551
De 1842 à 1846 (inclusivement). . .   297,339,619
— 1847 à 1851   —   350,556,487
— 1852 à 1856   —   388,842,064
— 1857 à 1861   —   437,900,625
— 1862 à 1866   —   540,713,497
En 1867. . . . .   108,000,000 (1)
— 1868.   152,516,492
— 1869.   154,357,042
— 1870. . . . .   149,744,300 (2)
— 1871. . . . .   145,847,758 (3)

                    Total . . . . .   2,968,785.795 fr.

On voit que dans la période de 1837 à 1871, les ressources de la vicinalité représentent à peu près, en tenant compte des non-valeurs, les dépenses du service pendant le même laps de temps, ces dépenses étant évaluées à 2,960,963,818 francs.

Spécialité de ces ressources. — Exceptions.

59. En principe, les ressources de la vicinalité ne peuvent être appliquées légalement qu'aux chemins vicinaux. Par exception à cette règle, une loi du 12 juillet 1865

---

(1) N'ayant pas trouvé de tableaux statistiques pour l'année 1867, nous avons pris, comme représentant les ressources de cette année, celles d'une année moyenne de la période quinquennale précédente, c'est-à-dire 108 millions.

(2) La diminution des ressources des années 1870 et 1871 sur les ressources des années précédentes doit être attribuée aux événements de 1870-1871.

(3) Les ressources créées en 1872, au profit de la vicinalité, ont été de 153,257,838 fr. 02 c. Elles se sont élevées, en 1873, à 156,036,322 fr. 03 c. (*V.* les rapports du Ministre de l'intérieur des 31 décembre 1874 et 12 décembre 1875 sur le service vicinal pendant les années 1872 et 1873.) Elles ont été en 1874 de 159,859,621 fr. 02 c. (Rapport du 20 février 1877.) Elles se sont élevées en 1875 à 163.701,337 fr. 97 c. (Rapport du 24 janvier 1878.)

(art. 3) autorise les communes et les départements à affecter aux dépenses des chemins de fer d'intérêt local une partie des ressources créées en vertu de la loi du 21 mai 1836. La loi du 21 juillet 1870 accorde également aux communes, sous certaines restrictions, la faculté d'appliquer les prestations disponibles aux chemins publics ruraux. Enfin, aux termes de la loi du 10 août 1871 (art. 60), les départements qui, pour assurer le service des chemins vicinaux, n'ont pas besoin de faire emploi de la totalité des centimes spéciaux établis en vertu de la loi du 21 mai 1836, ont la faculté d'appliquer le surplus aux autres dépenses de leur budget ordinaire. En dehors de ces trois exceptions, tout emploi des ressources de la vicinalité à des dépenses étrangères aux chemins vicinaux est entaché d'illégalité. A ce titre, il doit être rejeté des comptes où il figure. Il peut, en outre, donner lieu à une action en dommages-intérêts contre le fonctionnaire qui l'a ordonné et l'agent qui l'a réalisé.

CHAPITRE II.

Ressources ordinaires de la voirie vicinale.

Section I. — Revenus ordinaires.

60. La loi du 21 mai 1836 (art. 2) affecte aux dépenses des chemins vicinaux d'abord les revenus ordinaires des communes, subsidiairement trois journées de prestations et cinq centimes spéciaux, en laissant aux Conseils municipaux la faculté de voter ces deux dernières ressources, soit concurremment, soit séparément. Il est extrêmement rare que les revenus ordinaires soient suffisants. Dans presque toutes les communes, les Conseils municipaux sont obligés de recourir aux ressources spéciales. C'est à la session de mai qu'ils sont appelés, chaque année, à voter les ressources destinées à faire face aux dépenses de la vicinalité. S'ils refusent ou négligent d'allouer les ressources nécessaires, le Préfet les invite spécialement à y pourvoir. Dans le cas où cette mise en demeure est sans résultat, le Préfet inscrit d'office aux budgets des communes un crédit dans la limite des revenus ordinaires disponibles, de cinq centimes spéciaux et de trois journées de prestations. S'il n'y a pas de revenus ordinaires disponibles, ou si le crédit inscrit d'office dépasse ces revenus, les Conseils municipaux sont invités de nouveau à voter les centimes spéciaux et les prestations dans la limite du *maximum* fixé par la loi. En cas de refus, il appartient au Préfet d'imposer d'office ces centimes et les prestations. (Loi du 21 mai 1836, art. 5; loi du 18 juillet 1837, art. 39.)

Section II. — Centimes spéciaux ordinaires.

61. Les centimes spéciaux ordinaires sont des centimes additionnels au principal des quatre contributions directes, c'est-à-dire des contributions foncière, personnelle-mobilière, des portes et fenêtres et des patentes. Sous l'empire de la loi du 28 juillet 1824, les Conseils municipaux devaient, en cas d'insuffisance des revenus ordinaires, voter intégralement les prestations avant de recourir aux centimes spéciaux qui ne pouvaient excéder cinq. La loi du 21 mai 1836 a également fixé à cinq le *maximum* des centimes spéciaux ordinaires; mais elle a voulu affranchir les Conseils municipaux de l'obligation de voter préalablement les journées de prestation, parce qu'il est à peu près impossible d'obtenir un bon emploi des prestations si l'on ne dispose de quelques fonds soit pour faire diriger les travaux par des hommes ayant les connaissances nécessaires, soit pour acheter les instruments indispensables et dont les prestataires manquent la plupart du temps. La loi de 1836 a en outre supprimé le concours des plus imposés qu'exigeait la loi de 1824 pour le vote des centimes spéciaux. Cette suppression est motivée sur ce que les centimes spéciaux n'ont pas le caractère d'une imposition extraordinaire. Nous devons ajouter qu'aujourd'hui l'adjonction des plus forts contribuables pour le vote de ces centimes n'est même pas facultative, une pareille adjonction n'étant légale que lorsque le législateur l'a formellement ordonné.

Les centimes spéciaux sont votés par les Conseils municipaux dans la session de mai. La délibération prise à cet effet est, après avoir été approuvée par le Préfet, adressée au Directeur des contributions directes, qui fait figurer les centimes spéciaux dans le rôle des contributions à percevoir dans chaque commune l'année suivante. Nous avons vu, dans la section précédente, quelles sont les mesures coërcitives dont les centimes spéciaux peuvent être l'objet. Ces centimes sont recouvrés par les percepteurs en même temps et de la même manière que les contributions au principal desquelles ils se trouvent ajoutés. Le montant en est mis à la disposition des communes selon les règles tracées par l'Instruction générale du Ministre des finances sur le service de la comptabilité, en date du 20 juin 1859 (art. 199 à 203).

Toute personne passible, dans une commune, d'une ou plusieurs des quatre contributions directes (foncière, personnelle-mobilière, portes et fenêtres et patentes) est également passible, dans la même commune, des centimes spéciaux, puisque ces centimes sont additionnels au principal desdites contributions. L'État lui-même en est passible à raison de ses propriétés productives de revenus. (Loi du 21 mai 1836, art. 13.)

Les demandes en décharge ou en réduction des centi-

mes spéciaux sont soumises à la même procédure et à la même juridiction que celles qui concernent les contributions directes. C'est, par suite, devant le Conseil de préfecture, sauf recours au conseil d'État, que les demandes dont il est question doivent être portées. Elles peuvent être présentées sur papier libre. (Loi du 28 juillet 1824, art. 5).

Quant aux demandes en remise ou modération, c'est au Conseil municipal qu'il appartient de les accueillir ou de les rejeter, avec l'autorisation du Préfet. Mais la commune ne saurait se prévaloir d'une remise ou modération ainsi accordée pour réduire son contingent dans les frais d'établissement ou d'entretien des chemins vicinaux de grande communication ou d'intérêt commun.

Section III. — Prestations.

Définition et division des prestations.

62. Les prestations affectées aux chemins vicinaux sont en nature ou en argent. Les prestations en nature consistent en transports de matériaux, travaux de terrassement et de main-d'œuvre. Elles s'exécutent à la journée ou à la tâche. Les prestations en argent sont l'équivalent en numéraire des prestations en nature.

Observations sur les attaques dont les prestations sont l'objet.

63. Les prestations ont été vivement attaquées comme un dernier vestige de la corvée et un lourd fardeau pour l'agriculture. Elles présentent, il est vrai, une certaine analogie avec la corvée exécutée sur les routes avant la révolution de 1789 (1). Mais elles en diffèrent essentiel-

---

(1) La corvée appliquée aux routes fut abolie, sur la proposition de Turgot, en 1776 (Édit de février), rétablie la même année

lement sous le rapport de l'assictte, des charges et de la destination. En effet, les prestations atteignent sans distinction tous les habitants des villes et des communes rurales, tandis que la corvée pesait exclusivement sur les habitants des campagnes. Les prestations sont employées pour les chemins dont les prestataires se servent plus spécialement ; la corvée était exigée pour les grandes routes, que les corvéables fréquentaient rarement. Elle comprenait annuellement un nombre de journées de travail variant de trente à quarante. Les prestations, dont le *maximum* fixé d'abord, pour chaque année, à deux journées par la loi du 28 juillet 1824 (art. 3), puis à trois journées par celle du 21 mai 1836 (art. 2), peuvent s'élever jusqu'au chiffre de quatre journées dans le cas prévu par la loi du 11 juillet 1868 (art. 3) (1), mais elles ne doivent jamais dépasser ce chiffre. D'un autre côté, les corvéables se voyaient souvent dans la nécessité d'aller à des distances considérables et par suite de s'absenter de leurs villages jusqu'à six jours non interrompus. Les prestations, au contraire, s'exécutent soit dans la commune du prestataire, soit dans une commune voisine, sans jamais lui imposer un déplacement qui l'empêche de rentrer à sa maison lorsque sa journée est terminée. Enfin, la corvée ne pouvait jamais être remplacée par le payement d'une somme d'argent, tandis que les

---

après la chute de ce ministre, et supprimée définitivement en 1787 (Déclaration royale du 27 juin). *V.* un mémoire de M. Cotelle sur l'ancienne corvée (*Ecole des communes* 1852, p. 96).

(1) L'article 3 de la loi du 11 juillet 1868 est ainsi conçu :

« Dans les communes dont les charges extraordinaires excèdent 10 centimes, les Conseils municipaux pourront, pendant la période d'exécution de la présente loi, opter entre une journée de prestation et les trois centimes extraordinaires autorisés par l'article 3 de la loi du 24 juillet 1867. »

prestations peuvent être acquittees en nature ou en argent, au gré des prestataires. (Loi du 21 mai 1836, art. 4.)

Dans de telles conditions, les prestations ne sauraient être considérées comme un véritable vestige de l'ancien régime, ni comme un lourd fardeau pour l'agriculture. Aussi n'ont-elles jamais donné lieu à des plaintes sérieuses, et l'on a reconnu en elles l'un des moyens les plus efficaces pour assurer l'établissement et l'entretien des chemins vicinaux. Elles représentent près de 53 millions sur l'ensemble des ressources ordinaires annuelles de la vivinalité, qui s'élèvent à environ 74 millions. Ces ressources, en y réunissant le produit des centimes spéciaux facultatifs départementaux affectés à la vicinalité, produit qui, en 1871, a dépassé vingt millions, sont insuffisantes pour les besoins de la voirie vicinale (1). En effet, l'État s'est vu dans la nécessité de venir en aide aux communes : 1º par une subvention de 100 millions destinée aux chemins vicinaux ordinaires et payables en quatorze années ; 2º par une subvention de 15 millions affectée aux chemins vicinaux d'intérêt commun: t devant être acquittée dans le même délai; 3º par la création d'une caisse chargée de faire aux communes, et, dans certains cas extraordinaires, aux départements, pour l'achèvement des chemins vicinaux ordinaires, des avances pouvant s'élever jusqu'à 200 millions et remboursables par le payement de trente annuités. (Loi du 11 Juillet 1868, articles 1er, 4, 6 et 9; loi du 25 juillet 1873; loi du 15 août 1876.) Dès lors, si l'on supprimait ou réduisait les prestations, il faudrait inévitablement,

---

(1) *V.* le rapport du Ministre de l'intérieur sur le service des chemins vicinaux pour l'année 1871.

soit laisser le service vicinal en souffrance, soit augmenter le chiffre des centimes additionnels au principal des quatre contributions directes. Il est inutile d'insister sur les inconvénients d'une pareille alternative à une époque où le bon état des voies de communication est plus nécessaire que jamais et où les charges énormes de l'État ont exigé la création de nouveaux impôts et l'accroissement des anciens. Aussi l'Assemblée nationale n'a-t-elle pas hésité, dans sa séance du 8 décembre 1871, à repousser une proposition de M. Hervé de Saisy, tendant à réduire les prestations. L'Assemblée législative élue en 1849 avait déjà rejeté une proposition analogue le 3 décembre 1850.

Prestations. — Vote.

64. Nous avons vu que les Conseils municipaux sont appelés, chaque année, dans la session de mai, à voter les prestations pour l'année suivante. Ils doivent les voter par journées entières. Si elles se composaient de fractions de journée, il en résulterait de sérieuses difficultés pour l'assiette de la taxe et la comptabilité, ce qui serait contraire à l'esprit sinon au texte de la loi du 21 mai 1836. Les Conseils municipaux doivent, en outre, s'abstenir de faire porter un nombre différent de journées sur les divers éléments de la taxe. Ils ne sauraient, par exemple, voter légalement une journée de travaux d'hommes, et deux ou trois journées de travaux de bêtes de trait, ou bien, au contraire, un nombre moins considérable de ces dernières journées que des premières. Les principes fondamentaux de notre législation exigent que la taxe porte sur tous les éléments imposables et dans la même proportion, afin que les Conseils municipaux ne puissent pas favoriser telle classe de redevables au détriment de telle autre. (V. la circulaire du Ministre de l'intérieur du 11 avril 1839.) Nous avons fait connaître, à la première section du présent chapitre, les mesures coërcitives auxquelles le Préfet peut recourir lorsque les Conseils municipaux refusent de voter les prestations.

Assiette de la taxe des prestations.

65. Le législateur s'est proposé de rendre passibles des prestations, dans chaque commune, les habitants ou propriétaires d'après l'utilité qu'ils retirent ordinairement des chemins vicinaux. Dans ce but, il veut que les prestations soient imposées à raison de la personne et de certains éléments (gens, animaux, véhicules) à l'usage ou au service de la personne. Dès lors, suivant les cas, un individu sera imposé à raison de sa personne exclusivement ; à raison à la fois de sa personne et des gens, animaux et véhicules à sa disposition, ou seulement à raison des éléments imposables autres que sa personne, lorsqu'il ne réunit par les conditions exigées de la personne.

Ainsi, aux termes de l'article 3 de la loi du 21 mai 1836, tel qu'il est interprété et expliqué par l'Instruction ministérielle du 6 décembre 1870 (art. 76), est passible des prestations tout habitant de la commune, mâle, valide, âgé de dix-huit ans au moins et de soixante au plus, célibataire ou marié, quelle que soit sa profession, pourvu qu'il se trouve porté au rôle des contributions directes.

S'il est chef de famille ou d'établissement à titre de propriétaire, de régisseur, de fermier ou colon partiaire, il doit les prestations, non-seulement pour sa personne, mais encore pour chaque individu mâle, valide, âgé de dix-huit ans au moins et de soixante ans au plus, membre ou serviteur de la famille et résidant dans la commune, ainsi que pour chaque bête de trait ou de selle, dix-huit ans au moins et de soixante ans au plus, membre ou serviteur de la famille et résidant dans la commune, ainsi que pour chaque bête de trait ou de selle, pour chaque charrettc ou voiture attelée au service de la famille ou de l'établissement dans la commune.

Tout individu, même non habitant la commune, même du sexe féminin, même âgé de moins de dix-huit ans ou de plus de soixante, même non porté au rôle des contributions, s'il est chef d'une famille qui habite la commune, ou si, à titre de propriétaire, de régisseur, de fermier ou de colon partiaire, il est chef d'une exploitation agricole ou d'établissement situé dans la commune, doit les prestations, non pour sa personne, mais pour tout ce qui, personnes ou choses, dans les conditions indiquées à l'alinéa précédent, dépend de l'exploitation ou de l'établissement dont il est propriétaire ou qu'il gère en quelque qualité que ce soit (1).

Le propriétaire qui a plusieurs résidences qu'il habite alternativement est passible des prestations, à raison de sa personne, dans la ville où il est imposé à la contribution personnelle, c'est-à-dire où il a son principal établissement. (C. d'État, arr. 19 mars 1845, Lecomte ; 14 juin 1845, Pringer ; 18 juillet 1855, Maniez ; 8 avril 1869, Renault ; 24 novembre 1869, Curon ; 14 avril 1870, commune de Fongrave ; 28 novembre 1870, Bonnefond ; 21 novembre 1871, commune de Coulon ; 28 novembre 1873, Fert ; 18 décembre 1874, Dupont de Chamboulon ;

---

(1) Le conseil d'État n'admet pas qu'on puisse considérer comme passible de prestation dans une commune la personne possédant dans cette commune des éléments imposables, mais n'y figurant pas au rôle des contributions directes. (Arr. 12 juin 1874 et 2 juillet 1875, Coti.)

30 avril 1875, commune de Bletterens; 4 février 1876, Mollingal.)

Si le propriétaire ayant plusieurs résidences a dans chacune d'elles un établissement permanent en domesti-ques, voitures, bêtes de somme, de trait ou de selle, il doit être imposé dans chaque commune à raison des élé-ments imposables autres que sa personne, pour ce qui lui appartient dans cette commune. (C. d'État, arr. 22 août 1838, Ramel; 25 juin 1857, du Gennevray; 9 septembre 1861, Parrot; 14 avril 1870, Pinsard; 15 mai 1874, Dubois; 14 juin 1874, Jouty; 7 mai 1875, Perret; 4 février 1876, Mollingal.)

Si ses domestiques, ses animaux et ses voitures passent avec lui temporairement d'une résidence à une autre, il ne doit être imposé, pour ses moyens d'exploitation, que dans le lieu de son principal établissement. (C. d'État, arr. 21 juillet 1839, Adam; 30 juin 1858, Ménage; 27 janvier 1859, Boivin; 28 mai 1862, commune du Châ-teau-d'Oleron; 14 avril 1870, Pinsard.)

Lorsqu'une ferme située sur le territoire de deux com-munes ne forme qu'un domaine pour l'exploitation duquel sont employés les mêmes domestiques, les mêmes voi-tures, c'est dans celle des deux communes dont il doit être considéré comme habitant et où il a le siége princi-pal de son exploitation que le fermier est passible des prestations pour sa personne, ses domestiques, ses che-vaux et ses voitures. (C. d'État, arr. 25 mai et 7 sep-tembre 1864, Fiquenel; 18 décembre 1867, Laborde; 31 juillet 1874, Gueland; 23 nov. 1877, Arrousey.)

Aucune disposition de loi n'exempte des prestations les personnes investies d'une fonction ou d'un emploi public. Ainsi sont passibles de cette taxe : les syndics des gens de mer (C. d'État, arr. 12 septembre 1853, Poyer); les gardes forestiers (C. d'État, arr. 7 décembre 1843, Scheyer); les facteurs ruraux (C. d'État, arr. 16 mars 1842, Lucas; 6 janvier 1877, Tassel).

Toutefois les militaires en activité de service ne peuvent être assujettis aux prestations. (C. d'État, arr. 17 mars 1876, Roblon.) On ne saurait, en effet, les considérer comme habitants soit de la commune où ils ont été appelés sous les drapeaux, soit de la commune où leur régiment tient garnison. Mais les officiers sans troupe ayant une résidence fixe et portée au rôle des contributions directes sont passibles de la taxe dont il s'agit. (C. d'État, arr. 18 juillet 1838, Courtois; 18 février 1862, Josse.)

Sous l'empire des lois des 27 juillet 1872 et 24 juillet 1873 concernant le recrutement et l'organisation générale de l'armée, les jeunes soldats des classes non encore appelées à l'activité, ceux placés en disponibilité après un an de service, enfin les hommes faisant partie de la réserve sont-ils passibles des prestations lorsqu'ils réunissent les conditions exigées par l'article 3 de la loi du 21 mai 1836? Cette question paraît devoir être résolue affirmativement. En effet, les militaires en activité doivent bien jouir, en principe, de l'exemption des prestations, parce qu'ils ne peuvent, ainsi qu'il a été expliqué plus haut, être considérés comme habitants, soit de la commune où ils résidaient à l'époque où ils ont été appelés sous les drapeaux, soit de la commune où ils sont en garnison, et que, d'un autre côté, le service auquel ils sont assujettis ne leur permettrait pas de se libérer en nature comme le législateur veut que tout contribuable puisse le faire; mais le conseil d'État, par une jurisprudence conforme à l'esprit sinon au texte de la loi de 1836, a toujours décidé que les militaires en congé de semestre et les soldats de la réserve membres ou serviteurs de la famille, bien qu'ils fussent à la disposition du Ministre de la guerre, donnaient lieu à la taxe des prestations. (Arr. 12 mars 1867, Mitras; 19 mai 1869, Lajaunie; 28 janvier 1869, Baudin; 28 juin 1869, Giovine; 20 novembre 1874, Mousset.) Or, on ne s'expliquerait pas pourquoi les mêmes individus ne seraient pas personnellement imposables à cette taxe quand ils remplissent les conditions édictées par la loi. Nous ajouterons que les ministres de l'intérieur et de la guerre se sont prononcé dans ce sens. (Dépêches des 17 décembre 1873 et 10 janvier 1874.)

On admet également dans la pratique que les officiers de gendarmerie sont soumis aux prestations. (*Journal de la Gendarmerie*, 1863, p. 6. — C. d'État, arr. 19 juin 1874, Kocher.)

Les officiers supérieurs employés au recrutement étant considérés comme offic sans troupe peuvent être imposés aux prestations; mais ne sont pas passibles de cette taxe, les officiers du grade de capitaine et au-dessous, employés au même service, parce qu'ils ne cessent point de compter à leur corps, dont ils ne sont que temporairement détachés. (C. d'État, arr. 18 avril 1845, Morlet.)

Les sapeurs-pompiers ne sont pas dispensés des prestations comme le sont implicitement les militaires en activité de service. Rien toutefois ne s'oppose à ce qu'à raison des services spéciaux qu'ils rendent aux populations, le Conseil municipal ne leur accorde, avec l'autorisation du Préfet, la remise totale ou partielle des prestations dont ils sont passibles. Mais la commune ne saurait se prévaloir de cette remise pour réduire son contingent dans les frais d'établissement ou d'entretien des chemins vicinaux de grande communication et d'intérêt commun. (Dépêches du Ministre de l'intérieur des 24 décembre 1856 et 28 mai 1872.)

Les personnes qui appartenaient à la garde nationale mobile n'étaient fondées à réclamer l'exemption de la taxe des prestations afférentes à une année déterminée que lorsqu'elles avaient été appelées à l'activité antérieurement au 1er janvier de cette année. (C. d'État, arr. 11 février 1870, Sutter ; 9 mai 1873, Roques.)

Quant aux personnes qui faisaient partie de la garde nationale soit sédentaire soit mobilisée, aucune disposition de loi ne les avait exemptées des prestations (C. d'État, arr. octobre 1871, Piedoye) (1).

Les ecclésiastiques, quels que soient les motifs de convenance qui puissent faire désirer que la taxe leur soit remise, sont soumis à l'obligation de l'acquitter lorsqu'ils remplissent les conditions déterminées par la loi. (C. d'État, arr. 15 février 1840, de Saint-Oyant; 1er juillet 1840, Vial ; 30 décembre 1841, Delpy ; 2 juin 1843, Guernier; 3 octobre 1846, Roumelle; 15 mai 1848, Daumer; 28 décembre 1850, Puppinck ; 5 octobre 1857, Bataille; 28 février 1870, Gauthier.)

L'habitant, chef de famille, inscrit au rôle des contributions directes, ne peut se prévaloir de son indigence pour demander la décharge de prestations. (C. d'État, arr. 14 janvier 1867, Lelerre; 17 juin 1878, Buffard; 22 février 1870, Tiqueux; 18 mars 1872, Crestette; 30 mai 1873, Maurice Noël; 5 décembre 1873, le Héricey; 4 décembre 1874, X...) Mais rien ne s'oppose à ce que le Conseil municipal accorde à cet habitant la remise de la taxe. (C. d'État, arr. 14 juin 1864, Collé.)

Sont considérés comme serviteurs donnant lieu à l'im-

---

(1) Il n'existe plus aujourd'hui aucune garde nationale, d'après les lois des 23 août 1871 et 27 juillet 1872.

pôt réel des prestations, lorsqu'ils remplissent les conditions d'âge, de sexe et de validité exigées par la loi,
tous ceux qui, dans la maison, ont des emplois subordonnés à la volonté du maître et qui reçoivent des gages
ou salaires annuels et permanents, tels que les domestiques attachés à la personne, les valets de ferme, les
concierges, etc. (C. d'État, arr. 27 juin 1838, Pagart;
20 novembre 1856, Babillot; 10 décembre 1870, Gouche;
11 avril 1872, Chrétien; 14 mars 1873, Ozenne; 16 avril
1875, Corde; 18 février 1876, Fabien; 31 mars 1876,
Kerambrun.)

Sont considérés comme membres de la famille donnant
lieu à l'impôt dont nous nous occupons, les enfants qui
habitent chez leur père, à moins qu'ils ne soient portés
au rôle des contributions directes. (C. d'État, arr. 18 février 1854, Cabarron; 14 avril 1862, Clémot. V. toutefois,
en sens contraire, arr. 3 juin 1852, Bucquet.)

Le chef de famille n'est passible de prestations pour
ses enfants ou ses serviteurs qu'autant qu'ils ont leur résidence dans sa commune. (Loi du 21 mai 1836, art. 3.)
Ainsi le chef d'une famille de province serait illégalement
assujetti à cette taxe à raison, soit d'un fils résidant à
Paris où il fait ses études (C. d'État, arr. 16 novembre
1839, Colardeau), soit d'un fils qui, venant passer à la
maison paternelle seulement les dimanches et fêtes, habite une autre commune où il exerce la profession de
clerc d'avoué (C. d'État, arr. 4 mai 1859, Peyches), soit
d'un fils passant une partie de l'année chez son père, mais
étant domicilié dans une autre commune où il acquitte
la contribution personnelle et mobilière. (C. d'État, arr.
20 mars 1861, Pitrat.)

Ne sont pas considérés comme serviteurs de la famille dans le sens de l'article 3 de la loi du 21 mai 1836 :

1° Les ouvriers travaillant à la journée ou à la tâche, ou qui ne sont employés que passagèrement pendant le temps de la moisson ou d'un travail temporaire;

2° Les employés, contre-maîtres, chefs d'atelier et maîtres ouvriers attachés à l'exploitation d'établissements industriels ;

3° Les professeurs, instituteurs adjoints d'une école, d'un pensionnat ou collége, ainsi que les serviteurs attachés uniquement au service de l'un ou l'autre de ces établissements;

4° Les postillons titulaires des relais de poste ;

5° Les individus vivant à leur ménage.

Les personnes comprises dans ces différentes catégories doivent les prestations pour leur propre compte dans la commune de leur domicile, si elles remplissent en ce qui les concerne les conditions déterminées par la loi.

(C. d'État, arr. 27 juin 1838, Pagart; 25 janvier 1839, Guyot; 27 août 1840, Barsalon; 14 mars 1843, Barsalon; 17 février 1848, Petit-Guyot; 20 novembre 1856, Babillot; 18 août 1857, Chemin de fer de Lyon à la Méditerranée; 1er décembre 1858, Horlaville; 7 janvier 1859, Lebrun; 3 mai 1861, Roblin; 12 août 1867, Cherbonneau; 11 janvier 1870, Rabier; 12 mars 1870, Bordat; 28 juin 1870, Achard; 13 juillet 1870, Mestreau; 24 avril 1874, Bernadet; 11 février 1876, Nègre.)

La circonstance qu'au 1er janvier, un serviteur était à la disposition du Ministre de la guerre soit comme militaire en congé de semestre soit comme soldat de la réserve, ne fait pas obstacle à ce que le maître soit imposé à raison de ce serviteur à la taxe des prestations. (C. d'État, 10 mai 1869, Lajaunie; 28 juin 1869, Giovine; 20 novembre 1874, Mousset.)

Les chefs d'établissement peuvent, en principe, être appelés à fournir trois journées de prestation pour chacune des bêtes de somme, de trait et de selle au service de l'établissement, sans qu'il y ait à distinguer l'usage spécial auquel les animaux sont employés. Ainsi une compagnie de mines n'est pas fondée à demande décharge des prestations auxquelles elle est imposée à raison de ses chevaux, par le motif qu'ils sont exclusivement employés dans l'intérieur des mines. (C. d'État, arr. 19 mai 1876, mines d'Anzin.)

Ne donnent pas lieu à la taxe des prestations :

1° Les bêtes de somme, de trait ou de selle que leur âge ou toute autre cause ne permet pas d'assujettir au travail ;

2° Celles qui sont destinées à la consommation, à la reproduction ou possédées comme objet de commerce, à moins que, nonobstant leur destination, le possesseur n'en tire un travail ;

3° Les chevaux des relais de poste, mais seulement dans la limite du nombre fixé pour chaque relai par les règlements de l'Administration des Postes (1) ;

----

(1) L'entrepreneur du transport des dépêches de l'Administration des postes est passible de prestation à raison des hommes et des chevaux qu'il emploie, même exclusivement à ce service. (C. d'État arr. 24 janvier 1868, Benassin; 28 avril 1876, Mangavelle.)

4° Les chevaux que les agents du Gouvernement sont tenus, par les règlements émanés de leur administration, de posséder pour l'accomplissement de leur service.

(C. d'État, arr. 25 janvier 1839, Guyot; 9 juin 1842, Bourrec; 10 janvier 1845, Seron; 24 janvier 1845, Lefranc; 22 juin 1848, Villeaud; 29 mars 1854, Tourvieille; 13 février 1856, Lebrun; 1er décembre 1858, Coste; 9 janvier 1861, Veillon; 7 septembre 1861, commune de Saudron; 13 juin 1868, Demange; 8 avril 1869, Brilhouet; 19 mai 1869, Lajaunie; 4 juin 1870, Halley; 28 novembre 1870, Dubor; 6 juin 1871, Rimbault; 27 avril 1872, Biaggini; 8 octobre 1872, Vuillermet; 13 décembre 1872, Laurent; 28 novembre 1873, Bartoli; 14 mai 1875, Melie; 15 décembre 1876, commune de Sainte-Croix.)

Ne doivent être considérées comme attelées et, par conséquent, comme donnant lieu à l'imposition des prestations, que les voitures dont on possède d'une manière permanente le nombre de chevaux ou d'animaux de trait nécessaires pour qu'elles puissent être employées simultanément. (C. d'État, arr. 14 décembre 1837, Davoust; 12 juin 1845, Hesse; 23 avril 1852, Epailly; 12 mars 1870, Moralis; 28 novembre 1873, Bunoust.)

Le propriétaire d'un cheval et d'une voiture ne saurait d'ailleurs se prévaloir, pour obtenir l'exonération des prestations auxquelles il est imposé, de la circonstance qu'il est assujetti, à raison des mêmes éléments, à la taxe des chevaux et voitures. (C. d'État, arr. 24 décembre 1875, Brunel.)

D'un autre côté, quel que soit l'usage spécial d'une voiture attelée au service de la famille ou de l'établissement, elle donne lieu à la taxe de prestation. (C. d'État, arr. 15 mai 1874, Desbarres; 19 février 1874, Guibert.)

Les prestations sont établies pour l'année entière, mais à raison seulement des éléments imposables au 1er janvier. Dès lors, le prestataire doit obtenir décharge des prestations qui lui ont été imposées pour une année soit à raison de sa personne, s'il ne réunissait pas au 1er janvier de l'année les conditions fixées par la loi, soit à raison de serviteurs, d'animaux ou de voitures qui ne présentaient pas les conditions légales ou qui n'étaient pas au service du prestataire à ladite époque. Mais il n'est pas fondé à réclamer le dégrèvement de la taxe relativement à des éléments imposables qui étaient à sa disposition au commencement de l'année et qu'il a cessé de posséder dans le cours de la même année à une époque et pour une cause quelconques. (Loi du 28 juillet 1824, art. 5. — C. d'État, arr. 22 mai 1865, Bey; 12 décembre 1866, Vautrot; 5 décembre 1867, commune de Medières; 23 juin 1868, commune de Girondelle; 7 août 1869, Garney; 16 avril 1870, Bérade; 30 avril 1870, Girault; 11 juillet 1871, Petitot; 15 mars 1872, communes de Bouchavesne et d'Ugny; 22 mars 1872, Veyssière; 24 juillet 1872, Lecul; 7 août 1872, Pihan; 4 avril 1873, veuve Tabourin; 27 novembre 1873, Salles; 13 février 1874, Daniou; 6 mars 1874, Lartet; 8 décembre 1874, Salicot; 15 janvier 1875, Bertin; 6 février 1875, Emié; 14 mai 1875, Faures; 5 novembre 1875, Guindicelli.)

État-matrice.

66. Pour l'assiette des prestations, il est dressé, dans chaque commune, un état indiquant par ordre alphabétique les contribuables soumis à la taxe avec la mention

de leurs noms, prénoms, domiciles et l'indication des éléments imposables dont ils disposent. Cet état, à raison de sa nature et de sa destination, est désigné sous le nom de matrice.

Le Ministre de l'intérieur avait d'abord pensé que la matrice des contribuables soumis aux prestations devait être rédigée par le maire, assisté de la Commission des répartiteurs, puis déposée à la mairie pendant un mois pour permettre aux habitants d'en prendre connaissance et présenter, s'il y avait lieu, leurs réclamations. Mais peu de temps après l'Instruction du 24 juin 1836, sur les observations de son collègue des finances, il reconnut la nécessité d'entourer de plus de garanties la rédaction de cette matrice et de faire intervenir, dans ce but, l'agence des contributions directes. Il fut décidé, en conséquence, de concert entre les deux ministres, que la matrice des prestations serait rédigée, pour un certain laps de temps, et révisée annuellement, comme la matrice des contributions directes, par le contrôleur de ces contributions, assisté des répartiteurs et du percepteur. (Circulaires des Ministres de l'intérieur et des finances du 12 septembre 1836.)

Ce mode de procéder, consacré par le Règlement général sur les chemins vicinaux arrêté par les Préfets en 1854 et 1855, a été maintenu par le Règlement de 1872 (art. 1, 2 et 3).

Refus des répartiteurs de prendre part à la rédaction de la matrice

67. La matrice peut-elle être rédigée par les seuls agents des contributions directes, lorsque les répartiteurs refusent de prêter leur concours ?

L'affirmative ne semble pas douteuse. En effet, il ne saurait appartenir à la Commission des répartiteurs d'empêcher la rédaction de la matrice dont nous nous occupons, cette matrice étant indispensable non-seulement pour l'assiette, mais encore pour le recouvrement des prestations. Il faut donc reconnaître à l'autorité chargée plus spécialement d'assurer l'exécution de la loi du 21 mai 1836, le droit de faire dresser ladite matrice par le contrôleur, assisté seulement du percepteur, quand les répartiteurs ne veulent point prendre part à l'opération. C'est dans ce sens que la question a été tranchée par le nouveau Règlement (art. 4).

Refus des répartiteurs de comprendre ou maintenir, dans la matrice, des éléments imposables.

68. Mais lorsque, ne refusant pas son concours, la Commission des répartiteurs décide qu'il n'y a pas lieu de comprendre ou de maintenir dans la matrice des éléments qui devraient y figurer d'après la loi, le Préfet peut-il réformer cette décision ?

Il est de principe que les décisions de la Commission des répartiteurs, en matière de contributions directes, ne peuvent être reformées par le Préfet. (V. *le Bulletin officiel du Ministère de l'intérieur*, année 1864, p. 218.) Le Ministre de l'intérieur, qui avait d'abord pensé que ce principe n'était pas applicable aux prestations, crut devoir adopter l'opinion opposée, en se fondant sur ce que les prestations, relativement au recouvrement, ont été assimilées aux contributions directes par la loi du 28 juillet 1824 (art. 5). Il lui paraissait, d'ailleurs, difficile d'admettre que les pouvoirs de la Commission des répartiteurs fussent moins étendus en ce qui concerne une simple taxe locale qu'à l'égard des impôts perçus pour le compte du Trésor. C'est pourquoi, appelé par les Préfets d'Ille-et-Vilaine et du Gers, en 1868 et 1869, à se prononcer sur la difficulté, il leur avait recommandé de ne pas comprendre ou maintenir d'office dans la matrice des prestations les particuliers que la Commission des répartiteurs refusait d'y faire figurer, bien qu'ils fussent imposables aux termes de l article 3 de la loi du 21 mai 1836. Le seul moyen, en pareil cas, d'obtenir l'application de la loi consistait, selon le Ministre, à adresser des observations aux répartiteurs, et, si elles demeuraient sans résultat, à inviter le maire à proposer, pour les années suivantes, au choix de l'Administration supérieure, des candidats mieux disposés à bien remplir la mission confiée aux répartiteurs.

Après un nouvel examen de la question, le Ministre est revenu à son opinion primitive, qui paraît plus conforme à l'esprit et au texte de la loi du 21 mai 1836. Il est à remarquer, en effet, qu'en matière de contributions directes, la Commission des répartiteurs tient ses pouvoirs de la loi, tandis qu'en ce qui concerne les prestations, elle les tient d'une simple disposition réglementaire émanée du Préfet. En la chargeant de concourir à la confection de la matrice, le Préfet avait, sans aucun doute, le droit de limiter les pouvoirs de la Commission : il lui appartenait notamment de se réserver la faculté de statuer sur les difficultés relatives à la confection de la matrice, difficultés dans lesquelles rentre celle de savoir si l'on doit comprendre ou maintenir dans la matrice tel élément. Or, cette réserve a été édictée par le nouveau Règlement (art. 5). Le Préfet peut donc légalement modifier les décisions de la Commission des répartiteurs en ce qui touche la matrice des prestations. Cette modification ne saurait d'ailleurs empêcher les prestataires de former des demandes en décharge ou réduction devant le Conseil de préfecture et subsidiairement devant le conseil d'État.

Indications que doit présenter la matrice.

69. — La matrice présente pour chaque article :

1° Les nom, prénoms et domicile de la personne sur laquelle la taxe des prestations est assise ;

2° Le nombre des membres ou serviteurs de la famille, celui des bêtes de trait ou de selle et celui des charrettes ou des voitures attelées qui doivent servir de base à l'imposition.

Divisions, durée et approbation de la matrice.

70. — La matrice est, en règle générale, divisée en sections correspondant à celles du cadastre (1). Elle est dressée par ordre alphabétique des noms des prestataires et disposée de façon à pouvoir servir pendant quatre années. Un certain nombre d'articles est laissé en blanc à la fin de la matrice pour recevoir les additions qui deviendraient nécessaires au moment de chaque révision annuelle.

----

(1) Cette division, c'est-à-dire l'ordre topographique, combinée avec l'ordre alphabétique des habitants, facilite, dans une commune composée de plusieurs villages ou hameaux, la direction et l'exécution des travaux de la voirie vicinale, en permettant à l'Administration de répartir sans difficulté les prestataires sur les ateliers les plus voisins de leurs demeures, et, par suite, d'éviter les pertes de temps nécessitées par l'aller et le retour des prestataires. Mais lorsque la population de la commune, au lieu d'être disséminée dans un nombre plus ou moins considérable de hameaux, forme une seule agglomération, la division de la matrice par sections ne semblerait avoir d'autre résultat que d'occasionner un surcroît de travail inutile. Aussi, en pareil cas, le Préfet peut-il décider que l'on suivra l'ordre exclusivement alphabétique pour la rédaction de la matrice et des rôles des prestations. (Instructions du Ministre de l'intérieur au Préfet de l'Aisne, 12 mai 1874.)

La matrice est soumise à l'approbation du Préfet, lors de son renouvellement intégral.

(Règlement, art. 6 et 7.)

D'après les premières instructions ministérielles relatives à l'exécution de la loi du 21 mai 1836, la matrice des prestations devait être disposée de manière à servir pendant trois années seulement, comme la matrice des contributions directes. La durée de cette dernière matrice ayant été fixée ultérieurement à quatre années dans un but d'économie et pour réduire le travail des agents chargés de l'assiette de l'impôt, le Ministre de l'intérieur a pensé qu'il y avait lieu, par les mêmes motifs, d'adopter une semblable mesure en ce qui touche la matrice des prestations. (Circulaire du 23 septembre 1871.)

Rôle.

71. La matrice sert de base à la rédaction du rôle, c'est-à-dire de l'état faisant connaître annuellement pour chaque commune les divers prestataires et les prestations auxquelles chacun d'eux est imposé. La rédaction du rôle, attribuée primitivement au percepteur-receveur municipal, a été confiée au Directeur des contributions directes, par les mêmes motifs que ceux qui ont fait charger le contrôleur du soin d'établir la matrice. (Circul. des Ministres de l'intérieur et des finances du 12 septembre 1836.)

Indications présentées par le rôle.

Le rôle présente, pour chaque prestataire, le montant total en argent de la cote qui lui est imposée, avec le détail de son évaluation par chaque espèce de journées, d'après la matrice et d'après le tarif arrêté par le Conseil général du département, conformément à la loi du 21 mai 1836 (art. 4) et à celle du 10 août 1871 (art. 46, n° 7). Il porte en tête la mention de la délibération du

Conseil municipal qui a voté les prestations, ou de l'arrêté du Préfet qui a ordonné une imposition d'office.

Autorité compétente pour rendre le rôle exécutoire.

Après avoir été arrêté et certifié par le Directeur des contributions directes, il est soumis au Préfet, seul compétent pour le rendre exécutoire.

Rôle supplémentaire.

72. Lorsqu'un rôle supplémentaire est nécessaire, il est dressé dans la même forme que le rôle primitif. (Règlement, art. 9.)

On a élevé des doutes sur le point de savoir si le Préfet a le droit d'autoriser ou de prescrire la rédaction d'un rôle supplémentaire pour les prestations. Ce droit nous paraît incontestable, en présence de l'article 21 de la loi du 21 mai 1836, aux termes duquel il appartient au Préfet de statuer sur tout ce qui est relatif à la confection des rôles. Nous ajouterons que plusieurs décisions du Conseil d'État délibérant au contentieux ont reconnu au Préfet le droit dont il s'agit. (V. notamment l'arrêté du 23 décembre 1844, V° Brillant.) Il est d'ailleurs à remarquer que le rôle supplémentaire ne doit comprendre que des contribuables au 1ᵉʳ janvier de l'année pour laquelle il est dressé. D'un autre côté, le Ministre de l'intérieur a recommandé aux Préfets de n'y recourir qu'exceptionnellement et dans les cas seulement où, après avoir examiné avec soin les faits et les circonstances locales, ils constatent la nécessité de réparer des erreurs ou des omissions d'une certaine importance (1).

____

(1) D'après des décisions récentes rendues par le Conseil d'État statuant au contentieux, l'administration n'aurait pas le droit d'établir un rôle supplémentaire dans le cours d'une année pour le recouvrement de prestations afférentes à cette année (arr. 9 juin 1876, Lamberthod ; 4 mai 1877, Compagnie lyonnaise des omnibus ; 8 février 1878, Salot.)

Comme le rôle primitif, le rôle supplémentaire ne peut être rendu exécutoire que par le Préfet (1).

Avertissements.

73. — Indépendamment du rôle, le Directeur des contributions directes prépare des avertissements aux contribuables et les remet au Préfet, en même temps que le rôle. Ces avertissements comprennent tous les détails portés au rôle ; ils indiquent, non-seulement la date de la délibération par laquelle le Conseil municipal a voté les prestations, ou de l'arrêté par lequel le Préfet les a imposées d'office, mais encore celle de la décision rendant le rôle exécutoire. Ils contiennent, en outre, une mise en demeure aux contribuables de déclarer, dans le délai d'un mois, à dater de la publication du rôle, s'ils entendent se libérer en nature, avec avis, qu'à défaut de déclaration, la cote sera de droit exigible en argent, aux termes de l'article 4 de la loi du 21 mai 1836. (Règlement, art. 10).

---

(1) Sur la question des rôles supplémentaires en matière de prestations, comme sur celles relatives au point de départ du délai imparti pour les demandes en décharge ou en réduction, et aux mutations des cotes, on consultera, très-utilement, dans l'*École des Communes*, année 1854, pages 113, 141 et 169, les fragments d'un ouvrage que M. Boulatignier, ancien président de la section du contentieux au conseil d'Etat, avait l'intention de publier sous le titre modeste de : *Manuel du Contentieux des Chemins vicinaux.* De nombreuses et absorbantes occupations ont privé le public d'une œuvre magistrale. Nous le regrettons vivement, et notre regret sera partagé par toutes les personnes qui connaissent les savants et classiques travaux de M. Boulatignier sur la fortune publique, les conflits d'attribution, les Conseils de préfecture, etc.

Rôle. — Publication.

74. — Le rôle et les avertissements sont transmis au Préfet, de manière à ce que le rôle soit publié dans chaque commune au plus tard le 1er novembre. Le Préfet envoie ces pièces, par l'intermédiaire du trésorier-payeur général au receveur municipal. Celui-ci communique immédiatement le rôle au maire, qui doit en faire la publication à l'époque qui vient d'être indiquée et dans les formes prescrites pour le rôle des contributions directes. (Règlement, art. 11 et 12.) Ces formes consistent à faire connaître, par un avis rendu public à son de caisse et affiché, que le rôle des prestations est entre les mains du receveur municipal et que chaque prestataire doit acquitter la taxe pour laquelle il est porté au rôle dans les délais fixés par l'autorité compétente.

Le maire mentionne, à la suite du rôle, la date précise de la publication et le remet immédiatement au receveur municipal, qui fait parvenir, sans frais, les avertissements aux contribuables. Si le maire refusait ou négligeait de faire la publication du rôle, le Préfet y ferait procéder d'office par un délégué spécial, en vertu de l'article 15 de la loi du 18 juillet 1837. (Règlement, art. 12 et 13.)

La publication du rôle avait lieu d'abord au début de l'année pour laquelle il est dressé; mais cette époque étant trop rapprochée de celle où commencent les travaux de la vicinalité pour permettre l'accomplissement des formalités qui doivent les précéder, le Ministre de l'intérieur, d'accord avec son collègue des finances, invita les Préfets à faire publier le rôle dans les premiers jours de novembre. (Circulaire des 13 juin 1838 et 30 janvier 1839.) Ce mode de procéder, maintenu par le règlement de 1854, l'a été également par le nouveau.

75. — Il est alloué au contrôleur des contributions directes un centime et demi par article pour la rédaction de la matrice et l'examen des réclamations présentées par les prestataires.

De son côté, le Directeur des contributions directes reçoit quatre centimes par article pour la rédaction des rôles, l'expédition des avertissements et la fourniture des imprimés nécessaires pour ces pièces et la matrice.

Les remises accordées au contrôleur et au Directeur sont acquittés sur les ressources communales affectées aux dépenses de la voirie vicinale et leur montant est centralisé à la caisse du trésorier-payeur général, au compte des cotisations municipales. (Règlement, art. 17.)

Déclaration d'option à faire par les prestataires.

76. — Nous avons vu que les prestataires sont mis en demeure de déclarer, dans le délai d'un mois, à partir de la publication du rôle, si c'est en nature ou bien en argent qu'ils entendent se libérer.

Cette déclaration est reçue par le maire, inscrite immédiatement à sa date sur un registre spécial et constatée soit par la signature du déclarant, soit par une croix apposée par lui en présence de deux témoins, soit par l'annexion, au registre, d'un bulletin rempli, daté, signé par le contribuable et envoyé au maire, après avoir été détaché de la feuille d'avertissement. (Instruction générale du 6 décembre 1870, art. 91. — Règlement, art. 14.)

Lorsqu'un contribuable néglige ou refuse de prêter son concours à l'accomplissement de ces formalités, la cote mise à sa charge est exigible en argent, d'après la loi du 21 mai 1836. (Art. 4.)

A l'expiration du délai d'un mois, dont il vient d'être parlé, le registre des déclarations est clos par le maire, puis transmis au receveur municipal, qui le vérifie et en annote les indications dans une colonne spéciale du rôle. (Règlement, art. 15.)

Si le maire refusait ou négligeait de recevoir les déclarations d'option et de se conformer aux prescriptions réglementaires qui les concerne, le Préfet y ferait procéder par un délégué spécial, en vertu de l'article 15 de la loi du 18 juillet 1837. (Règlement, art. 13.)

Extrait du rôle remis au Maire. — État indiquant pour chaque commune le montant du rôle et sa division en nature et en argent.

77. Dans le délai de quinzaine qui suit la réception du registre des déclarations, le receveur municipal envoie au Préfet, qui le transmet au maire, un extrait du rôle, comprenant, suivant l'ordre des articles, le nom de chacun des contribuables qui a déclaré vouloir s'acquitter en nature, ainsi que le nombre de journées d'hommes, d'animaux et de charrois qu'il devra exécuter, et le montant total de sa cote.

Cet extrait doit être totalisé et certifié exact par le receveur municipal ; il comporte le résumé des cotes inscrites au rôle et l'indication du total des cotes exigibles en argent par suite de la non-déclaration.

78. Le receveur municipal joint à l'extrait dont il s'agit, lorsqu'il l'envoie au Préfet, un état comprenant pour chacune des communes de sa perception le montant du rôle et sa division en nature ou en argent, d'après les déclarations d'option.

(Règlement, art. 16.)

79. L'inscription d'un contribuable au rôle des prestations peut donner lieu à diverses réclamations. Ces réclamations consistent en demandes tendant à obtenir soit la décharge ou la réduction de la cote à laquelle le contribuable est imposé, soit la remise ou la modération de cette cote. Par une demande en décharge ou en réduction, le contribuable réclame son exonération totale ou partielle des prestations, en se fondant sur ce que, le 1ᵉʳ janvier de l'année pour laquelle il a été imposé, il ne remplissait pas les conditions exigées par la loi relativement, soit à sa personne, soit aux éléments qui ont donné lieu à son imposition. Par la demande en remise ou modération, le contribuable se borne à solliciter l'exemption entière ou partielle des prestations, par des motifs tirés de circonstances exceptionnelles qui lui rendent difficile ou impossible l'acquittement de la taxe. On voit que la première demande repose sur un droit lésé et a pour but de faire réparer une violation de la loi ; tandis que la seconde n'est motivée par aucune infraction légale ou réglementaire et a exclusivement pour objet d'obtenir une faveur. De là, une différence radicale entre les décisions qui statuent sur les demandes en décharge ou en réduction et celles qui prononcent sur les demandes en remise ou en modértion : les unes sont des actes de juridiction contentieuse, les autres des actes de juridiction gracieuse.

80. Aux termes de l'article 5 de la loi du 28 juillet

1824, le recouvrement des prestations en nature ou en argent est poursuivi comme pour les contributions directes, et les dégrèvements sont prononcés sans frais. Dès lors, les demandes en décharge ou en réduction peuvent être libellées sur papier libre. Dans tous les cas, elles doivent être instruites comme en matière de contributions directes. Elles sont adressées au Préfet ou au sous-préfet, communiquées aux répartiteurs, puis vérifiées par le contrôleur et le Directeur des contributions directes. Si le Directeur est d'avis qu'il y a lieu d'admettre la demande qu'il vient d'examiner, il fait son rapport, et l'autorité compétente statue. Si l'avis du Directeur n'est pas favorable, le réclamant en reçoit communication et peut présenter ses observations. (Instruction générale du 6 décembre 1870, art. 94.)

Le réclamant a-t-il le droit d'exiger une expertise lorsque l'avis du Directeur ne lui est pas favorable?

Ce droit existant en matière de contributions directes, auxquelles les prestations sont assimilées en ce qui touche les demandes en décharge ou en réduction, on ne voit pas pourquoi il ne serait pas admis relativement à ces demandes. La question a été tranchée dans ce sens par le conseil d'État. (Art. 13 mai 1869, Lanfranchi; 14 avril 1870, Pinsard; 26 décembre 1870, Guglielmi; 25 juin 1875, Coulon.) Les opérations sont confiées à deux experts, nommés, l'un par le sous-préfet, l'autre par le réclamant. (Arrêté consulaire du 24 floréal an VIII, art. 5.)

Ces experts ne sont pas obligés de prêter serment avant de procéder à leurs opérations. (C. d'État, arrêté du 23 mai 1873, Benoît.) D'ailleurs l'expertise peut n'être pas ordonnée lorsqu'elle est inutile pour éclairer l'autorité appelée à statuer sur la réclamation. Il en est ainsi, par exemple, quand une décision qui maintient un individu au rôle des prestations est exclusivement motivée sur ce qu'il est imposé à la contribution personnelle et mobilière. (C. d'État, arr. 14 avril 1870, Guegault.)

Il résulte de l'assimilation des prestations aux contributions directes, sous le rapport des demandes en décharge ou en réduction, que le Conseil de préfecture est seul compétent pour connaître de ces demandes, en matière de prestations, sauf recours au conseil d'État.

Il lui appartient par suite de statuer sur la récusation d'un expert proposé dans le cours de l'instruction et de désigner d'office un autre expert, si la partie qui a nommé l'expert récusé refuse de le remplacer. (C. d'État, arr. 14 février 1872, Robert.)

La règle résultant de l'article 18 de l'arrêté consulaire du 24 floréal an VIII, et d'après laquelle les frais d'expertise ne doivent être mis à la charge du réclamant, en matière de contributions directes, qu'au cas où il succombe sur tous les chefs de sa demande, est applicable en matière de prestations. Il suffit, dès lors, qu'une partie de la réclamation soit accueillie pour que tous les frais de l'expertise doivent incomber à la commune. (C. d'État, arr. 11 mars 1863, Nant; 23 mai 1873, Benoît.)

Aux termes de l'article 17 du même arrêté consulaire de l'an VIII, il appartient au Préfet de régler les frais de vérification des experts sur l'avis du sous-préfet; mais l'arrêté qu'il prend, à cet effet, ne met pas obstacle à ce que le Conseil de préfecture soit appelé à statuer sur le règlement dont il s'agit (C. d'État, circul. 18 juin 1867, Grossot.)

Dans quel délai les demandes en décharge ou en réduction doivent-elles être déposées à la préfecture ou à la sous-préfecture ? Dans le délai de trois mois. Le prestataire doit avoir au moins ce délai pour former toute demande en décharge ou en réduction. Or, il ne peut former une pareille demande avant l'exigibilité des prestations, c'est-à-dire avant le 1er janvier de l'annéeà laquelle elles sont afférentes. D'un autre côté, il ne peut réclamer avant la publication du rôle. En conséquence, le délai dont il s'agit court à partir du 1er janvier de l'année pour laquelle les prestations sont imposées lorsque la publication du rôle a eu lieu avantcette époque ; à partir de la publication du rôle, lorsqu'elle a été faite dans le cours de ladite année. (Lois des 28 juillet 1824, art. 5 ; 21 avril 1832, art. 28 et 30 ; 4 août 1844, art. 8.—C. d'État, arr. 18 avril 1845, Potel ; 26 août 1846, Bertrand ; 31 mars 1847, Chaudot ; 15 mai 1848, Ferté ; 22 avril 1857, Parrot ; 14 janvier 1873, de Romans ; 9 janvier 1874, Damour ; 1er mai 1874, veuve Tison ; 19 novembre 1875, veuve Roubez ; 19 mai 1876 Perié ; 9 mars 1877, Chassaigne.) (*Voir* la note en bas de la page 156.)

Quand le contribuable a quitté la commune avant la publication du rôle ou avant le 1er janvier, si le rôle a été publié antérieurement, le délai de trois mois doit courir seulement du jour où le contribuable a eu connaissance de son imposition, au moyen d'un avertissement ou d'un acte de poursuite remis soit à sa personne, soit à son domicile. (C. d'État, arr. 22 novembre 1831, Gassin ; 31 janvier 1856, Develet ; 30 janvier 1858, Mordelles ; 11 septembre 1858, Pignorel ; 13 décembre 1871, Dubois ; 7 août 1872, Pihan ; 24 décembre 1875, Lebas.)

Le recours au conseil d'État contre les arrêtés du Conseil de préfecture concernant les demandes en décharge ou en réduction doit être formé dans les trois mois qui suivent la notification des arrêtés. Il peut toujours avoir lieu sans l'intermédiaire d'un avocat au conseil d'État, être rédigé sur papier libre et déposé à la préfecture, dans le délai que nous venons d'indiquer. D'après deux décisions du conseil d'État en date des 30 mai 1868 (Commune de Vergné) et 30 mai 1873 (Fouillot), les pourvois en matière de prestation seraient soumis au droit de timbre, quand ils ont pour objet une cote atteignant trente francs. Mais ces décisions nous semblent en contradiction manifeste avec l'esprit et le texte de l'article 5 de la loi du 28 juillet 1824, portant que les dégrèvements en matière de prestations seront poursuivis sans frais.

Les arrêtés des Conseils de préfecture peuvent être attaqués par la commune intéressée de la même manière que par les prestataires. C'est au maire qu'il appartient de former le pourvoi, en vertu d'une simple délibération du Conseil municipal. (Loi du 18 juillet 1837, art. 10 et 19.)

Demandes en mutation de cotes.

81. Pour la contribution foncière, celle des portes et fenêtres et l'impôt des patentes, le Conseil de préfecture peut statuer sur les demandes en mutation de cotes; il n'a pas ce pouvoir lorsqu'il s'agit de prestations. (C. d'État, arr. 23 décembre 1844, V° Brillant; 8 mars 1851, de Saint-Aignan; 29 juillet 1859, Baudesson; 22 janvier 1864, Debois. (Voir la note au bas de la page 156.)

Demandes en remise ou modération.

82. Nous avons expliqué qu'en matière de prestations, comme en matière de contributions directes, indépendamment des demandes en décharge ou en réduction, il y a des demandes en remise ou modération, et que les décisions qui interviennent sur les premières sont des actes de juridiction contentieuse, tandis que celles concernant les secondes sont des actes de juridiction gracieuse, c'est-à-dire de simples faveurs motivées par des circonstances malheureuses. Nous savons quelle est l'autorité compétente pour statuer sur les demandes en décharge ou en réduction. Nous devons indiquer celle qui doit prononcer sur les demandes en remise ou modération.

Le Préfet, représentant de l'État, au nom duquel les contributions directes sont recouvrées, a reçu le pouvoir d'accorder des remises ou modérations relatives à ces contributions. (Arr. consulaire du 24 floréal an VIII.) Est-il investi du même pouvoir en ce qui touche les prestations? Nous ne le pensons pas. En effet, les prestations étants des ressources essentiellement communales, il ne saurait en être fait abandon, dans une proportion plus ou moins considérable, que par la commune qui a le droit d'en exiger le payement. Dès lors une délibération favorable du Conseil municipal de la commune intéressée est nécessaire, selon nous, pour accorder une remise ou modération de la taxe des prestations. C'est au surplus dans ce sens que la question a été tranchée par le conseil d'État délibérant au contentieux (28 décembre 1858, Geraud ; 14 juin 1864, Collé). Nous pensons toutefois qu'en pareil cas la délibération du Conseil municipal ne devient exécutoire qu'après avoir été approuvée par le Préfet. (Loi du 18 juillet 1837, art. 19 et 20.) (Voir les observations faites au sujet des sapeurs pompiers page, 143.)

Prestations en nature : Acquittement.

83. Le Préfet, aux termes de l'article 21 de la loi du 21 mai 1836 fixe, dans le règlement général sur les chemins vicinaux, les parties de l'année pendant lesquelles les prestations en nature doivent être acquittées. Ce pouvoir lui a été conféré pour remédier à un abus auquel les maires, préoccupés surtout des travaux de l'agriculture, se laissaient souvent aller sous l'empire de la loi du 28 juillet 1824, en choisissant pour l'exécution des prestations en nature l'automne et l'hiver, c'est-à-dire les époques les moins favorables. Le Préfet détermine, pour cette exécution, les mois de l'année où elle peut avoir lieu dans les meilleures conditions climatériques. (Règlement art. 20.) Le maire, de concert avec l'agent voyer cantonal, choisit, dans les mois désignés, les jours qui paraissent concilier le mieux les intérêts des travaux de la vicinalité et de l'agriculture. Le Préfet s'est d'ailleurs réservé la faculté de fixer annuellement, par un arrêté spécial, le moment où les travaux des prestations devront être terminés sur les chemins de grande communication et d'intérêt commun. D'un autre côté, il autorise, s'il est opportun, les changements qu'il conviendrait d'apporter, dans certaines communes, aux limites de temps arrêtées d'une manière générale. Enfin les fermiers ou colons qui, par suite de fin de bail, quittent la commune antérieurement à l'époque fixée pour l'emploi des prestations, peuvent être admis, avant leur départ, à se libérer des prestations en nature dont ils sont débiteurs. (Règlement art. 20.)

Dans tous les cas, le Règlement exige que les prestations en nature soient effectuées dans l'année pour laquelle elles sont imposées. (*Ibid.*)

Cette dernière prescription est conforme non-seulement au texte, mais encore à l'esprit de la loi, qui s'oppose à ce qu'il soit demandé, dans le cours de la même année, à un même contribuable, plus de trois ou quatre journées de prestations en nature pour sa personne et chacun des éléments imposables en sa possession. (Loi du 21 mai 1836, art. 3 ; loi du 11 juillet 1868, art. 3 ;

C. d'État, arr. 2 mars 1858.) (1). Dès lors, après l'expiration de l'année pour laquelle ils ont été taxés, les prestataires ne peuvent être contraints à se libérer en nature des prestations qu'ils ont déclaré en temps utile vouloir acquitter en nature. Ils ne peuvent même dans ce cas être contraints à les acquitter en argent s'ils n'ont pas été mis en demeure, en temps utile, de se libérer en nature.

Le Ministre de l'intérieur avait d'abord pensé que les prestations en nature pouvaient être réclamées dans les délais fixés pour la clôture de l'exercice du budget des communes, c'est-à-dire jusqu'au 31 mars de l'année suivante. Cette manière de voir avait été consacrée par les règlements préfectoraux. Le conseil d'État lui-même s'était prononcé implicitement dans le même sens. (Arr. 20 janvier 1843, Mallat ; 3 juin 1852, Nabonne.) Mais ultérieurement il décida d'une manière positive que l'on ne pouvait exiger, même en argent, après l'année pour laquelle elles ont été imposées, les prestations que les contribuables avaient déclaré en temps utile vouloir acquitter en nature, et que l'on prétendait à tort que l'exigibilité de ces prestations cesse non pas à la fin de l'année, mais à la clôture de l'exercice. (Arr. 2 mars 1858, Réveillon.)

Le Ministre de l'intérieur a cru devoir adopter cette dernière jurisprudence. (Instruction du 6 décembre 1870, art. 132.)

Prestations à la journée. — Fixation de la journée à un certain nombre d'heures.

84. Les prestations en nature s'exécutent à la journée ou à la tâche.

---

(1) Voir dans le même sens l'*École des Communes*, 1856, p. 210.

Chaque journée est fixée par le règlement préfectoral à un certain nombre d'heures, non compris les heures de repas et de repos.

Lorsque les prestataires sont appelés hors des limites de la commune à laquelle ils appartiennent, le temps employé à l'aller et au retour pour parcourir les distances excédant la limite fixée par le règlement est compté comme passé sur l'atelier. (Règlement, art. 21.—Instruction de 1870, art. 133.)

Répartition des prestations entre les divers chemins. Fixation des jours d'ouverture et de clôture des travaux des prestations pour chaque chantier.

Le maire et l'agent voyer cantonal se concertent chaque année, après la publication ou la notification des contingents, et après la remise du rôle par le receveur municipal, pour déterminer :

1° La répartition des travailleurs entre les divers chemins ;

2° Les jours d'ouverture et de clôture des travaux de prestation pour chaque chantier.

L'agent voyer cantonal dresse pour chaque chemin de grande communication ou d'intérêt commun, pour les chemins vicinaux ordinaires du réseau subventionné en vertu de la loi du 11 juillet 1868, et pour ceux du réseau non subventionné, un état indiquant les prestataires qui y seront appelés et les travaux qui leur seront demandés. Cet état est visé par le maire. (Règlement, art. 22.)

Convocation des prestataires.

Cinq jours au moins avant l'époque fixée pour l'ouverture des travaux, le maire fait remettre à chaque contribuable soumis à la prestation un bulletin signé de lui, portant réquisition de se rendre, munis des outils indiqués, tel jour et à telle heure sur tel chemin. (*Ibid.* art. 23.)

Lorsque le prestataire est empêché par maladie ou tout autre motif grave de se rendre sur le chantier, il doit le faire connaître au moins dans les vingt-quatre heures qui précèdent le jour fixé pour l'exécution des travaux. En ce cas, le maire et l'agent voyer cantonal s'entendent pour la remise de la prestation à une autre époque, qui est fixée d'après la nature de l'empêchement. (*Ibid.*, art. 24.)

Surveillance des prestataires.

Le maire et l'agent voyer désignent de concert, pour la surveillance spéciale des travailleurs, sur chaque chantier, les cantonniers des chemins ou, à leur défaut, toute autre personne présentant des garanties suffisantes (*Ibid.*, art. 25.)

L'état d'indication des travaux à faire et des prestataires convoqués est remis au surveillant, qui fait l'appel de ces prestataires sur le lieu indiqué dans le bulletin de réquisition, marque les absents et tient note de l'emploi des journées effectuées. (*Ibid.*, art. 26.)

Outils que les prestataires doivent porter sur l'atelier des travaux. — Harnais des animaux. — Conducteurs des voitures.

Chaque prestataire doit porter sur l'atelier les outils qui lui ont été indiqués dans le bulletin de réquisition.

Les bêtes de somme et les bêtes de trait doivent être garnies de leurs harnais, les voitures doivent être attelées et accompagnées d'un conducteur.

Ce conducteur n'est astreint à travailler avec les autres ouvriers commis au chargement qu'autant que le propriétaire de la voiture serait imposé pour des journées d'hommes. Dans ce cas seulement, la journée du conducteur est comptée en l'acquit de celles à fournir par le propriétaire (*Ibid.*, art. 27.)

Remplacement des prestataires.

Les prestataires peuvent se faire remplacer, leur personne et celles des membres de leur famille, par des ouvriers à leurs gages. Les remplaçants doivent être valides, âgés de 18 ans au moins, et de 60 ans au plus. Ils doivent être agréés par le surveillant des travaux, sauf recours au maire de la commune. Les prestataires en nom restent responsables du travail de leurs remplaçants. (Règlement, art. 28.)

Obligation pour le prestataire de fournir la journée entière.

Le prestataire doit fournir la journée de prestation tout entière et sans interruption, sauf les cas exceptionnels autorisés par le maire ou l'agent voyer cantonnal.

Fermeture de l'atelier en cas de mauvais temps.

Si le mauvais temps exigeait la fermeture de l'atelier, il ne serait tenu compte que des journées ou fractions de journée effectuées, et les contribuables seraient tenus de compléter plus tard leurs prestations. (*Ibid.*, art. 29.)

Condition à laquelle la journée de prestation est réputée acquittée.

La journée de prestation n'est réputée acquittée que si le surveillant reconnaît qu'elle a été convenablement employée. Dans le cas contraire, il n'est tenu compte au prestataire que de la fraction de journée répondant au temps pendant lequel il a travaillé.

Constatation de l'acquittement de la journée de prestation.

Le surveillant indique à la fin de chaque jour, au dos du bulletin de réquisition, le nombre et l'espèce de journées ou de fractions de journée dont le prestataire doit être acquitté. Il certifie en même temps cet acquit dans la colonne d'émargement de l'extrait de rôle qui lui a été remis.

Difficultés relatives à l'acquittement des prestations. — Compétence.

Les difficultés qui peuvent s'élever sur ces divers points sont résolues par le maire et l'agent voyer cantonal, et, en cas de désaccord entre ceux-ci, par le Préfet, sur l'avis de l'agent voyer en chef, sauf recours devant l'autorité compétente. (Règlement, art. 30.) Cette autorité serait le Conseil de préfecture et subsidiairement le conseil d'État, quand les difficultés portent, ce qui a lieu le plus souvent, sur le point de savoir si les prestataires se sont valablement libérées. (Loi du 28 juillet 1824, art. 5.) Dans les autres cas, la décision du Préfet devrait être déférée au Ministre de l'intérieur.

Formalités à remplir par le surveillant et les agents voyers lorsque les prestations à la journée sont terminées.

Lorsque les prestations sont terminées sur un chemin de grande communication ou d'intérêt commun, ou sur l'ensemble des chemins vicinaux ordinaires, le surveillant remet l'état d'indication des travaux à l'agent voyer cantonal après l'avoir émargé. L'agent cantonal fait, en présence du maire, la réception des travaux de prestation effectués sur les chemins vicinaux de grande communication ou d'intérêt commun.

Le maire fait la réception des travaux exécutés sur les chemins vicinaux ordinaires. L'agent voyer cantonal inscrit le décompte résumé des divers travaux sur la dernière page de l'état d'indication, porte le résultat sur son carnet et adresse l'état à l'agent voyer d'arrondissement, après avoir émargé sur l'extrait de rôle les cotes ou parties de cote acquittées en nature.

L'agent voyer d'arrondissement, après inscription des dépenses faites, transmet cet état au receveur municipal, par l'intermédiaire du receveur des finances. Le receveur municipal émarge, sur le rôle général de la commune, les cotes et parties de cote acquittées en nature, les totalise et en inscrit le montant en un seul article sur son registre à souche. Il opère ensuite le recouvrement des journées ou portions de journée restant dues.

Après l'achèvement complet des travaux de prestation de la commune, l'agent voyer cantonal envoie l'extrait de rôle émargé à l'agent voyer d'arrondissement, qui le fait remettre au receveur municipal, en échange des différents états d'indication adressés à ce comptable pendant l'exécution des travaux. (Règlement, art. 31.)

Prestations à la tâche.

85. Aux termes de l'article 4 de la loi du 21 mai 1836, les prestataires, ainsi que nous l'avons déjà expliqué, ont le droit d'acquitter les prestations soit en nature, soit en argent. Ils doivent opter dans un délai déterminé, que le règlement sur les chemins vicinaux dans chaque département a fixé à un mois, à dater de la publication du rôle. A défaut d'option, les prestations sont exigibles en argent. Les prestations non rachetées en argent peuvent être converties en tâches d'après les bases et les évaluations de travaux préalablement fixées par le Conseil municipal.

Les communes ont un grand intérêt à convertir en tâches les prestations en nature. En effet, au moyen de tâches, ces prestations peuvent être mieux distribuées, mieuxou plus rapidement exécutées, et l'Administration n'a pas autant besoin d'exciter le zèle des prestataires par une surveillance assidue.

La conversion des prestations en tâches est également avantageuse aux prestataires, car elle leur donne la faculté de se libérer en moins de temps et à des moments mieux à la convenance de chacun d'eux que lorsque les prestations doivent être acquittées à la journée.

Pouvoirs respectifs du Préfet, du Maire et du Conseil municipal. — Droits des prestataires.

Quand le Conseil municipal a adopté un tarif pour la conversion des journées de prestation en tâches, à qui appartient-il de décider si ce tarif sera appliqué à tout ou partie des travaux de prestation, c'est-à-dire soit à l'ensemble des prestations, soit seulement aux journées d'homme, de bête de somme, de selle ou de trait, de charrette attelée ou à une partie de ces journées?

D'après l'esprit, sinon le texte de la loi, ce pouvoir, ayant pour objet une simple mesure d'exécution, semble appartenir au fonctionnaire sous l'autorité duquel les travaux de prestation doivent être exécutés. La question a été tranchée en ce sens par le nouveau règlement sur les chemins vicinaux (art. 32), portant que le Préfet, pour les chemins de grande communication ou d'intérêt commun, et le maire , pour les chemins vicinaux ordinaires décident si le tarif de conversion adopté par le Conseil municipal sera appliqué à tout ou partie des travaux de prestation.

Il est à remarquer cependant que le pouvoir dont il s'agit est subordonné au vote du Conseil municipal et ne saurait, dès lors, être exercé si ce Conseil refusait d'établir un tarif.

Les prestataires, d'ailleurs, n'ont pas le droit de s'opposer à ce que les prestations soient converties en tâches, conformément au tarif arrêté par le Conseil municipal. (C. d'État, arr. 11 décembre 1867, Debout.) Mais ils peuvent exiger que les tâches aient exclusivement pour objet l'emploi des éléments de la prestation à laquelle ils sont imposés, et refuser de fournir au delà du nombre de journées, soit d'homme, soit de cheval ou de voiture dont ils sont redevables. (C. d'État, arr. 15 avril 1863, Debout; 7 mars 1868, Triger ; 7 août 1874 et 20 mars 1875, Guillaume.)

Ainsi, on ne saurait contraindre un prestataire à acquérir et à transporter un certain nombre de mètres cubes de matériaux, dont l'acquisition et le transport équivaudraient au total de la valeur des différentes journées d'homme, de cheval et de voiture qu'il devrait. On ne saurait non plus lui imposer une tâche dont la valeur totale ne dépasserait pas l'ensemble de ces journées, mais qu'il ne pourrait accomplir qu'en augmentant le nombre des journées d'homme dont il est passible, sauf à diminuer celui des journées d'animaux et de voitures dont il est redevable, ou réciproquement. Avec le premier système, on arriverait à éluder la disposition capitale de la loi, qui permet au contribuable de s'acquitter en nature sans débourser d'argent; avec le second, on éluderait l'autre disposition qui ne permet pas d'imposer chaque année, au prestataire, plus de trois ou quatre journées d'homme, de cheval ou de voiture.

Fixation des délais d'exécution des prestations à la tâche.

Le maire et l'agent voyer cantonal doivent se concerter pour la fixation des délais d'exécution des prestations à la tâche et la répartition de ces prestations entre les divers chemins. L'agent voyer cantonal dresse les états d'indication des travaux à effectuer par chaque prestataire. (Règlement, art. 32.)

Bulletin de réquisition.

Aux termes des articles 33 du nouveau règlement préfectoral et 145 de l'Instruction ministérielle de 1870, le maire adresse à chaque contribuable soumis à la prestation en tâches un bulletin de réquisition indiquant les travaux à effectuer ou les matériaux *à fournir*, et le délai dans lequel les tâches doivent être exécutées ; le détail et l'emplacement des travaux à faire sont inscrits dans le bulletin et indiqués sur le terrain par les soins de l'agent voyer cantonal.

Le prestataire ne peut être contraint à fournir les matériaux.

Par la conversion des journées de prestations en tâches le prestataire peut bien être tenu de ramasser et casser un certain nombre de mètres de matériaux représentant les journées d'homme auxquelles il est imposé ; il peut également être obligé d'effectuer des transports représentant le montant des journées de cheval et de voiture, dont il est redevable ; mais ainsi que nous l'avons fait remarquer plus haut, il ne saurait être *contraint* à *fournir* les matériaux, c'est-à-dire à en transmettre la propriété à la commune. Nous pensons donc que le mot *fournir* a ici le sens de *transporter*. Autrement., le règlement préfectoral et l'Instruction ministérielle méconnaîtraient l'esprit et le texte de la loi du 21 mai 1836.

Réception des travaux. — Difficultés. — Compétence.

La réception des travaux de prestation à la tâche est faite par le maire, assisté de l'agent voyer cantonal, soit au fur et à mesure de l'avancement des travaux, soit à l'expiration du délai fixé pour leur achèvement. Le prestataire est convoqué pour cette réception. Il n'est complétement libéré que si les travaux satisfont, pour la quantité et la qualité, aux conditions du tarif de conversion en tâches. Dans le cas contraire, sa cote n'est acquittée que pour la valeur des travaux effectués. La retenue à faire, pour mettre les travaux en état de réception, est déterminée, de concert, par le maire et l'agent voyer cantonal. Le règlement préfectoral (art. 34), et l'Instruction ministérielle de 1870 (art. 146), ajoutent qu'en cas de difficultés il est statué par le Préfet, sauf recours devant l'autorité compétente.

Les difficultés qui s'élèvent sur le point de savoir si le prestataire s'est libéré valablement des tâches dont il est redevable peuvent sans doute être soumises au Préfet, mais ici comme en ce qui touche l'exécution des journées de prestation, la décision du Préfet n'a pas le caractère d'un jugement; si elle est repoussée par l'une des parties intéressées, la contestation doit être portée devant le Conseil de préfecture, sauf recours au conseil d'État délibérant au contentieux. (C. d'État, arr. 7 août 1874 et 20 mars 1875; Guillaume.)

Formalités à remplir par les agents voyers après l'exécution des prestations à la tâche.

L'agent voyer cantonal inscrit le décompte résumé

des travaux effectués sur la dernière page de l'état d'indication, le soumet à la signature du maire, porte les résultats sur son carnet et adresse l'état à l'agent voyer d'arrondissement, après avoir émargé les cotes ou parties de cote acquittées sur l'extrait de rôle. L'agent voyer d'arrondissement, après inscription des dépenses faites, transmet cet état au receveur municipal par l'intermédiaire du receveur des finances. Le receveur municipal émarge sur le rôle général de la commune les cotes et parties de cote acquittées en tâches, les totalise et en inscrit le montant, en un seul article, sur son registre à souche. Il opère ensuite le recouvrement des tâches ou portions de tâches restant dues.

Après l'achèvement complet des tâches dans chaque commune, l'agent voyer cantonal envoie l'extrait de rôle émargé à l'agent voyer d'arrondissement, qui le fait remettre au receveur municipal en échange des différents états d'indication adressés à ce comptable, pendant l'exécution des tâches. (Règlement, art. 34. — Instruction de 1870, art. 146.)

Règles communes : État faisant connaître le montant des prestations demandées, celui des prestations exécutées et les sommes à recouvrer en argent.

86. Lorsque les prestations en nature à la journée et à la tâche sont exécutées, l'agent voyer d'arrondissement adresse à l'agent voyer en chef, pour chaque chemin de grande communication ou d'intérêt commun, un état faisant connaître, d'après le relevé des états d'indication, le montant des prestations demandées, celui des prestations exécutées et les sommes à recouvrer en argent. Cet état est visé par l'agent voyer, qui le transmet au Préfet avec ses observations et propositions, pour servir de titre de recette au trésorier-payeur général. (Règlement, art. 35. — Instruction de 1870, art. 147.)

Quand le prestataire n'exécute pas dans le délai qui lui est imparti les prestations en nature, à la journée ou à la tâche, elles deviennent exigibles en argent. (C. d'Etat, arr. 11 décembre 1867, Debout.)

Prestations en argent. — Appréciation, en argent, de chaque journée de prestation.

87. Nous avons déjà vu que les prestataires ont la faculté d'acquitter soit en nature, soit en argent les prestations dont ils sont redevables. Ceux qui veulent se libérer en nature doivent le déclarer dans le délai d'un mois, à partir de la publication du rôle. A défaut de cette déclaration, les prestations sont de droit exigibles en argent. (Loi du 21 mai 1836, art. 4. — Règlement préfectoral, art. 10. — Instruction ministérielle de 1870, art. 87.) La valeur de chaque journée d'homme, de bête de somme, de trait ou de selle, de chaque voiture attelée est appréciée annuellement par le Conseil général sur les propositions des Conseils d'arrondissement. (Loi du 21 mai 1836, art. 4. — Loi du 10 août 1871, art 46, n° 7.)

Payement des prestations en argent.

Les prestations payables en argent par défaut de déclaration sont exigibles par douzièmes. Il en est de même de celles à payer en argent par suite de l'inexécution ou de l'exécution incomplète des prestations à la journée ou à la tâche ; mais le premier payement fait par le contribuable doit comprendre les douzièmes échus. (Loi du 28 juillet 1824, art. 5.)

Comptable chargé du recouvrement de ces prestations. — Mode de recouvrement.

Le receveur municipal est chargé du recouvrement

des prestations en argent. Il se conforme, pour ce recouvrement, aux règles suivies en matière de contributions directes : il est tenu de distribuer les avertissements aux contribuables, sans avoir à réclamer une rétribution spéciale pour cet objet ; il émarge au rôle les versements faits à sa caisse ; il en fournit des quittances détachées du livre à souche dont la tenue lui est prescrite.

Poursuites. — Responsabilité du receveur municipal.

Les poursuites ayant pour objet le recouvrement dont il s'agit, sont faites sous la surveillance des receveurs des finances. Lorsque le receveur municipal veut y recourir, il remet au maire une liste des contribuables en retard, indicative de la somme due par chacun deux, et il lui demande l'autorisation de poursuivre par voie de garnison collective. Le maire, après avoir engagé les contribuables à se libérer sans frais, donne, s'il y a lieu, son autorisation au bas de l'état. Cet état ainsi approuvé est présenté au receveur des finances, pour la délivrance de la contrainte, laquelle est ensuite soumise au sous-préfet, pour être déclarée exécutoire. Le receveur municipal ne doit du reste donner cours aux poursuites qu'après les avoir fait précéder d'un avertissement gratis et d'une nouvelle publication dans la commune. (Instruction générale du Ministre des finances sur la comptabilité, en date du 20 juin 1859, art. 883.)

Le receveur municipal est responsable envers la commune du recouvrement des prestations comme du recouvrement de toute autre ressource communale.

Si à l'époque de la clôture de l'exercice communal, c'est-à-dire le 31 mars, les prestations en argent ne sont pas entièrement soldées, les restes à recouvrer sont inscrits au budget supplémentaire de la commune, pour l'exercice courant. Le receveur s'expose à être forcé en recettes s'il ne justifie pas, au moment où son compte de l'exercice clos est communiqué au Conseil municipal, qu'il a fait toute les diligences pour le recouvrement desdites prestations, et s'il ne prouve que la rentrée des ressources encore dues n'a été retardée que par des obstacles qu'il lui a été impossible de surmonter. Dans ce cas, il doit demander au Préfet l'approbation de l'état des cotes qu'il n'a pu recouvrer. (Loi du 18 juillet 1837, art. 62 et 67. — Décret du 31 mai 1862, art. 512, 516, 518, 543. — Instruction du Ministre de l'intérieur du 6 décembre 1870, art. 99.)

CHAPITRE III.

Ressources extraordinaires de la voirie vicinale.

Division des ressources extraordinaires de la voirie vicinale créées par les communes.

88. Nous avons vu que les ressources extraordinaires de la vicinalité créées par les communes sont :

1° Trois centimes spéciaux extraordinaires ;

2° Une quatrième journée de prestation ;

3° Les impositions extraordinaires ·

4° Les emprunts ;

5° Les allocations sur les produits de coupes extraordinaires de bois, de ventes de terrains, etc.

Nous allons examiner successivement ces diverses ressources.

Section I. — Centimes spéciaux extraordinaires.

Centimes spéciaux extraordinaires.

89. Aux termes des articles 3 et 6 de la loi du 24 juillet 1867, les Conseils municipaux, assistés des plus imposés peuvent voter, par addition au principal des quatre contributions directes, trois centimes extraordinaires exclusivement affectés aux chemins vicinaux ordinaires.

En conférant ce pouvoir aux Conseils municipaux, le législateur a voulu leur donner le moyen, non-seulement d'augmenter les ressources de la vicinalité souvent absorbées, en grande partie sinon entièrement, par les dépenses des chemins de grande communication ou d'intérêt commun, mais encore de substituer un certain nombre de centimes extraordinaires à une partie des prestations en nature, quand il y a avantage, par exemple, lorsqu'il y a pas assez de ressources en argent et trop en nature. Les communes, d'ailleurs, restent tenues quand le préfet le juge convenable de recourir aux cinq centimes spéciaux et aux trois journées de prestation, conformément aux articles 2 et 5 de la loi du 21 mai 1837.

La délibération par laquelle le Conseil municipal vote les centimes spéciaux extraordinaires n'a besoin, pour devenir exécutoire, de l'approbation de l'Administration supérieure, c'est-à-dire du préfet, qu'en cas de désaccord entre le maire et le Conseil municipal. Dans le cas contraire, le maire, par un avis rendu public, informe les habitants qu'ils peuvent prendre connaissance de la délibération, conformément à l'article 22 (§ 3) de la loi du 5 mai 1855. Il envoie ensuite une copie de la délibération au sous-préfet de l'arrondissement, qui lui en délivre récépissé. Si dans les trente jours qui suivent la date de ce récépissé, le Préfet n'a pas, soit d'office pour violation d'une disposition de loi ou de règlement d'administration publique, soit sur la réclamation de toute partie intéressée, annulé la délibération, elle est exécutoire. Il a toutefois le droit d'en suspendre l'exécution pendant un autre délai de trente jours. (Loi du 18 juillet 1837, art. 18. — Ordonnance du 18 décembre 1838. — Loi du 24 juillet 1867, art. 6.)

Section II. — Quatrième journée de prestation.

Quatrième journée de prestation.

90. Dans certains cas, il peut être juste ou avantageux de remplacer une partie des prestations par les centimes spéciaux extraordinaires dont nous venons de parler : mais il arrive fréquemment que les redevables préfèrent les prestations aux centimes, et aiment mieux employer sur les chemins vicinaux des bras ou des attelages inoccupés que de verser leurs épargnes dans la caisse municipale. D'un autre côté, une journée de prestation procure en général une fois plus de ressources que celles mises à la disposition des Conseils municipaux par la loi du 24 juillet 1867 (art. 3). C'est pourquoi la loi du 11 juillet 1868 sur l'achèvement des chemins vicinaux a, par son article 3, laissé aux Conseils municipaux la faculté d'opter entre une quatrième journée de prestation et les trois centimes extraordinaires autorisés par la loi du 24 juillet 1867 (art 3). Cette faculté, d'ailleurs, ne peut s'exercer que chaque année pendant la période d'exécution de la loi de 1868, c'est-à-dire pendant un laps de quatorze ans à partir du 1er janvier 1869, et seulement lorsque les charges extraordinaires de la commune excèdent dix centimes.

Pour l'évaluation de ces charges, on ne doit pas tenir compte des cinq centimes ordinaires, des centimes spéciaux affectés au traitement du garde champêtre, des centimes votés pour insuffisance de revenus, des cinq centimes spéciaux créés en faveur de la voirie vicinale, ni des centimes autorisés par les lois des 15 mars 1850 et 10 avril 1867 sur l'instruction primaire.

Les restrictions apportées au vote de la quatrième

journée de prestation sont une garantie contre les tendances de certains Conseils municipaux à faire peser sur les prestations, dans une proportion excessive, les charges de la vicinalité.

Enfin il est à remarquer que l'adjonction des plus imposés prescrite pour le vote des trois centimes extraordinaires spéciaux n'a pas lieu pour le vote de la quatrième journée de prestation ; mais que ce vote, comme celui des centimes dont il s'agit, est essentiellement facultatif et que le produit de la quatrième journée de prestation, comme celui desdits centimes, doit être affecté exclusivement aux chemins vicinaux ordinaires.

Section III. — Impositions extraordinaires.

91. Sauf le vote des trois centimes extraordinaires spéciaux autorisés par la loi du 24 juillet 1867 (art. 3), les Conseils municipaux ne peuvent recourir à des ressources extraordinaires, notamment à des impositions extraordinaires ou à des emprunts, pour les besoins de la voirie vicinale, qu'en cas d'insuffisance des revenus ordinaires, des cinq centimes spéciaux ordinaires et des trois premières journées de prestations. Tel est l'esprit de la loi du 21 mai 1836, qui s'est proposé d'établir une équitable répartition des charges de la vicinalité entre le travail et la propriété. Lorsque la condition que nous venons d'indiquer existe, les impositions de centimes extraordinaires, par addition au principal des quatre contributions directes, peuvent être votées non-seulement pour les chemins vicinaux ordinaires, mais encore en faveur des chemins vicinaux d'intérêt commun ou de grande communication. Les délibérations prises à cet effet par les Conseils municipaux sont, en ce qui touche l'exécution, soumises aux mêmes règles que celles concernant les trois centimes extraordinaires spéciaux, quand les impositions ne sont pas votées pour plus de cinq ans et ne dépassent pas le maximum fixé par le Conseil général ni cinq centimes. Les impositions qui ne réunissent pas ces conditions doivent être autorisées par un arrêté préfectoral ou un décret du chef de l'État selon le cas, ou par une loi lorsqu'elles sont destinées à l'amortissement d'un emprunt qui ne peut être contracté qu'en vertu d'une loi spéciale. (Loi du 24 juillet 1867, art. 3, 5 et 7.) D'un autre coté, elles doivent être votées avec le concours des plus imposés dans les communes ayant moins de cent mille francs de revenus ordinaires. (Loi du 18 juillet 1837, art. 42. — Loi du 24 juillet 1867, art. 6.)

Section IV. — Emprunts.

92. Les communes peuvent accepter des avances ou recourir à des emprunts pour suppléer à l'insuffisance des ressources ordinaires de la vicinalité. Les délibérations prises dans ce but par les Conseils municipaux doivent l'être avec le concours des plus imposés dans les communes ayant moins de cent mille francs de revenus ordinaires. (Loi du 18 juillet 1837, art. 42.) Elles sont exécutoires par elles-mêmes dans le cas prévu par l'article 3 (§ 2) de la loi du 24 juillet 1867. Dans les autres cas, elles ne sauraient être mises à exécution qu'en vertu soit d'un arrêté du Préfet, soit d'un décret ou d'une loi, selon les règles établies par cette dernière loi (art. 3, 5 et 7).

Lorsque les Conseils municipaux votent des emprunts ou acceptent des avances dans l'intérêt de la vicinalité, c'est-à-dire des chemins vicinaux ordinaires ou des chemins soit d'intérêt commun, soit de grande communication, ils doivent pourvoir au remboursement. Ils peuvent le faire au moyen d'impositions extraordinaires ou d'autres ressources dont les communes disposent, à l'exception des prestations et des centimes spéciaux. (Instruction de 1870, art. 74.)

Caisse spéciale des chemins vicinaux.

93. La loi du 11 juillet 1868 a créé, sous la garantie de l'État, une Caisse spéciale des chemins vicinaux, chargée de faire, pendant quinze ans (1), aux communes dûment autorisées à emprunter, les avances nécessaires pour l'achèvement des chemins vicinaux ordinaires. Ces avances ne peuvent excéder la somme de deux cents millions, dont la répartition a été faite entre les départements par un décret rendu en conseil d'État.

Les départements peuvent emprunter à cette Caisse dans l'intérêt des chemins vicinaux ordinaires, au lieu et place des communes qui ne sont pas en situation de le faire (2).

Ils peuvent également, lorsque le produit de leur centime est inférieur à 20,000 francs, emprunter à la même Caisse les sommes nécessaires pour l'achèvement des chemins de grande communication ou d'intérêt commun qui se trouvaient classés ou moment où a été promulguée la loi du 11 juillet 1868.

Les communes et les départements sont libérés des avances que leur a faites la Caisse par le payement de trente annuités de quatre pour cent des sommes empruntées.

Il est tenu compte à la Caisse, par le Trésor, tant des

---

(1) Une loi du 25 juillet 1873 a porté de dix à quinze ans le délai pendant lequel la Caisse peut consentir des prêts. Une loi du 13 août 1876 l'a ramené à 14 ans. (V. Livre VI, chapitre IV, section V, 120.)

(2) De nombreux emprunts de cette nature ont été autorisés par des lois spéciales. Quelques-unes de ces lois ont même accordé au département qui devait contracter l'emprunt, l'autorisation d'exécuter les travaux d'après le mode adopté pour les chemins d'intérêt commun. (V. la loi du 5 mai 1869, département de l'Orne, et celle du 25 février 1874, département des Côtes-du-Nord.)

dépenses complémentaires d'amortissement que des frais de gestion de la caisse.

La Caisse des chemins vicinaux est gérée par l'administration de la Caisse des dépôts et consignations. Elle pourvoit aux dépenses que lui impose la loi du 11 juillet 1868, au moyen de la portion disponible des fonds déposés par les communes et établissements publics au Trésor et à la Caisse des dépôts et consignations. En cas de besoin, elle peut être autorisée par un décret du chef du Pouvoir exécutif à créer et à émettre des titres négociables portant intérêt, amortissables en trente années, dans la forme et aux conditions approuvées par le Ministre des finances.

Section V. — Allocations sur le produit des coupes extraordinaires de bois, des ventes de terrains, etc.

94. En principe, rien ne s'oppose à ce que les Conseils municipaux votent en faveur des chemins vicinaux des allocations sur les ressources extraordinaires autres que les impositions ou les emprunts, et notamment sur le produit de l'aliénation de biens-fonds ou de coupes extraordinaires de bois. Ces allocations ont besoin d'être approuvées par l'autorité supérieure, c'est-à-dire par le Préfet pour les communes ayant moins de trois millions de revenus ordinaires, et, pour les autres communes, par le chef du Pouvoir exécutif, si les allocations sont portées au budget, ou par le Ministre de l'intérieur, si elles sont votées après le règlement du budget (Loi du 18 juillet 1837, art. 33 et 34. — Décret du 25 mars 1852, art. 1er, tableau A, n° 35. — Loi du 24 juillet 1867, art. 15) (1).

---

(1) Le ministre de l'intérieur pense aujourd'hui que les allocations votées après le règlement du budget par le Conseil municipal d'une vi le ayant trois millions de revenus ordinaires ou au delà doivent être soumises à l'approbation du chef de l'État. (V. circulaire du 4 mai 1876.)

CHAPITRE IV.

Ressources éventuelles de la voirie vicinale.

95. Diverses ressources de la vicinalité sont éventuelles, c'est-à-dire subordonnées à des faits, des événements indépendants de la volonté des communes. Elles consistent, ainsi que nous l'avons déjà expliqué, en subventions industrielles, prestations dues par suite de condamnations judiciaires, souscriptions particulières, subventions départementales et subventions de l'État.

Ces ressources vont être chacune l'objet d'une section spéciale.

Section I. — Subventions industrielles.

96. Les prestations et les centimes spéciaux sont imposés aux habitants ou propriétaires de chaque commune à raison de l'usage ordinaire qu'ils font des chemins vicinaux de la localité et de l'intérêt qu'ils ont à leur bon état de viabilité. Le législateur veut, en outre, que quiconque dégrade extraordinairement un chemin vicinal par l'exploitation de certaines propriétés ou d'entreprises industrielles, puisse être appelé à contribuer aux frais de réparation du chemin, au moyen de subventions spéciales désignées souvent sous le nom de subventions industrielles.

De là l'article 14 de la loi du 21 mai 1836, ainsi conçu :

« Toutes les fois qu'un chemin vicinal entretenu à
« l'état de viabilité par une commune sera habituelle-
« ment ou temporairement dégradé par des exploitations
« de mines, de carrières, de forêts ou de toute entre-

« prise industrielle appartenant à des particuliers, à des
« établissements publics, à la couronne ou à l'État, il
« pourra y avoir lieu à imposer aux entrepreneurs ou
« propriétaires, suivant que l'exploitation ou les trans-
« ports auront lieu pour les uns ou pour les autres, des
« subventions spéciales dont la quotité sera propor-
« tionnée à la dégradation extraordinaire qui devra être
« attribuée aux exploitations.

« Ces subventions pourront, au choix des subvention-
« naires, être acquittées en argent ou en prestations en
« nature, et seront exclusivement affectées à ceux des
« chemins qui y auront donné lieu.

« Elles seront réglées annuellement sur la demande des
« communes par les Conseils de préfecture, après des
« expertises contradictoires, et recouvrées comme en
« matière de contributions directes.

« Les experts seront nommés suivant le mode déter-
« miné par l'article 17 ci-après.

« Ces subventions pourront aussi être déterminées par
« abonnement ; elles seront réglées dans ce cas par le
« Préfet en conseil de préfecture (1). »

Conditions exigées pour que les subventions spéciales puissent être imposées.

97. Quelles sont, d'après ces dispositions, les conditions exigées pour que les subventions spéciales ou industrielles puissent être imposées ?

Il faut d'abord que le chemin pour lequel on veut réclamer les subventions se soit trouvé à l'état de viabilité,
c'est-à-dire praticable au moment où il a été dégradé.

---

(1) Aux termes de l'article 86 de la loi du 10 août 1871, c'est
la Commission départementale qui est aujourd'hui chargée de ce
règlement.

Ensuite les dégradations qui motivent la réclamation doivent avoir le caractère de *dégradations extraordinaires*. En troisième lieu, il est indispensable qu'elles aient été causées par l'exploitation soit de mines, de carrières ou de forêts, soit d'entreprises industrielles.

Quant à la quotité des subventions, la loi veut qu'elle soit proportionnée aux dégradations.

Comment est constaté l'état de viabilité des chemins.

98. Le législateur n'a pas expliqué comment l'état de viabilité serait constaté. Le Ministre de l'intérieur a cru devoir suppléer à cette omission. L'instruction du 6 décembre 1870 contient les prescriptions suivantes :

« Chaque année, au commencement du mois de jan-
« vier, il sera publié et affiché dans la commune où il y
« aura lieu d'appliquer l'article 14 de la loi du 21 mai
« 1836, un tableau des chemins vicinaux ordinaires,
« d'intérêt commun et de grande communication, entre-
« tenus à l'état de viabilité. Cet état, préparé par l'agent
« voyer cantonal, sera arrêté par le maire pour les che-
« mins vicinaux ordinaires, et par le Préfet pour ceux de
« grande communication et d'intérêt commun (art. 106).

« La publication et l'affichage seront constatés par
« un certificat délivré par le maire et contenant les
« énonciations du tableau. Ce certificat sera adressé au
« sous-préfet de l'arrondissement dix jours après sa
« publication (art. 107).

« Dans les dix jours qui suivront la publication, les in-
« téressés seront admis à présenter leurs observations
« sur l'état des chemins, et à demander que cet état soit
« constaté contradictoirement entre eux ou leurs repré-
« sentants et les agents de la commune. Cette constata-
« tion aura lieu dans les dix jours de la réclamation. Elle

11.

« sera faite par l'agent voyer cantonal, en présence du
« maire, pour les chemins vicinaux ordinaires, et par
« l'agent voyer d'arrondissement ou son délégué pour
« les chemins vicinaux de grande communication et
« d'intérêt commun. Faute par les intéressés ou leurs
« représentants de se rendre à la convocation qui leur
« sera adressée, la constatation sera faite par l'agent
« voyer. Le procès-verbal constatant le résultat de cette
« opération sera déposé, pour y rester à la disposition des
« parties, à la mairie, pour les chemins vicinaux ordi-
« naires, et à la préfecture pour les chemins de grande
« communication et d'intérêt commun. Les chemins qui
« qui ne seront l'objet d'aucune observation seront consi-
« dérés comme étant en état de viabilité par le seul fait
« de la publication du tableau, et leur dégradation ulté-
« rieure pourra donner lieu à des demandes de subven-
« tions (art. 108).

« Le droit reste ouvert à tout intéressé dont les trans-
« ports ne commenceraient que dans le courant de
« l'année, de demander que la constatation de l'état du
« chemin soit faite à une époque voisine du commence-
« ment de son exploitation. Dans ce cas, il devra adresser
« sa réclamation au maire pour les chemins vicinaux or-
« dinaires, ou au sous-préfet pour les chemins de grande
« communication et d'intérêt commun, au moins vingt
« jours avant le commencement de ses transports. La
« reconnaissance de l'état du chemin aura lieu comme il
« a été dit ci-dessus (art. 109). »

Ces diverses formalités ne sauraient être considérées
comme étant prescrites à peine de nullité. Elles sont, il
est vrai, de mesures de bonne administration, auxquelles
il convient de recourir le plus souvent possible ; mais
leur inaccomplissement n'ôte pas aux communes le droit

de réclamer et d'obtenir des subventions spéciales dans les cas prévus par l'article 14 de la loi du 21 mai 1836. Il suffit de prouver que les chemins dégradés étaient à l'état de viabilité au moment où les dégradations extraordinaires ont eu lieu. (C d'État arr. 18 août 1857, Barthomié ; 17 mars 1858, Salorn ; 22 juin 1858, Boulard ; 24 août 1858, Ministre des finances ; 14 avril 1859, Douzain ; 9 juillet 1859, Bourdon ; 12 avril 1860, Piéron ; 4 avril 1872, Renard ; 24 avril 1874, Sueur.)

D'un autre côté, lorsqu'un tableau des chemins considérés comme étant entretenus à l'état de viabilité a été publié, il ne saurait constituer une preuve indiscutable, lors même qu'il n'a donné lieu à aucune observation dans les délais réglementaires ; mais c'est à ceux qui contestent l'exactitude à établir la véracité de leurs allégations. (C. d'État, arr. 12 avril 1860. Piéron ; 16 janvier 1874, Stiévenard.)

Dégradations extraordinaires. Ce qu'il faut entendre par cette expression.

99. Toutes les fois, suivant plusieurs personnes, que les produits autres que ceux de l'agriculture, c'est-à-dire les produits des mines, des carrières, des forêts ou d'entreprises industrielles sont transportés sur les chemins vicinaux, ils y causent des dégradations extraordinaires dans le sens de l'article 14 de la loi du 21 mai 1836, et, dès lors, les propriétaires ou exploitants se trouvent passibles de subventions spéciales. Dans un pareil système, les subventions spéciales seraient un véritable impôt portant sur les propriétaires de mines, de carrières, de forêts, et sur les industriels se servant des chemins vicinaux, impôt parallèle aux prestations en nature pesant principalement sur les agriculteurs.

Le conseil d'État a repoussé cette doctrine. Il a vu dans les subventions spéciales non un impôt, mais la réparation d'un dommage, réparation due seulement lorsque le dommage est sensible. Il a considéré avec juste raison que les propriétaires et exploitants de mines, carrières ou forêts et les industriels ont le droit d'emprunter les chemins vicinaux sans être tenus, par ce seul fait, de payer une subvention spéciale, et qu'ils peuvent contribuer à user les chemins, dans une certaine mesure, sans y causer une dégradation de nature à être considérée comme *extraordinaire*.

Il a conservé au mot *extraordinaire* sa signification propre. Ainsi il a décidé qu'une subvention spéciale ne pouvait être due quand le chemin n'a pas été dégradé extraordinairement, c'est-à-dire *notablement*. (Arr. 15 mai 1848, Longuet et autres; 12 février 1849; De la Pouzain et consorts; 6 juillet 1854, Hazard.) D'après cette manière de voir, l'on ne doit pas ranger dans la catégorie des dégradations extraordinaires celles qui pourraient être couvertes par des subventions de faible importance.

C'est pourquoi le conseil d'État a considéré comme ne rentrant pas dans ladite catégorie les dégradations pour lesquelles on ne réclamait que des subventions ne dépassant pas les sommes suivantes :

2 fr. 25. (Arr. 12 juin 1838, Boulard.)

4 fr. 50. (Arr. 17 mars 1858, Salorn.)

12 fr. 90. (Arr. 14 avril 1859, Desbonnets.)

14 fr. 60. (Arr. 7 août 1872, Colin.)

17 fr. 86. (Arr. 4 août 1870, Dufour.)

17 fr. 93. (Arr. 8 février 1860, Ardoisières de Rimogne.)

18 fr. »». (Arr. 12 juin 1860, de l'Estang.)

19 fr. 09. (Arr. 9 décembre 1857, Tuder.)

19 fr. 53. (Arr. 18 février 1860, Ardoisières de Rimogne.)

20 fr. ». (Arr. 13 mars 1860, Leclercq.)

23 fr. ». (Arr. 19 juin 1863, d'Abboville.)

23 fr. 12. (Arr. 13 mars 1874, Bouchaud.)

23 fr. 68. (Arr. 23 février 1860, Gressard.)

24 fr. 71. (Arr. 23 avril 1862, Serrigny.)

30 fr. ». (Arr. 26 novembre 1863, de Grammont.)

34 fr. 33. (Arr. 23 février 1860, Gressard.)

42 fr. ». (Arr. 13 mars 1860, Leclerq.)

43 fr. 39. (Arr. 2 février 1877, Labruyère.)

49 fr. 50. (Arr. 10 décembre 1856, Dupuis Vaillant.

Toutefois, dans certaines circonstances, le peu d'élévation de la subvention réclamée (15 fr. 80, et 40 francs), n'a pas empêché le Conseil d'État de reconnaître à la dégradation imputée le caractère de dégradation extraordinaire. (Arr. 24 juin 1858, Boulard.) (V. l'*École des Communes*, année 1864, p. 116.)

Carrières, forêts, mines, entreprises industrielles pouvant donner lieu aux subventions industrielles.

100. Quelles sont les carrières, les forêts, les mines, les entreprises industrielles pouvant donner lieu à des subventions spéciales? A qui incombe l'obligation de payer les subventions?

Carrières.

Toute carrière, quel qu'en soit le propriétaire, est passible de subventions spéciales dans les cas prévus par l'article 14 de la loi du 21 mai 1836.

Lors même qu'une carrière est exploitée par des entrepreneurs moyennant une redevance fixe, les subventions spéciales dues à raison des dégradations extraordinaires causées aux chemins vicinaux par le transport des pierres extraites de cette carrière sont à la charge des entrepreneurs et non du propriétaire. (Loi du **21** mai **1836,** art. **14.** — C. d'État, arr. **17** mai **1855,** Elleaume.)

Mais le propriétaire d'une carrière l'exploitant lui-même et en vendant les pierres à tous ceux qui se présentent pour les acheter et les emporter, peut être imposé à des subventions spéciales pour les dégradations extraordinaires causées aux chemins vicinaux par le transport des pierres. Il ne saurait échapper à cette imposition par cela seul qu'il ne se charge pas du transport. (C. d'État, arr. **10** juillet **1856,** Merle; **13** juillet **1858,** Dru; **28** juin **1860,** Mangenot; 2 juillet **1870,** Sociétés ardoisières de Fresnais et des Grands-Carreaux.) Toutefois, les dégradations qui seraient causées par le transport d'industriels passibles de subventions spéciales engageraient seulement la responsabilité de ces industriels. (Arr. précité du 2 juillet 1870.)

La commune qui exploite pour son compte une carrière lui appartenant, est passible de subventions spéciales à raison des dégradations extraordinaires causées à un chemin de grande communication par le transport des pierres extraites de cette carrière et destinées à l'entretien des chemins vicinaux ordinaires de la localité. (C. d'État, arr. **18** août **1857,** commune de Beauvernois.)

Un propriétaire ne peut être assujetti à une subvention spéciale pour les dégradations extraordinaires qu'il aurait causées à un chemin vicinal en transportant des matériaux destinés à la reconstruction d'une grange et d'une écurie dépendant de sa maison de ferme. Les dispositions de l'article **14** concernant l'exploitation des carrières ne sont pas applicables à un pareil cas. (C. d'État, arr. **29** nov. **1854,** Choumert.) Elles sont également inapplicables à l'entrepreneur qui, en vertu d'un marché à forfait, transporte, sur un chemin vicinal, les matériaux qu'un propriétaire achète dans des carrières et emploie à la cons.

truction d'un château. (C. d'État, arr. 27 décembre 1865
Brizard.)

Forêts.

La loi du 21 mai 1836, comme celle du 28 juillet 1824,
a assujetti aux subventions spéciales l'exploitation des
forêts qui a pour résultat de dégrader extraordinairement
les chemins vicinaux. Cependant l'exploitation des forêts
a toujours un caractère agricole. A ce titre, on a prétendu
qu'elle aurait dû être affranchie des subventions spéciales,
comme les autres exploitations agricoles. Les propriétaires des forêts contribuent, il est vrai, de la même manière que ceux des terres arables, à l'entretien des chemins vicinaux au moyen de prestations et des centimes
spéciaux ; mais il n'y a aucune assimilation possible
entre les dégradations produites par les exploitations fo-
restières et celles qu'occasionnent les exploitations purement agricoles : les premières rendent très-souvent les
chemins impraticables, tandis que les secondes ne les
détériorent ordinairement que d'une manière peu sensible. D'ailleurs, l'exploitation d'une forêt doit avoir une
certaine importance pour donner lieu à des subventions
spéciales. Ainsi il a été décidé que l'exploitation d'une
coupe de bois de neuf hectares ne rentrait pas dans la
catégorie des exploitations passibles de subventions spéciales. (C. d'État, arr. 7 mars 1868, Tripier.) Il a été
également jugé que le propriétaire qui se borne à pratiquer l'*épluchage* d'un bois et à transporter les bourrées
en provenant ne peut être considéré comme ayant fait
l'exploitation d'une forêt dans le sens de l'article 14 de
la loi du 21 mai 1836. (C. d'État, arr. 8 mai 1869,
Lainé.) Mais l'exploitation de bois dans un parc doit être
assimilée à une exploitation de forêt lorsqu'elle est assez

considérable pour causer des dégradations extraordinaires aux chemins vicinaux (C. d'État, arr. 7 juin 1859 Robineau). Il en est de même du défrichemeni d'un bois (C. d'Etat, arr. 26 mai 1853, Colpart.)

Les subventions dues pour les dégradations causées par l'exploitation des forêts doivent être mises à la charge des propriétalres ou des entrepreneurs, selon que l'exploitation a lieu pour les uns ou pour les autres. (Loi du 21 mai 1836, art. 14.) Il est souvent difficile de savoir pour qui les transports ont été effectués. La question doit être résolue d'après les circonstances. Ainsi quand le propriétaire d'une forêt en vend les coupes par lots à exploiter par les acquéreurs, le transport des lots doit être considéré généralement comme étant fait pour le compte de ces derniers. Ce sont eux, dès lors, qui ont à payer les subventions spéciales dues à raison des dégradations extraordinaires causées aux chemins vicinaux par le transport dont il s'agit. (C. d'État, arr. 20 juillet 1854, prince de Chimay.) Peu importe d'ailleurs que la forêt soit située à l'étranger : les dégradations extraordinaires occasionnées en France aux chemins vicinaux par l'exploitation de cette forêt donnent lieu à des subventions spéciales. (Même arrêt.) Il a été jugé, en outre, que le propriétaire d'une forêt de 3,600 hectares qui avait vendu sur pied des coupes ou parties de coupes d'une certaine étendue à vingt et un adjudicataires ne pouvait être passible de subventions spéciales pour les transports faits par les acquéreurs des coupes. (C. d'État, arr. 15 avril 1857, duc de Luynes.) La question doit être résolue dans le même sens, à plus forte raison, lorsqu'il n'y a qu'un ou deux adjudicataires. (C. d'État, arr. 22 juin 1858, Boireau ; 19 avril 1859, Werlé et de Rothschild.) Mais quand le propriétaire, pour tirer meil-

leur parti de ses futaies, les vend sur pied par petits lots
très-nombreux, les transports faits par les acquéreurs
doivent être considérés comme faisant partie de l'exploitation de la forêt pour le compte du propriétaire ; il est,
par suite, passible des subventions dues pour les dégradations causées par ces transports. (C. d'État, arr.
24 février 1860, duc de Luynes.)

Mines.

Les concessionnaires d'une mine de houille qui en
vendent les produits sur le carreau de la mine à des particuliers venant s'approvisionner pour les besoins de leur
propre consommation et transportant eux-mêmes lesdits
produits, sont passibles de subventions spéciales à raison
des dégradations extraordinaires causées aux chemins
vicinaux par le transport, qui rentre dans l'exploitation
de la mine. Mais lorsque les acheteurs sont des industriels passibles de subventions spéciales pour l'exploitation de leurs usines, ils doivent seuls être imposés
relativement aux dégradations occasionnées par les transports qu'ils effectuent. (C. d'État, arr. 7 mai 1857, Compagnie de Vicoigne; 7 janvier 1858, Compagnie générale
des Mines de la Mayenne; 28 juillet 1859, Mines de
Lens; 29 novembre 1866, mines de Saint-Laurs.)

Entreprises industrielles.

L'exploitation des entreprises industrielles, aux termes
de l'article 14 de la loi du 21 mai 1836, peut donner
lieu, comme nous l'avons déjà expliqué, à des subventions spéciales.

Que faut-il entendre par entreprise industrielle?

Cette expression indique des opérations faisant subir
aux matières premières des préparations ou transforma-
tions exigées par les besoins de la société, telles que le

filage de la laine ou du coton, la fabrication des tissus, la distillerie des boissons ou des liqueurs, la fabrication du sucre, celle de la farine sur une grande échelle.

Dès lors, l'exploitation d'une usine dans laquelle on fabrique soit le sucre de betterave, soit les alcools, rend le propriétaire de l'usine passible de subventions spéciales pour les dégradations extraordinaires causées aux chemins vicinaux par les transports faisant partie de cette exploitation. (C. d'État, arr. 2 juin 1853, Perrier; 6 mai 1858, Bostenne et consorts.) En principe, peu importe que les chemins dégradés soient situés dans la même commune ou le même département que l'usine. Mais il est indispensable que les transports qui causent les dégradations extraordinaires rentrent dans l'exploitation de l'usine. Les circonstances qui donnent ou enlèvent ce caractère aux transports sont souvent d'une appréciation difficile. Le Conseil d'État, par de nombreuses décisions, a rangé dans la catégorie des transports faisant partie de l'exploitation d'une fabrique de sucre, ou d'une distillerie, les transports de betteraves opérés en vue de l'alimentation de l'usine, soit par l'usinier lui-même, soit par les cultivateurs ayant récolté les betteraves et pris en les vendant ou après les avoir vendues, l'engagement de les conduire à l'usine (arr. 28 janvier 1858, Robert de Massy; 21 septembre 1859, Durel; 1er mars 1860, Lefebvre; 31 août 1861, Pillore; 31 mars et 22 décembre 1863, Mariage). Il a refusé de reconnaître le caractère de transports appartenant à une entreprise industrielle à des transports de betteraves faits par les cultivateurs qui, ayant vendu le produit de leur récolte, venaient le livrer sur le bord d'un canal ou dans une gare de chemin de fer à un fabricant de sucre dont l'usine était située à une certaine distance (arr. 13 avril 1853, Milon; 7 septembre 1861,

Perron). Il a décidé également que les transports de betteraves effectués pour l'approvisionnement d'une usine par les cultivateurs y conduisant le produit de leur récolte dont la vente était réalisée au moment de la livraison ou antérieurement, devaient être considérés, dans l'étendue de la commune des cultivateurs, comme des transports agricoles ne pouvant donner lieu à aucune subvention spéciale à raison des dégradations extraordinaires qu'ils causaient aux chemins vicinaux situés sur le territoire de cette commune, l'usine étant établie ou non dans ladite commune (arr. 21 juillet 1869 et 4 août 1870, Terninck; 7 août 1874, Arrachart; 9 avril 1875, Société de la fabrique centrale de sucre de Meaux; 3 décembre 1875, Larue; 28 janvier 1876, Laurent et compagnie). Ces dernières décisions paraissent avoir été dictées par la pensée que les betteraves récoltées dans une commune et destinées à l'approvisionnement d'une fabrique de sucre seraient transportées sur les chemins vicinaux de la localité lors même qu'elles recevraient une destination purement agricole. Mais il est à remarquer qu'une fabrique de sucre ou une distillerie alimentée par des betteraves détermine fréquemment sur les chemins vicinaux, dans le rayon de son approvisionnement, une circulation très-active qui s'opère dans des conditions exceptionnelles, dépasse les besoins habituels de l'agriculture et cause aux chemins des dégradations extraordinaires qu'ils ne subiraient pas sans l'existence de l'usine. En pareil cas, d'après l'esprit sinon le texte de l'article 14 de la loi du 21 mai 1836, les transports de betteraves destinés à l'approvisionnement de l'usine, en vertu d'un marché passé au moment de la livraison des betteraves ou à une autre époque, rentrent dans l'exploitation de l'usine, lors même qu'ils sont opérés par les cultivateurs conduisant leurs récoltes et que les chemins vicinaux dégradés extraordinairement sont situés sur le territoire de la commune de ces cultivateurs. A la suite d'observations présentées dans ce sens sur un certain nombre de pourvois au nom des communes interessées et par le ministre de l'intérieur, le Conseil d'État n'a pas cru devoir maintenir une jurisprudence qui aurait permis aux industriels employant les betteraves pour la fabrication de leurs produits de se soustraire presque constamment à l'application de l'article 14 de la loi du 21 mai 1836. Le Conseil d'État, en effet, sans se préoccuper soit des marchés conclus entre l'usinier et les cultivateurs, soit de l'époque à laquelle ces marchés ont été consentis ou réalisés, a reconnu, par plusieurs arrêts récents, que les transports de betteraves effectués, pour l'approvisionnement d'une usine, par les cultivateurs conduisant leurs récoltes à l'usine ou à une de ses annexes et empruntant les chemins vicinaux situés sur le territoire de la commune à laquelle ils appartiennent ou sur celui d'autres communes, font partie de l'exploitation de l'usine et rendent l'usinier passible de subventions spéciales à raison des dégradations extraordinaires qu'ils causent aux chemins. (C. d'État, arr. 1er décembre 1876, Labarre ; 1er décembre 1876, Préfet du Pas-de-Calais c. Mention, Quarrez et compagnie ; 12 janvier 1877, Société de la fabrique centrale de sucre de Meaux c. commune de Saint-Perthuis ; 12 janvier 1877, même société c. commune d'Oissery ; 12 janvier 1877, Société de la sucrerie de Ponthierry c. préfet de Seine-et-Marne ; 26 janvier 1877, Duriez et compagnie ; 2 février 1877, Labruyère et compagnie ; 2 mars 1877, Desmarets, Delahaye et compagnie ; 2 mars 1877, Daniel et compagnie ; 23 mars 1877. Gilbert, Vuaflard, Lemaire et compagnie).

Mais le Conseil d'État n'admet pas que les transports de pulpes de betteraves que les cultivateurs emmènent de l'usine pour la nourriture de leurs bestiaux ou l'amendement de leurs terres, soient de nature à donner lieu à l'imposition d'une subvention spéciale. Ces transports lui paraissent présenter un caractère agricole (arr. 11 décembre 1874, Arrachart; 2 février 1877, Labruyère et compagnie; 12 janvier 1877, Société de la sucrerie de Ponthierry; 23 mars 1877, Gilbert, Vuaflard, Lemaire et compagnie).

Lorsqu'un fabricant de sucre ou un distillateur alimente son usine avec les betteraves récoltées sur les terres dont il est propriétaire ou fermier, les transports de ces betteraves à l'usine tombent-ils sous l'application de l'article 14 de la loi du 21 mai 1836? Nous le pensons. La circonstance que l'usinier est propriétaire ou fermier des terres d'où proviennent les betteraves n'empêche pas leurs transports de s'opérer comme dans les autres cas et par suite de rentrer dans l'exploitation de l'usine.

On doit encore considérer comme transports d'une entreprise industrielle tombant sous l'application de l'article 14 de la loi du 21 mai 1836, ceux qui sont effectués soit par les entrepreneurs de travaux publics pour les besoins de leur entreprise, soit par les concessionnaires de chemins de fer pour la construction, la réparation et l'entretien de ces chemins. (C. d'État, arr. 28 juillet et 28 décembre 1849, X...; 18 juin 1852, Hébert; 9 décembre 1852, Borguet; 26 mai 1853, Debains; 22 février 1855, Ruiz et Oudot; 8 mars 1860, Compagnie du Chemin de fer d'Orléans; 23 avril 1862, Lorrain et Breton; 11 mars 1863, Breton; 31 août 1863, Touveron.) Nous ferons remarquer que les subventions dues à raison des dégradations causées à un chemin vicinal par le transport de matériaux destinés à l'entretien d'une route, ne doivent pas être mis à la charge de l'entrepreneur de l'entretien de la route, mais à celle du sous-entrepreneur qui s'est engagé à fournir les matériaux et en a fait le transport à son compte. (C. d'État, arr. 7 janvier 1857, Pelletier.) Cependant, lorsqu'une compagnie concessionnaire de chemins de fer a traité avec des sous-entrepreneurs spéciaux pour la confection de travaux qui concernent ces chemins et qu'elle a pris l'engagement d'exécuter, les communes peuvent s'adresser ou aux sous-entrepreneurs ou à la Compagnie pour obtenir les subventious spéciales dues à raison des dégradations extraordinaires causées à leurs chemins vicinaux par le transport des matériaux destinés auxdits travaux. (C. d'État, arr. précité du 8 mars 1860.)

Transports qui ne doivent pas être confondus avec ceux d'une entreprise industrielle.

Il importe, d'ailleurs, de ne pas confondre avec les transports des entreprises industrielles, non-seulement ceux des entreprises agricoles, mais encore les transports des entreprises ayant un caractère exclusivement commercial, c'est-à-dire consistant à acheter des marchandises (matières premières, produits du sol ou manufacturés) et à les revendre soit en gros, soit en détail. Les transports de ces deux espèces d'entreprises ne tombent pas sous l'application de l'article 14 de la loi du 21 mai 1836.

D'après la jurisprudence du Conseil d'État, on doit considérer comme transports d'une exploitation agricole ou commerciale et par suite comme ne pouvant être passibles de subventions spéciales :

1° Les transports de cendres noires, de chaux et de marnes faits par les cultivateurs qui viennent s'approvisionner au lieu d'extraction ou de fabrication pour l'amendement de leurs terres. De pareils transports appartiennent à l'exploitation d'entreprises agricoles. (Arr. 3 décembre 1867, Femeau; 31 décembre 1869, Thomas; 6 et 14 avril, 11 et 24 juin 1870, Dubreuil, Gros, Battu et Frossard; 7 février 1873, Drouelle; 9 janvier 1874, Société des mines de la Sarthe; 13 mars 1874, Thomas.)

2° Les transports de marchandises ou de voyageurs opérés par des voituriers de profession ou autres entrepreneurs. On se sert des chemins vicinaux selon les conditions de leur destination pour ces transports. (Arr. 6 août et 5 octobre 1857, 5 mai et 1er décembre 1858, Bouché; 20 février 1858, Peltier; 18 avril 1861, Taveau; 28 décembre 1859, Monnier; 6 avril 1870, Dubreuil; 23 mars 1877, Compagnie des chemins de fer du Midi.)

3° Les transports de grains et de farines, pour l'exploitation des moulins désignés sous le nom de moulins aux petits sacs, moulins fonctionnant seulement pour les besoins des localités voisines. (Arr. 28 décembre 1858, Ancien; 25 juillet 1860, Ancien; 8 février 1860, Blancard; 15 mai 1862, Arnal; 10 juillet et 7 septembre 1868, Secretans et Beaufrère; 9 mars 1870, Beaufrère; 16 juillet 1870, Collet et Corbière; 28 janvier 1872, Beaufrère; 10 janvier 1873, Beaufrère; 9 janvier 1874, Beaufrère.)

Le Conseil d'État a en outre décidé que les transports faits pour l'exploitation du commerce de bois à brûler, de charbons de bois ou de terre, d'épiceries en gros, de fer, de grains ou de farines, de vins, etc., ne peuvent donner lieu à des subventions spéciales. (Arr. 13 août 1861, Bulliot; 11 mars 1863, Fosser; 13 décembre 1864, Fosser; 5 février 1867, Veret; 14 mars 1867, Bru;

27 février 1868, Trochu; 26 mai 1869, Morlet; 24 juin 1869, Capon et autres; 11 janvier 1870, Trochu; 11 janvier 1870, Tripier; 11 janvier 1870, Gendrop; 11 janvier 1870, Lambert de Caillaux; 11 janvier 1870, Driancourt; 11 janvier 1870, Poitrinot; 11 janvier 1870, Boileau; 11 janvier 1870, Fournier; 4 avril 1873, Dautrevaux et Cochet.)

États des subventions à réclamer.

101. Aux termes de l'Instruction ministérielle du 6 décembre 1870, dans le courant du mois de janvier de chaque année, l'agent voyer cantonal pour les chemins vicinaux ordinaires, l'agent voyer d'arrondissement pour les chemins vicinaux de grande communication et d'intérêt commun, préparent un état, par commune ou par chemin, des subventions à réclamer en raison des dégradations commises pendant l'année précédente. Si les dégradations ont été temporaires et si les transports se sont terminés avant la fin de l'année, l'état des subventions à réclamer doit être préparé dans le mois qui suit les transports. L'état concernant les chemins ordinaires est remis au maire après avoir été visé par l'agent voyer d'arrondissement. Celui relatif aux chemins vicinaux de grande communication et d'intérêt commun est remis au Préfet après avoir été visé par l'agent voyer en chef (art. 110 à 111).

Les agents voyers étant institués pour assurer le bon état d'entretien des chemins vicinaux et exerçant une surveillance continuelle sur les chemins, il était naturel de les charger de dresser les états dont il vient d'être question.

A qui appartient-il de réclamer les subventions?

102. A qui appartient-il de réclamer les subventions?

Le Préfet a reçu implicitement de l'article 9 de la loi du 21 mai 1836 le droit de réclamer, au nom des communes, les subventions spéciales dues pour les dégradations extraordinaires causées aux chemins vicinaux de grande communication. Il est investi du même pouvoir à l'égard des chemins vicinaux d'intérêt commun, la loi du 10 août 1871 ayant assimilé ces chemins aux chemins de grande communication sur presque tous les points et les ayant par suite placés, dans la même mesure, sous l'autorité préfectorale. Le Conseil d'État s'est prononcé récemment dans ce sens. (Arr. 12 janvier 1877, Préfet de l'Aude c. Pirognat; 9 mars 1877, Haleltte et compagnie). Il avait décidé le contraire à diverses reprises. (Arr. 19 décembre 1873, Leclercq; 1er décembre 1876, Lemoine et Méry; 1er décembre 1876, Préfet du Pas-de-Calais.) Après un examen approfondi de la question, il a cru devoir renoncer à cette jurisprudence qui était de nature à entraver la marche du service vicinal et à restreindre ses ressources. (V. circulaire du ministre de l'intérieur, 20 mars 1877.)

Mais le maire seul, sous l'empire de la législation actuelle, est investi du droit de réclamer les subventions dont il s'agit, d'après les articles 10 de la loi du 18 juillet 1836 et 14 de la loi du 21 mai 1836, en ce qui concerne les chemins vicinaux ordinaires. Nous ajouterons que le maire, ne pouvant faire la délégation d'une partie de ses fonctions qu'en faveur d'un adjoint (loi du 18 juillet 1837, art. 14), ne saurait légalement déléguer l'exercice du droit dont nous venons de parler au Préfet, comme paraît l'avoir pensé le Ministre de l'intérieur. (V. l'Instruction de 1870, art. 111, *in fine*.) Nous ferons enfin remarquer que la circonstance qu'une convention particulière a mis l'entretien d'un chemin vicinal ordinaire d'une commune à la charge d'une commune voisine n'empêche pas le maire de la première commune d'avoir seul qualité pour réclamer les subventions spéciales dues à raison des dégradations existant sur ce chemin. (C. d'État, arr. 7 août 1874, Arrachart et veuve Lafeuille c. commune de Brouchy; 25 mai 1877, Bazin; et compagnie c. commune de la Ville-aux-Bois-les-Dizy (Aisne.)

Délai dans lequel les subventions spéciales doivent être réclamées.

103. Dans quel délai les demandes de subventions spéciales doivent-elles être formées?

Le législateur veut que les subventions spéciales soient réglées annuellement. (Loi du 21 mai 1836, art. 14.) Mais il ne fixe pas d'une manière précise le délai dans lequel les communes sont tenues de les réclamer. Toutefois l'obligation de faire régler les subventions *annuellement* semble entraîner implicitement celle de former les demandes au plus tard dans l'année qui suit celle pendant laquelle les dégradations extrordinaires ont été causées aux chemins. Le Conseil d'État délibérant au contentieux s'est prononcé dans ce sens à plusieurs reprises. (Arr. 9 février 1850, Vuillet; 26 juillet 1851, Ministre des finances; 26 mai 1853, Debains.)

Réglement des subventions. — Modes.

104. Les subventions spéciales ou industrielles sont réglées, aux termes de l'article 14 de la loi du 21 mai 1836, soit par décision du Conseil de préfecture, sauf recours devant le Conseil d'État, soit par abonnement.

Réglement prononcé par le Conseil de préfecture. — Expertise préalable. — Nomination des experts.

105. Lorsque le Conseil de préfecture est saisi d'une demande de subventions spéciales, il statue sur le rapport d'experts nommés, l'un par le Sous-Préfet, l'autre par le propriétaire ou l'exploitant auquel les subventions sont réclamées (1). En cas de discord, le tiers expert est désigné par le Conseil de préfecture. (Loi du 21 mai 1836, art. 14 et 17.) Si l'une des parties mise en demeure de nommer son expert refuse ou néglige de le faire, c'est au Conseil de préfecture qu'il appartient d'y pourvoir. (C. d'état, arr. 18 avril 1843, Boulle et autres; 15 mais 1848, Ministre des finances; 17 juin 1848, Larquin et Magnon; 17 janvier 1849, de Luynes; 12 février 1849, Debrousse; 24 avril 1874, Fenaille et autres.)

Quand les subventions spéciales sont demandées à l'État, l'expert de celui-ci doit être nommé par le Préfet. (C. d'État, arr. 23 novembre 1850, Ministre des finances.)

Toute nomination d'expert doit être notifiée aux parties interressées. (C. d'État, arr. 3 juillet 1852, Grimaldi.)

Qui peut être nommé expert?

En principe, toute personne jouissant des droits civiques, civils et de famille. Mais il nous semble que chaque partie peut récuser soit l'expert nommé par l'autre partie, soit le tiers expert, dans les cas où les témoins peuvent être récusés. (V. Code de procédure civile, art. 283 à 320.)

Le Conseil d'État a décidé qu'un expert ne saurait être récusé par cela seul qu'il est agent voyer. (Arr. 13 mars 1860, Guy-Vaissier; 7 septembre 1869, de Veauce.) En effet, aucune disposition législative n'interdit de

---

(1) L'expert qui représente les communes intéressées ne peut être nommée par les maires de ces communes. Il doit en principe être désigné par le sous-préfet à peine de nullité de l'expertise. (C. d'État, arr. 23 mars 1877, Osmoy et Compagnie.)

Toutefois il n'y a pas nullité dans le cas où la désignation de l'expert au lieu d'être faite par le sous-préfet l'est par le préfet (C. d'État, arr. 9 mars 1878, Hallette).

choisir pour expert un agent du service vicinal. (Arr.
24 avril 1874, Fenaille et autres ; 20 mars 1875, Dollot ;
1er décembre 1876, Labarre ; 27 avril 1877, Richard ;
14 décembre 1877, Aubineau.)

Le Conseil d'État n'admet pas qu'on puisse nommer experts ou tiers expert les maires pour l'évaluation des subventions spéciales dues à raison de dégradations extraordinaires causées soit aux chemins vicinaux ordinaires de leur commune soit aux chemins de grande ou de moyenne communication auxquels leur commune est intéressée (arr. 23 mars 1877, Brunehaut.)

Prestations de serment.

Avant de commencer leurs opérations, les experts et le tiers-expert sont tenus, à peine de nullité, de prêter serment. (C. d'État, arr. 23 août 1836, Duval ; 14 février 1839, Feuchères ; 30 juillet 1840, Detouillon ; 9 janvier 1843, Aubelle ; 6 juillet 1843, Chantreaux ; 18 juin 1846, Malatre ; 9 février 1850, Vuillet ; 11 août 1859, Collignon.) Le serment des experts étant reçu en principe par le juge à la décision duquel l'expertise sert de base, c'est, en règle générale, devant le Conseil de préfecture qu'il doit être prêté dans la matière qui nous occupe. Mais, dans le but d'éviter les déplacements, on admet que dans les arrondissements autres que l'arrondissement chef-lieu, le serment des experts et du tiers expert peut être reçu par le sous-préfet. (C. d'État, arr. 19 mai 1835, Tramay.) Le Conseil de préfecture a même la faculté de désigner, pour recevoir ce serment, le maire de la commune sur le territoire de laquelle les dégradations ont été commises. (C. d'État, arr. 18 janvier 1862, Jumel-Roisin.)

Les actes de prestation de serment doivent être rédigés

sur papier timbré. Ils doivent, en outre, être soumis à
l'enregistrement dans les vingt jours de leur date. (Loi
du 27 ventôse an IX, art. 14. — Décision du Ministre des
finances des 23 juillet et 28 décembre 1855.)

Époque de l'expertise et du règlement des subventions.

106. A quelle époque l'expertise et le règlement des
subventions doivent-ils avoir lieu?

Nous ferons d'abord remarquer qu'il ne doit pas nécessairement être procédé à l'expertise avant la réparation
des dégradations extraordinaires qui motivent la demande de subventions. (C. d'État, arr. 3 décembre 1857,
Merlet; 21 décembre 1877, Prouillard.)

Les subventions spéciales, comme nous l'avons déjà
expliqué, doivent être réglées annuellement, c'est-à-dire
d'une manière distincte pour les dégradations causées
chaque année par une même exploitation. Dès lors, quand
il s'agit de dégradations faites par une même exploitation
qui dure toute l'année, le règlement des subventions et,
par suite, l'expertise préalable ne sauraient avoir lieu
qu'à l'expiration de l'année. (C. d'État, arr. 3 février 1850,
Vuillet.) Mais s'il s'agit de dégradations faites par une
exploitation temporaire ou accidentelle, rien ne s'oppose
à ce que l'expertise et le règlement s'effectuent dès que
l'exploitation est terminée. D'un autre côté, les subventions dues à raison de dégradations causées pendant plusieurs années peuvent être l'objet d'une seule et même
expertise, d'une seule et même décision, pourvu que les
dégradations et les subventions soient évaluées et réglées
d'une manière distincte pour chaque année. (C. d'État,
arr. 26 juillet 1851, Ministre des finances.)

Jusqu'à quel moment l'expertise et le règlement peuvent-ils être opérés?

12.

Il n'est pas indispensable qu'il y soit procédé avant l'expiration de l'année où la demande de subvention est formée. (C. d'État, arr. 13 mai 1862, Berthelot.) Toutefois, il importe que l'expertise et le règlement se fassent à une époque qui ne soit pas trop éloignée de celle où les dégradations ont été causées. Autrement, les experts ne pourraient pas remplir convenablement leur mission. Très-souvent, en effet, le Conseil d'État a cru devoir accorder décharge de subventions en présence d'expertises insuffisantes, parce qu'il y avait été procédé tardivement, et que eu égard au temps écoulé depuis l'époque des dégradations extraordinaires, il n'était pas possible de faire utilement soit une tierce expertise, soit une expertise nouvelle. (Arr. 8 février 1860, Delombes; 16 février 1870, Bonneau; 30 mars 1870, Dufour; 28 avril 1870, Perrot; 4 juin 1870, Ferrand; 15 juin 1870, Cherbois, Prévost et autres; 4 juin 1875, Rion et consorts.)

En cas de désaccord entre les experts, il doit être procédé à une tierce expertise, à peine de nullité. (C. d'Etat, arr. 16 mars 1857, Grimaldi; 31 mars 1870, Ferrand; 15 juin 1870, Prévost.)

Comment les experts doivent constater et évaluer les dégradations

107. Comment les experts doivent-ils constater et évaluer les dégradations?

Les experts ont pour mission de constater les dégradations extraordinaires et de les évaluer, c'est-à-dire d'apprécier le chiffre auquel les subventions doivent être fixées.

Lorsque les dégradations subsistent au moment de l'expertise, les experts peuvent facilement en reconnaître l'existence *de visu*, en déterminer l'importance et indiquer la somme nécessaire pour les réparer. Mais il n'en saurait être ainsi quand les chemins servent à une circulation active. Ces chemins devant être entretenus régulièrement, les dégradations sont réparées dès qu'elles se font, de sorte qu'elles ne laissent pas de traces. On ne peut les constater et déterminer leur importance qu'en faisant connaître les diverses circonstances dans lesquelles elles ont été causées et l'augmentation de dépenses qu'elles ont entraîné relativement à l'entretien ou à la réparation des chemins. En pareil cas, les experts ne sauraient être obligés de reconnaître, *de visu*, l'existence des dégradations. (C. d'État, arr. 3 décembre 1857, Merlet ; 7 juin 1866, Compagnie des hauts fourneaux de la Franche-Comté ; 7 septembre 1869, de Veauce ; 24 avril 1874, Sueur ; 24 avril 1874, Henique ; 30 juin 1876, Bourdon ; 15 juin 1877, Potheau.) Mais ils doivent visiter les chemins, rechercher quel était leur état de viabilité avant et après les dégradations dont on se plaint ; constater le nombre des voitures ou des colliers qui ont circulé sur le chemin, les distances parcourues, la nature et le poids des chargements, la saison et les autres circonstances dans lesquelles les transports ont été effectués ; l'augmentation des frais d'entretien qu'ils peuvent avoir occasionnée ; enfin, apprécier d'après ces faits et autres, s'il y a lieu, si les chemins ont été dégradés extraordinairement, dans quelle mesure ils l'ont été, quelle devrait être la subvention destinée à couvrir le dommage causé par les dégradations (1). Nous ajouterons que les experts sont tenus de

----

(1) Le tiers expert n'est pas tenu de visiter les chemins lorsque sa mission est étrangère à la constatation des dégradations extraordinaires ; lorsque, par exemple, elle a seulement pour objet de faire

faire connaître, dans les rapports qu'ils rédigent à ce sujet, tous les éléments d'appréciation sur lesquels sont basées leurs conclusions. Lorsque, sans se livrer aux constatations de détail qui viennent d'être expliquées, ils se bornent à prendre, pour base de l'évaluation des dégradations, la dépense faite pour l'entretien du chemin pendant l'année dans laquelle les dégradations auraient été commises, et, qu'après avoir déduit les dépenses supposées ordinaires, ils déterminent la quotité de la subvention à imposer à chacun des auteurs des dégradations, d'après le nombre des colliers qu'ils ont fait circuler sur les chemins, l'expertise est insuffisante et doit être annulée. (C. d'État, arr. 17 septembre 1854, Habert; 10 janvier 1856, Delvigne-Baquet; 16 mars 1857, duc de Valentinois; 12 février 1870, Potheau; 22 février 1870, Colin; 30 mars 1870, Dufour; 15 juin 1870, Cherbois, Prévost et Bonneau; 24 juin 1870, Cherbois; 8 août 1872, Potheau; 4 juin 1874, Desgranges et autres; 4 juin 1875, Rives et Consorts; 10 décembre 1875, fabrique centrale de sucre de Meaux; 17 mars 1876, Drouelle; 27 avril 1877, Lemaire.)

Qui doit supporter les frais d'expertise?

108. Qui doit supporter les frais de l'expertise?

Aux termes de l'article 130 du Code de procédure civile, les dépens, et par suite les frais d'expertise, sont à la charge de la partie qui succombe. Dès lors, quand il est accordé décharge d'une subvention spéciale imposée à un particulier, les frais d'expertise doivent être supportés par les communes intéressées au chemin en

---

connaître à quel industriel incombe l'obligation de réparer ces dégradations. (C. d'État, arr. 27 avril 1877, Richard.)

faveur duquel la subvention avait été imposée. (C. d'État,
arr. 29 janvier 1872, Beaufrère.)

D'après l'article 131 du même Code, les frais d'expertise peuvent être compensés lorsque les parties succombent respectivement sur quelques chefs.

Le Conseil d'État avait d'abord décidé qu'en matière
de subventions spéciales, dans le cas où les particuliers
obtenaient gain de cause, même partiellement, les frais
d'expertise devaient incomber aux communes, par application de l'arrêté du gouvernement, en date du 24 floréal an VIII (art. 18). (C. d'État, arr. 7 janvier 1857
Pelletier; 18 mars 1858, Balorne.) Ultérieurement, le
Conseil a pensé que l'article 18 de l'arrêté précité était
spécial aux contributions directes recouvrées au moyen
de rôles dressés par l'Administration; qu'il n'avait été
rendu applicable aux subventions par aucune disposition
législative et que, par conséquent, il appartenait au Conseil
de préfecture de répartir les frais d'expertise, en vertu de
l'article 131 du Code de procédure civile, quand les parties succombent respectivement sur quelques chefs.
(Arr. 22 juin 1858, Roulard; 2 juillet 1870, Blavier
c. commune de Trelazé; 13 mars 1874, Thomas et
autres; 22 décembre 1876, Marbouty.)

Nécessité de rédiger le rapport des experts sur papier timbré et de le soumettre à l'enregistrement.

109. Les procès-verbaux dressés pour constater les
opérations de l'expertise et de la tierce expertise sont
rédigés sur papier timbré. Ils doivent être enregistrés.
(Loi du 13 brumaire an VII, art. 12; loi du 22 frimaire an VII, art. 47; Instruction du Directeur général
de l'enregistrement, 19 mars 1856.)

Ils sont ensuite transmis au Préfet pour être soumis au Conseil de préfecture.

Nécessité de l'expertise, et, s'il y a lieu, de la tierce expertise.

110. L'expertise préalable et contradictoire, comme la tierce expertise en cas de discord entre les deux experts, est la condition essentielle du règlement des subventions spéciales par le Conseil de préfecture. Ce Conseil ne peut même décider, en principe, qu'une subvention spéciale est due, sauf règlement ultérieur dans les formes prescrites par la loi, s'il n'a pas été procédé d'abord à une expertise contradictoire. (C. d'État, arr. 10 mars 1856, Genty; 28 mars 1860, Delahante; 5 avril 1862, Crémieux.)

Notification des décisions du Conseil de préfecture.

111. Dans quelle forme doivent être notifiées les décisions du Conseil de préfecture?

La notification des arrêtés du Conseil de préfecture faite à des industriels, propriétaires ou entrepreneurs condamnés au payement des subventions spéciales peut avoir lieu dans la forme administrative ou par exploit d'huissier.

D'après plusieurs décrets au contentieux, la notification dans la forme administrative, c'est-à-dire opérée par le maire en personne ou par un agent qui le représente, suffit pour faire courir contre les industriels, propriétaires ou entrepreneurs, le délai de trois mois pendant lequel les décisions du Conseil de préfecture peuvent être attaquées devant le Conseil d'État. (Arr. 17 février 1853, Blasion; 28 mai 1856, Bougueret; 28 avril 1870, Antigaud.) Mais antérieurement, il avait décidé qu'une no-

tification par huissier pouvait seule faire courir le délai
du pourvoi. (Arr. 5 novembre 1828, Regnault; 25 novembre 1831, Ferriot.)

La notification administrative est beaucoup moins
coûteuse. Toutefois, en présence des incertitudes de la
jurisprudence, les communes feront sagement de recourir
à la notification par huissier lorsque les arrêtés qui leur
sont favorables paraissent devoir être attaqués.

Quand aux notifications faites par les industriels, propriétaires ou entrepreneurs, elles doivent nécessairement
avoir lieu par le ministère des huissiers pour faire courir
le délai du pourvoi contre les communes. (C. d'État,
arr. 20 juillet 1832, ville de Troyes.)

La notification dans la forme administrative par le
Préfet, au nom de l'État, fait toujours courir ce délai.

Recours contre les décisions du Conseil de préfecture.

112. Les recours dont les arrêtés du Conseil de préfecture sont l'objet devant le Conseil d'État, en matière
de subventions spéciales, sont assimilés à ceux formés en
matière de contributions directes. (Loi du 21 mai 1836,
art. 14.)

Il suit de là : 1° qu'ils doivent être formés, à peine
de déchéance, dans le délai de trois mois à partir de la
notification de l'arrêté attaqué (C. d'État, arr. 15 mai 1848,
Longuet; 28 mai 1856, Bougueret); mais qu'ils peuvent
être introduits sans l'intermédiaire d'un avocat au Conseil d'État; 2° que dans le cas où ils sont formés sans
cet intermédiaire on a la faculté de les déposer à la préfecture, et qu'ils échappent à la déchéance si le dépôt
est opéré dans le délai de trois mois à partir de la
notification de l'arrêté attaqué (C. d'État, arr. 3 janvier 1848, d'Huart; 23 novembre 1850, Pavy; 21 mai

1862, Bonjour); 3° qu'ils ne peuvent jamais donner lieu à une condamnation aux dépens (C. d'État, arr. 12 mai 1853; 4 juin 1875, Desgranges; 1er décembre 1876, Lemoine et Thery; 23 mars 1877, Compagnie du chemin de fer du Midi); 4° ni à l'allocation des intérêts des sommes dont le remboursement est ordonné. (C. d'État, arr. 24 avril 1874, Fenaille et consorts; 5 juin 1874, Parent, Schaken et compagnie; 4 juin 1875, Rives et autres.)

Mode d'acquittement des subventions spéciales.

113. Aux termes de l'article 14 de la loi du 21 mai 1836, les subventions spéciales peuvent, au choix des subventionnaires, être acquittées en argent ou en prestations en nature. Le législateur n'ayant pas fixé le délai dans lequel cette option doit avoir lieu, les représentants des communes ont le droit de mettre les subventionnaires en demeure de faire connaître, dans un délai déterminé, le mode de libération qu'ils préfèrent, faute de quoi ils seront censés opter pour le payement en argent. Le Ministre de l'intérieur a pensé qu'il convenait, dans un but d'économie et de célérité, de procéder à cette mise en demeure en même temps qu'à la notification de l'arrêté du Conseil de préfecture, et d'assigner au subventionnaire, pour la réponse, un délai de quinze jours. (Instruction générale du 6 décembre 1870, art. 113.) La mise en demeure dont il s'agit pourrait, évidemment, avoir lieu valablement après la notification de la décision du Conseil de préfecture. Le délai de quinze jours indiqué par le Ministre paraît convenable. Il ne saurait non plus être considéré comme une prescription rigoureusement obligatoire. Ce qui est essentiel, c'est que le subventionnaire ait le temps moral suffisant pour faire son option.

Quand il déclare vouloir se libérer en nature, la subvention se trouve transformée en journées de prestations calculées d'après la valeur attribuée annuellement à chaque espèce de journée par le Conseil général pour la commune sur le territoire de laquelle les dégradations extraordinaires ayant donné lieu à la subvention ont été causées. Si le système des tâches est appliqué dans cette commune, la subvention, estimée d'abord en journées de prestations, est acquittée ensuite en tâches, suivant le tarif adopté par le Conseil municipal.

Règlement des subventions par voie d'abonnement.

114. Pour prévenir les difficultés qu'entraîne le règlement des subventions spéciales devant le Conseil de préfecture ou mettre fin à ces difficultés avant la décision dudit Conseil, le législateur veut que les subventions puissent être fixées par abonnement, soit en prévision de dégradations extraordinaires, soit lorsque les dégradations de cette nature sont déjà causées. Ainsi l'abonnement peut être consenti exclusivement pour l'avenir ou exclusivement pour le passé, ou à la fois pour le passé et l'avenir. Quand il a lieu pour l'avenir, il importe de ne pas le conclure pour un nombre d'années trop considérable; par exemple, pour une période excédant trois ou quatre ans, afin de ne pas s'exposer à voir, pendant un long laps de temps, les appréciations qui ont servi de base à l'abonnement n'être plus en rapport avec les circonstances qui se produisent ultérieurement. Il n'est pas douteux, d'ailleurs, que l'abonnement ne se trouvât résolu, si l'état de choses que les parties considéraient, au moment où l'abonnement est intervenu, comme devant se continuer pendant toute sa durée, cessait avant sont expiration, et, notamment,

13

si le subventionnaire changeait la nature de son exploitation en dehors des prévisions de la convention. Dans tous les cas, le montant de l'abonnement est arrêté à une somme fixe payable en nature ou en argent à une époque déterminée, et chaque année s'il s'agit de dégradations éventuelles.

L'abonnement a toujours le caractère d'un arrangement amiable. Il ne saurait, dès lors, être imposé au subventionnaire. (C. d'État, arr. 24 février 1843, Ministre des finances.) D'un autre côté, il doit nécessairement être accepté par le Conseil municipal pour les chemins vicinaux ordinaires (Loi du 18 juillet 1837, art. 19), et par le Préfet pour les chemins de grande communication ou d'intérêt commun. (Loi du 21 mai 1836, art. 9. — C. d'État, arr. 12 janvier 1877, Préfet de l'Aude ; 9 mars 1877, Hallette et compagnie ; circulaire du Ministre de l'intérieur 20 mars 1877.)

Aux termes de l'article 14 de la loi du 21 mai 1836, l'abonnement devait être soumis à l'approbation du Préfet en Conseil de préfecture. Aujourd'hui, d'après la loi du 10 août 1871 (art. 86), il n'est valable qu'autant qu'il est homologué par la Commission départementale, qui ne saurait être obligée, comme l'était le Préfet, de prendre l'avis du Conseil de préfecture avant de statuer.

Recouvrement de ces subventions.

115. Les subventions spéciales en argent sont recouvrées, aux termes de la loi du 21 mai 1836 (art. 14, § 3), comme en matière de contributions directes.

Quand elles sont payées à raison de dégradations causées à des chemins vicinaux ordinaires, elles doivent être versées dans la caisse de la commune propriétaire de ces chemins. Lorsqu'elles sont la réparation de dégradations commises sur les chemins de grande communication ou d'intérêt commun, elles rentrent dans la catégorie des recettes éventuelles du service vicinal figurant au budget du département, et, à ce titre, elles doivent être recouvrées à la diligence du trésorier-payeur général. (Circulaire du Ministre de l'intérieur des 8 mai et 23 juillet 1870. — Instruction générale du 6 décembre 1870, art. 116. — Loi du 10 août 1871, art. 58, n° 9.)

Emploi des subventions spéciales. — Produit annuel de ces subventions.

116. La loi du 28 juillet 1824, qui permettait déjà aux communes d'imposer des subventions spéciales pour les dégradations causées aux chemins vicinaux, n'exigeait pas que le produit de ces subventions fût employé à la réparation des chemins. Très-souvent, on l'appliquait à d'autres dépenses, contrairement à sa destination naturelle. Le législateur de 1836 a voulu mettre un terme à cet abus, en décidant formellement que les subventions spéciales seraient affectées à ceux des chemins qui y auraient donné lieu. (Loi du 21 mai 1836, art. 14, § 2.)

L'application de l'article 14 de la loi du 21 mai 1836 a toujours présenté de sérieuses difficultés. Aussi n'a-t-elle pas donné tout ce que l'on pouvait en espérer. Les ressources annuelles qu'elle procurait, il y a une vingtaine d'années, étaient seulement d'environ 254,080 francs. Elles se sont accrues ultérieurement. En 1871, elles atteignaient le chiffre important de 800,223 fr. 50 c., ainsi réparti :

Chemins vicinaux de grande communication. . .   471,523 fr. 80 c.
—   —   d'intérêt commun   212,351   96
—   —   ordinaires   116,347   74

                Total (1). . . . .   800,223 fr. 50 c.

Il est d'ailleurs à remarquer que l'article 14 de la loi du 21 mai 1836 n'est pas appliqué dans tous les départements. Sur beaucoup de points de la France il ne reçoit pas d'application, soit qu'il n'y ait pas lieu, soit qu'on ne juge pas opportun d'y recourir. En 1871, on n'a réclamé de subventions spéciales que dans 62 départements. Parmi ces départements, ceux où le produit des subventions a été le plus considérable sont : l'Aisne, le Pas-de-Calais, la Somme, Seine-et-Oise, l'Oise. Ils ont fourni à eux seuls les deux tiers des 800,223 fr. 50 c. représentant l'ensemble des subventions spéciales de l'année 1871. (V. le rapport du Ministre de l'intérieur du 1er mars 1874, sur le service vicinal pendant l'année 1871.)

Section II. — Prestations dues par suite de condamnations
judiciaires.

7. Les conservateurs des forêts peuvent admettre les délinquants insolvables à se libérer, au moyen de prestations en nature, des amendes, réparations civiles et frais résultant soit des condamnations prononcées pour délits ou contraventions ayant eu lieu dans les bois

---

(1) Le montant des subventions spéciales afférentes aux divers chemins vicinaux s'est élevé en 1872 à 926,531 fr. 26 c.; en 1873, à 1,345,106 fr. 78 c. (V. les rapports du ministre de l'intérieur des 31 décembre 1874 et 12 décembre 1875 sur le service vicinal pendant les années 1872 et 1873.) Il s'est élevé en 1874 à 1,547,514 fr. 90 c. (Rapport du 20 évrier 1877.)

soumis au régime forestier, soit des transactions consenties au sujet de poursuites pour délits ou contraventions en matière forestière. (Loi du 18 juin 1859, art. 1er. — Décret du 21 décembre 1859, art. 3.)

Si les délits et contraventions ont été commis dans les forêts domaniales, les prestations dues pour l'acquittement des amendes, réparations civiles et frais sont appliqués à ces forêts ou aux chemins vicinaux qui servent à la vidange des coupes. (Décret du 21 décembre 1859, art. 10.)

Si les délits ou contraventions ont eu lieu dans les bois des communes ou des établissements publics, les prestations peuvent toujours être appliquées aux forêts domaniales et aux chemins vicinaux qui les desservent, en ce qui concerne l'amende et les frais avancés par l'État; mais les prestations dues pour l'acquittement des réparations civiles doivent être appliquées aux bois des communes et établissements publics qui ont souffert desdits délits ou contraventions, ou aux chemins vicinaux qui servent à la vidange de ces bois.

Les maires des communes et les administrateurs des établissements publics, propriétaires des bois, qui veulent profiter des prestations en nature dues par les délinquants insolvables, doivent faire connaître à l'inspecteur des forêts le montant des sommes qui peuvent être affectées par la commune ou par l'établissement public au payement des frais de nourriture des délinquants. (Décret du 21 décembre 1859, art. 10.)

Les délinquants dont l'involsabilité est reconnue par le receveur de l'enregistrement et des domaines, et qui veulent se libérer, au moyen des prestations en nature, des condamnations à l'amende et aux frais prononcés contre eux pour délits et contraventions commis dans les bois des particuliers, adressent leur demande au maire de la commune sur le territoire de laquelle les délits ou contraventions ont été commis. Le maire transmet cette demande, avec son avis, au Sous-Préfet de l'arrondissement, qui statue et fixe le nombre des journées de prestations dues par les délinquants. (Ibid., art. 11.)

Les prestations dues par les délinquants sont appliquées aux chemins vicinaux dépendant de la commune sur le territoire de laquelle le délit a été commis. Les agents voyers peuvent convertir les prestations en tâches et fixer le délai dans lequel les travaux doivent être exécutés. (Ibid., art. 12.)

Les délinquants reçoivent, à titre de frais de nourriture, une allocation déterminée par le Préfet. Elle est prélevée sur les fonds affectés à la construction et à l'entretien des chemins vicinaux. (Ibid., art. 13.)

En cas d'inexécution du travail ou en cas de faute grave commise par le délinquant, l'agent voyer en donne avis au Maire, et il est passé outre à l'exécution des poursuites. Il est tenu compte du travail accompli. (Ibid., art. 14.)

D'après ces diverses dispositions, lorsque les délits et contraventions ont été commis dans les bois appartenant soit à l'État, soit aux communes ou aux établissements publics, les prestations applicables aux chemins vicinaux ne peuvent être affectées qu'aux chemins vicinaux servant à la vidange des coupes. Mais il semble que le Préfet a le droit de désigner ceux de ces chemins qui, à raison de leur état, doivent de préférence profiter des prestations. C'est d'ailleurs la solution admise par le Ministre de l'intérieur. (Instruction générale du 6 décembre 1870, art. 118.)

Quand il s'agit de délits et contraventions ayant eu lieu dans les bois des particuliers, les prestations ne peuvent être appliquées qu'aux chemins vicinaux de la commune sur le territoire de laquelle les délits et contraventions ont été commis. S'il n'y a dans la commune que des chemins vicinaux ordinaires, le Conseil municipal a seul le droit de désigner, avec l'approbation du Préfet, ceux des chemins auxquels les prestations seront affectées. S'il n'y a que des chemins vicinaux de grande communication ou d'intérêt commun, le Préfet semble avoir seul le droit de désigner ceux de ces chemins auxquels s'appliqueront les prestations. S'il y a plusieurs classes de chemins, il appartient encore au Préfet de décider à laquelle devront s'appliquer les prestations. Le Conseil municipal, dans ce cas, ne devrait intervenir que si le Préfet, s'étant prononcé en faveur des chemins vicinaux ordinaires, il y avait lieu de désigner ceux des chemins qui profiteraient des prestations.

Section III. — Souscriptions particulières.

118. Les particuliers s'imposent souvent des sacrifices en vue de l'établissement, de l'élargissement ou du redressement, de l'entretien ou de la restauration des chemins vicinaux. Les engagements qu'ils prennent à cet effet sont désignés sous le nom de *souscriptions*. Ils ont pour objet, soit une concession de terrain ou le payement d'une somme d'argent, soit le transport, la fourniture de matériaux ou l'exécution de certains travaux. Ils peuvent être rétractés tant qu'ils n'ont pas été acceptés valablement. (C. d'État, arrêt, 6 janvier 1849, Maydieu; 15 février 1851, Cretté; 2 août 1851, Chambord; 26 avril 1860, de Rastignac; 21 février 1867, Laurent; 4 février 1869, commune de Saint-Denis-le-Chosson.)

Les souscriptions concernant les chemins vicinaux ordinaires et les rues qui en forment le prolongement doivent être acceptées par le Maire, en vertu d'une délibération du Conseil municipal approuvée par le Préfet. (Loi du 18 juillet 1837, art. 10, 19, 20. — Décret du 25 mars 1852, art. 1er, tableau A.)

Les souscriptions applicables aux chemins de grande communication et aux rues qui en sont la traverse doivent être acceptées par le Préfet aux termes de l'article 7 de la loi du 21 mai 1836. Le législateur a voulu rendre plus facile cette acceptation en substituant le Préfet aux maires des communes intéressées qui parfois sont en nombre considérable. Il n'exige pas que le Préfet fasse délibérer les conseils municipaux.

Le Préfet a-t-il également le pouvoir d'accepter les souscriptions concernant les chemius d'intérêt commun ou les rues qui en forment le prolongement? Le Ministre de l'intérieur le pense et sa manière de voir semble justifiée, les chemins d'intérêt commun ne différant guère des chemins de grande communication qu'en ce qui touche le maximun du contingent que les communes peuvent être contraintes à supporter dans les dépenses de l'une ou l'autre classe de chemins. (V. l'Instruction générale du 6 décembre 1870 (art. 101) et la Circulaire du Ministre de l'intérieur du 20 mars 1877.) Le Conseil d'État s'est prononcé implicitement dans le même sens en décidant qu'il appartient au Préfet seul de représenter les communes intéressées non-seulement dans les litiges relatifs aux travaux des chemins d'intérêt commun, mais encore dans les demandes et contestations ayant pour objet les subventions spéciales qui peuvent être dues à raison de dégradations extraordinaires causées à ces chemins (Arr. 12 janvier 1877, Préfet de l'Aude ; 9 mars 1877, Halette et Compagniie.)

Dans tous les cas il importe que l'acceptation soit signifiée aux souscripteur. Elle ne saurait avoir effet à leur égard que du moment où ils ont pu la connaître, soit par une notification administrative ou extra-judiciaire, soit d'une autre manière (C. d'État, arr. 7 janvier 1858, Sicard).

Quel est le contrat qui se forme par l'acceptation des souscriptions ?

C'est un contrat à titre onéreux et non à titre gratuit (Cass., arr. 7 août 1829, Reverchon ; 20 avril 1870, Roblin ; 4 mars 1872, de la Guere). En effet, les souscripteurs ne s'imposent de sacrifice qu'en échange d'avantages qui doivent leur être procurés. La convention qui intervient, présente en outre le caractère d'un traité ou marché passé pour l'exécution de travaux publics (C. d'État, arr. 23 mars 1850, Montcharmont ; 23 décembre 1852, Soubeyrand ; 28 juin 1855, commune Saint-Just-en-Chevalet ; 7 janvier 1858, Sicard. — Tribunal des conflits, arr. 16 mai 1874, Dubois ; 27 mai 1876, Chargère).

Aucune forme sacramentelle n'est exigée pour constater les souscriptions et leur acceptation. Cette constatation peut résulter notamment de lettres ou de listes signées par les souscripteurs, et de dépêches ou d'arrêtés émanant du Préfet ou du Maire.

Les divers actes qui constatent ainsi les offres de concours des particuliers et l'acceptation de ces offres sont exempts des droits de timbre et d'enregistrement, en vertu de l'article 16 (n° 2) de la loi du 13 brumaire an VII, et l'article 70, § 3, n° 6, de la loi du 22 frimaire de la même année (V. l'Instruction générale du Ministre des finances, du 20 juin 1839, art. 888, n° 13).

13.

Lorsque les souscripteurs ont subordonné leurs engagements à certaines conditions acceptées régulièrement, d'une manière formelle ou implicite, ils ont le droit de se refuser à les exécuter tant que les conditions n'ont pas été remplies (C. d'État, arr. 15 février 1851, Cretté).

Quelle est l'autorité compétente pour statuer sur les difficultés qui s'élèvent au sujet des souscriptions particulières ?

C'est le Conseil de préfecture, sauf recours au Conseil d'État. Il en est ainsi parce que les souscriptions consenties en vue de travaux d'utilité générale et notamment de l'établissement, de l'ouverture ou de l'amélioration de voies de communication urbaine ou vicinale constituent, comme nous l'avons déjà dit, lorsqu'elles sont régulièrement acceptées, des contrats ayant pour objet l'exécution de travaux publics et tombant, par suite, sous l'applications de l'article 4 de la loi du 28 pluviôse an VIII (C. d'État, arr. 28 juin 1855, commune de Saint-Just-en-Chevalet. — C. de cassasion, arr. 20 avril 1870, Roblin ; 4 mars 1872 de la Guere. — Tribunal des conflits, arr. 16 mai 1874, Dubois ; 27 mai 1876, Chargère). Le Conseil de préfecture compétent est celui du département dans lequel les travaux sont exécutés ou doivent l'être, lors même que le souscripteur est domicilié dans un autre département (C. d'État, arr. 26 juin 1874, Varin c. commune de Cuperly).

Le Conseil d'État avait pensé que dans le cas où les souscriptions consistent exclusivement dans l'engagement de céder une on plusieurs parcelles de terrains, les difficultés devaient être portées devant les tribunaux judiciaires selon la règle qui leur confère la connaissance des questions de propriété (C. d'État, arr. 17 juillet 1861, commune de Craon ; 1er août 1873, Abadie). Mais le tribunal des conflits n'a pas admis cette restriction. Il a décidé que même quand une souscription a pour objet exclusif une cession de terrain, c'est aux tribunaux administratifs à statuer (arr. 27 mai 1876, Chargère).

Lorsque les souscriptions comprennent à la fois une somme d'argent à fournir ou certains ouvrages à effectuer et une cession de terrain, elles doivent sans aucun doute être assimilées à un marché de travaux publics. Les contestations, dès lors, sont de la compétence du Conseil de préfecture sauf recours au Conseil d'État (C. d'État, arr. 5 mars 1864, Christofini ; 24 décembre 1875, Lezoux c. commune. de Pousseau).

Aucune disposition de loi ou de règlement d'administration n'ayant prescrit un mode spécial de recouvrement pour les souscriptions particulières consenties en faveur des communes et consistant dans l'engagement de fournir des sommes d'argent, ces souscriptions, aux termes de l'article 63 de la loi du 18 juillet 1837, doivent être recouvrées au moyen d'un état dressé par le Maire et rendu exécutoire par le visa du Sous-Préfet ou du Préfet (V. l'Instruction générale du Ministre de l'intérieur du 6 décembre 1870 sur le service des chemins vicinaux, art. 102.)

Cependant, d'après l'instruction générale du Ministre des finances sur la comptabilité, en date du 20 juin 1859, il y aurait lieu de procéder au recouvrement des souscriptions en argent comme en matière de contributions directes. Cette manière de voir nous semble en contradiction manifeste avec les dispositions de l'article 63 de la loi du 18 juillet 1837.

Quant aux oppositions que l'on ferait au recouvrement opéré dans les formes établies par ces dispositions, elles seraient de la compétence des tribunaux administratifs, c'est-à-dire du Conseil de préfecture en premier ressort et du Conseil d'État, en appel, d'après les arrêts que nous avons mentionnés.

Section. *IV*. — Subventions départementales.

119. Aux termes de l'article 8 de la loi du 21 mai 1836, les chemins vicinaux de grande communication, et, dans les cas extraordinaires, les autres chemins vicinaux peuvent recevoir des subventions sur les fonds départementaux. Il est pourvu à ces subventions au moyen de centimes facultatifs du département et de centimes spéciaux votés annuellement par le Conseil général. Le *maximum* de ces derniers centimes, d'après l'article 12 de la même loi, doit être déterminé annuellement par la loi de finances. Fixé à 5 centimes, pendant un laps de temps considérable, il est porté depuis 1868 à 7 centimes. (*V.* les lois de finance des 31 juillet 1867, 2 août 1868, 8 mai 1869, 27 juillet 1870, 4 septembre 1871, 23 juillet 1872 et 24 juillet 1873.) Le *maximum* des centimes facultatifs ordinaires est également déterminé chaque année par la loi de finances. Il a été fixé pour les exercices 1872, 1873 et 1874 à 25 centimes additionnels au pricipal des contributions foncière et personnelle-mobilière, plus 1 centime additionnel au principal des quatre contributions directes. (Lois des 4 septembre 1871, 23 juillet 1872 et 24 juillet 1873.)

Le Conseil général peut en outre voter des subventions en faveur des chemins vicinaux sur le produit d'impositions extraordinaires ou d'emprunts. Les délibérations qu'il prend à cet effet sont exécutoires par elles-mêmes

ou en vertu d'une loi, selon les cas. (V. la loi du 10 août
1871, art. 40 et 41.)

La loi du 21 mai 1836 avait confié au Préfet la répartition des subventions départementales. Il devait la faire
eu égard aux ressources, aux nécessités, aux besoins
des communes, et en rendre compte chaque année
au Conseil général. (Loi du 21 mai 1836, art. 8.)
Sous l'empire de la loi du 18 juillet 1866, c'était le
Conseil général lui-même qui procédait à la répari-
tion des subventions accordées sur les fonds du département pour les chemins vicinaux de grande communication ou d'intérêt commun. La loi du 11 juillet
1868 lui avait donné le même pouvoir en ce qui concerne les subventions accordées, en vertu de cette loi,
sur les fonds de l'État ou du département, pour faciliter l'achèvement des chemins vicinaux ordinaires
(art. 2, 4 et 5). Enfin, la loi du 10 août 1871 (art. 46,
n° 7) a chargé le Conseil général de faire la répartition
des subventions accordées sur les fonds de l'État ou du
département aux chemins vicinaux de toute catégorie.
Lorsque le Conseil général ne s'est pas réservé cette
répartition, en ce qui touche les fonds départementaux,
elle est faite par la Commission départementale. (Même
loi, art. 81.)

Section V. — Subventions de l'État.

120. Jusqu'en 1868, l'État n'a accordé aux communes, pour les chemins vicinaux, que des subventions
peu élevées. Ces subventions ont consisté principalement: 1° en une allocation annuelle affectée à la construction des ponts de la voirie vicinale, allocation qui,

après avoir été portée à 400,000 francs, s'est trouvée réduite à 200,000 francs (1); 2° en un crédit de 500,000 francs ouvert au budget du ministère de l'intérieur par une ordonnance royale du 7 décembre 1846 pour la réparation des dommages causés aux chemins vicinaux de divers départemunts par les inondations survenues en octobre 1846; 3° en un secours de 6 millions affecté, par décret de l'Assemblée nationale en date du 22 septembre 1848, tant à l'achèvement des chemins vicinaux de grande communication qu'à l'amélioration des chemins de petite communication; 4° en une somme de 25 millions, divisée, après prélèvement de 2 millions pour l'exercice 1861, en sept annuités, à partir de 1862, et destinée à l'achèvement des chemins vicinaux d'intérêt commun. (Décret du 4 octobre 1861.)

---

(1) Cette subvention de 200,000 francs figurait encore au budget de l'exercice 1873 (loi du 20 décembre 1872), mais elle devait être supprimée lorsque les engagements pris antérieurement par le Ministre de l'intérieur, au nom de l'État, pour favoriser la construction des ponts de vicinalité, seraient remplis. Elle fut réduite à 162,928 francs au budget de 1874. (Loi du 29 décembre 1873.) Elle a cessé de figurer au budget à partir de celui de 1874. Elle a été remplacée, en 1876, par un prélèvement de 144,387 fr. 16 c., sur une allocation annuelle de cinq millions affectée aux chemins vicinaux ordinaires en vertu des lois des 11 juillet 1868 et 23 juillet 1873 (Loi du 15 août 1876). Ce prélèvement, selon le vœu du sénat, et de la Chambre des députés, a été porté, pour l'exercice 1878, à 300,000 francs (V. le rapport du Ministre de l'intérieur du 1er juillet 1877 concernant la répartition de la 10e annuité des subventions accordées sur les fonds de l'État en exécution des lois du 11 juillet 1868 et 25 juillet 1837 pour l'achèvement des chemins vicinaux.

— Lois de finance des 2 juillet 1862, 15 mars 1863, 8 juin 1864, 8 juillet 1865, 18 juillet 1866 et 31 juillet 1867 ; décrets des 28 août 1862, 23 novembre 1862, 22 novembre 1863, 15 novembre 1864, 28 octobre 1865, 6 novembre 1866, 27 novembre 1867.)

En 1868, l'Etat voulant donner une vive impulsion aux travaux de la vicinalité est venu en aide aux communes :

1° Par une subvention de 100 millions destinée à l'achèvement des chemins vicinaux ordinaires et payable en dix annuités, à partir de 1869 ;

2° Par une subvention de 15 millions affectée dans le même délai, à l'achèvement des chemins vicinaux d'intérêt commun ;

3°. Par la création d'une Caisse chargée de faire aux communes, et, dans quelques cas extraordinaires, aux départements, des avances pouvant s'élever jusqu'à 200 millions, remboursables par le payement de trente annuités de 4 0/0 et destinées à l'achèvement des chemins vicinaux ordinaires. (Loi du 11 juillet 1868.)

Aux termes de l'article 2 de cette loi, chaque annuité prélevée sur la subvention de 100 millions doit être répartie entre les départements par un décret délibéré en conseil d'État, en ayant égard aux besoins, aux ressources et aux sacrifices des communes et des départements.

Un dixième de l'annuité peut être réservé pour être appliqué directement, après avis de la section de l'intérieur du conseil d'État, aux besoins exceptionnels dans les départements où le centime donne un produit inférieur à 20,000 francs.

La subvention annuelle allouée à chaque département sur les 100 millions, pour l'achèvement des chemins vicinaux ordinaires, est répartie par le Conseil général entre les communes, sur la proposition du Préfet et suivant les bases indiquées plus haut.

L'annuité prélevée sur les 15 millions affectés à l'achèvement des chemins vicinaux d'intérêt commun est répartie entre les départements et les communes de la même manière que l'annuité prélevée sur les 100 millions.

Dans les départements où le centime est d'un produit inférieur à 20,000 francs, le Conseil général peut appliquer aux chemins vicinaux de grande communication la moitié des subventions accordées annuellement sur les 100 millions et les 15 millions. Mais la détermination prise à cet effet n'est exécutoire qu'après avoir été approuvée par décret. (Loi du 11 juillet 1868, art. 5.)

Quant aux emprunts que les communes et les départements peuvent contracter auprès de la Caisse des chemins vicinaux, les principales règles qui les régissent sont exposées au chapitre précédent, section IV.

Nous devons ajouter qu'aux termes de l'article 10 de la loi du 11 juillet 1868, le Ministre de l'intérieur et le Ministre des finances doivent rendre compte au chef de l'État de la distribution des subventions accordées en vertu de cette loi, de la marche des travaux de la voirie vicinale et des opérations de la Caisse des chemins vicinaux, dans un rapport qui est communiqué au Sénat et à la Chambre des députés (1).

---

(1) La loi du 11 juillet 1868 a été modifiée par celle du 25 juillet 1873. D'après l'article 1er de la dernière loi, la subvention annuelle de 10 millions accordée par l'article 1er de la loi du 11 juillet 1868, pour l'achèvement des chemins vicinaux ordinaires, et celle de 1,500,000 francs attribuée par l'article 4 de la même loi au service des chemins d'intérêt commun, sont réduites, la pre-

Lorsque l'État affecte des sommes plus ou moins considérables aux dépenses de la voirie vicinale, à titre de secours, il ne reste pas moins passible comme un simple particulier, pour ses forêts et ses autres propriétés productives de revenus, non-seulement des centimes additionnels que les communes et les départements s'imposent en vue desdites dépenses, mais encore de subventions spéciales à raison des dégradations extraordinaires causées aux chemins vicinaux dans les cas prévus par l'article 14 de la loi du 21 mai 1836. (V. les art. 13 et 14 de cette loi, et l'art. 7 de la loi du 8 mai 1869.)

CHAPITRE V.

Division des ressources de la voirie vicinale sous le rapport de leur affectation.

121. Au point de vue de leur destination les ressources de la voirie vicinale se divisent en trois catégories correspondant à celles des chemins.

---

mière à 5 millions, la seconde à 750,000 francs. Ces subventions seront inscrites, pendant dix ans à partir de 1874, au budget du ministère de l'intérieur.

D'un autre côté, l'article 2 de la loi prolonge de cinq ans la durée de la période déterminée par les articles 6 et 7 de la loi de 1868, pour les prêts à consentir par la Caisse des chemins vicinaux aux communes et aux départements. Le montant de ces prêts ne pourra excéder 14 millions par an, à partir du 1er janvier 1874. Toutefois, si pendant une année de cette période les prêts consentis par la caisse des chemins vicinaux n'atteignaient pas le maximum de 14 millions, la somme disponible pourrait être reportée sur l'année suivante.

Ces diverses modifications ont pour but d'alléger les charges annuelles du Trésor sans compromettre les intérêts de la vicinalité. Une loi du 15 août 1876 a ramené à neuf les dix annuités fixées par la loi du 23 juillet 1873 et à quatre années la prolongation de cinq ans résultant de la même loi.

Ressources des chemins vicinaux ordinaires,
— — de grande communication,
— — d'intérêt commun.

Les ressources des chemins vicinaux ordinaires comprennent :

1° En principe, l'ensemble des revenus communaux ordinaires disponibles, les cinq centimes spéciaux et les trois journées de prestation autorisés par l'article 2 de la loi du 21 mai 1836 ;

2° Les trois centimes extraordinaires qui peuvent être imposés en vertu de l'article 3 de la loi du 24 juillet 1867, ou une quatrième journée de prestation dans le cas prévu par l'article 3 de la loi du 11 juillet 1868 ;

3° Les autres ressources extraordinaires votées par les conseils municipaux, telles que les emprunts, les impositions extraordinaires, les aliénations ;

4° Les ressources éventuelles, c'est-à-dire les subventions spéciales ou industrielles, les prestations dues par suite de condamnations judiciaires, les souscriptions particulières, les subventions départementales et les subventions de l'État attribuées aux chemins vicinaux ordinaires.

Les ressources de chemins de grande communication se composent :

1° De contingents imposés aux communes pour les dépenses de ces chemins et imputables sur les revenus ordinaires, les centimes spéciaux et les prestations dont elles disposent ;

2° De ressources extraordinaires votées par les Conseils municipaux et provenant d'emprunts ;

3° De ressources éventuelles consistant en subventions spéciales ou industrielles, prestations dues par suite de condamnations judiciaires, souscriptions particulières subventions du département et de l'État.

Les ressources des chemins vicinaux d'intérêt commun sont de la même nature que celles des chemins de grande communication et se subdivisent de la même manière.

La loi du 21 mai 1836 (art. 6 et 7) chargeait le Préfet de fixer le contingent des communes dans les frais d'établissement et d'entretien des chemins vicinaux de grande communication et d'intérêt commun. La loi du 10 août 1871 (art. 46, n° 7) a conféré cette attribution au Conseil général, qui doit l'exercer sur l'avis des Conseils municipaux intéressés et des Conseils d'arrondissement. Le Conseil général se trouve, par conséquent, investi du droit non-seulement de désigner les communes qui sont tenues de concourir aux dépenses des chemins vicinaux de grande communication ou d'intérêt commun, mais encore de déterminer la part contributive de chacune d'elles dans ces dépenses.

Aux termes de l'article 8 de la loi du 21 mai 1836, les contingents assignés aux communes dans les frais d'établissement ou d'entretien des chemins vicinaux de grande communication sont acquittés au moyen de leurs revenus ordinaires, et, en cas d'insuffisance, au moyen de deux journées de prestation sur les trois autorisées par l'article 2, et des deux tiers des centimes spéciaux votés par les Conseils municipaux en vertu du même article. On voit que la loi a voulu réserver une partie des ressources spéciales de la vicinalité pour les voies vicinales qui ne rentrent pas dans la catégorie des chemins vicinaux de grande communication, et que, lorsqu'une commune possède des chemins vicinaux ordinaires ou d'intérêt commun son contingent dans les dépenses des chemins de grande communication ne peut excéder, indépendamment des revenus ordinaires dont elle dispose, les deux tiers des prestations et des centimes spéciaux que la loi de 1836 lui permet d'imposer. La décision du Conseil général qui dépasserait *ce maximum* serait entachée d'excès de pouvoirs, et, dès lors, devrait être annulée par le conseil d'État délibérant au contentieux, si elle lui était déférée régulièrement.

Le législateur n'a pas fixé de *maximum* pour les contingents relatifs aux dépenses des chemins vicinaux d'intérêt commun. C'est une omission regrettable qu'il devrait réparer le plus tôt possible. Elle expose une commune à voir ses chemins vicinaux ordinaires privés entièrement des centimes spéciaux et des prestations autorisés par l'article 2 de la loi du 21 mai 1836, puisque le Conseil général a le droit de lui assigner, pour les chemins d'intérêt commun un contingent qui absorberait toutes les ressources spéciales de la vicinalité non destinées aux chemins de grande communication. Nous aimons à croire que les Conseils généraux ne voudraient recourir à une pareille mesure que dans le cas exceptionnel où une commune n'aurait pas besoin de ressources spéciales par suite de sa situation financière ou du bon état d'entretien de ses chemins vicinaux ordinaires.

Lorsqu'une commune n'a pas de chemins vicinaux ordinaires, sa part contributive dans les dépenses des chemins vicinaux d'intérêt commun peut, sans aucune doute, prélèvement fait, s'il y a lieu, du contingent concernant

les chemins de grande communication, comprendre
toutes les ressources dont elle dispose non-seulement
sur les revenus ordinaires, mais encore sur les centimes
spéciaux et les prestations auxquels l'article 2 de la loi
du 21 mai 1836 permet de recourir.

Quand une commuue n'a pas de chemins vicinaux ordinaires ni de chemins vicinaux d'intérêt commun, son
contingent dans les frais d'établissement et d'entretien
des chemins de grande communication peut-il également
comprendre toutes les ressources spéciales de la vicinalité prévues à l'article 2 de la loi du 21 mai 1836? La
question semblerait devoir être résolue affirmativement.

En effet, d'après les dispositions combinées de l'article 2 et de l'article 8 de la loi du 21 mai 1836, le *maximum* de la part contributive d'une commune dans les
dépenses des chemins vicinaux de grande communication.
paraît n'avoir été établi que pour le cas où la commune
possède d'autres voies vicinales. Le Ministre de l'intérieur a toujours interprété en ce sens les dispositions dont
il s'agit. Mais le conseil d'État ne partage pas cette manière de voir. Il pense que le *maximum* fixé par l'article 8 de la loi du 21 mai 1836 est absolu, et que, dès
lors, on doit l'appliquer même au cas où la commune
n'est appelée à pourvoir aux frais d'entretien d'aucun
chemin vicinal soit ordinaire soit d'intérêt commun.
(Arr. 28 novembre 1873, commune de Villeneuve-sous-
Dammartin.)

En principe, toute commune désignée par le Conseil
général pour contribuer aux dépenses d'un chemin vicinal de grande communication est propriétaire de la partie
de ce chemin située sur son territoire ; par suite, elle est
obligée d'acquitter les frais d'acquisition des terrains compris dans le tracé de cette partie de chemin ; mais à

moins d'engagement contraire, elle ne peut être tenue de fournir annuellement, pour les frais d'acquisition et les autres dépenses du chemin, un contingent dépassant ses ressources ordinaires disponibles et le *maximum* des prestations et des centimes spéciaux, tel qu'il a été fixé par l'article 8 de la loi du 21 mai 1836.

Le législateur n'a pas indiqué les bases de la fixation des contigents, mais l'esprit de la loi exige que les Conseils généraux prennent en considération les ressources de chaque commune et l'intérêt plus ou moins considérable que présente pour elle le chemin de grande ou de moyenne communication à l'établissement ou à l'entretien duquel elle est appelée à concourir. Il n'échappera pas, d'ailleurs qu'une commune peut avoir intérêt et par suite être appelée à contribuer à la création ou à l'entretien d'un chemin, bien qu'il ne traverse pas son territoire.

Dans les premiers mois de l'année, la répartition, dans chaque commune, par catégories de chemins vicinaux, des ressources créées en vertu de l'article 2 de la loi du 21 mai 1836, est publiée dans le recueil des actes administratifs de la préfecture. Cette répartition est notifiée aux maires, aux receveurs municipaux et aux agents voyers. (Règlement, art. 72. — Instruction du 6 décembre 1870, art. 126.)

Nous avons vu qu'en règle générale les diverses ressources de la voirie vicinale ne peuvent recevoir une autre destination; nous avons vu également les exceptions que souffre cette règle. (Livre VI, chap. 1er 59.)

(A) *V.* C. d'État, arr. 8 mai 1861, commune de Solesmes.

LIVRE VII

Comptabilité des chemins vicinaux

Comptabilité des chemins vicinaux. But et utilité de cette comptabilité. Matières qui en sont l'objet.

122. Les règles de la comptabilité des chemins vicinaux ont été édictées par le nouveau Règlement du service vicinal, et reproduites dans l'Instruction générale du Ministre de l'intérieur du 6 décembre 1870, modifiée en 1878. En assurant par des dispositions précises et uniformes la constatation des ressources et la justification des dépenses concernant la voirie vicinale, elles permettent aux communes, aux départements et à l'État d'exercer un contrôle sérieux sur l'emploi des sacrifices qu'ils s'imposent dans l'intérêt des chemins vicinaux. L'une des plus importantes mesures qu'elles prescrivent consiste à exiger que les différentes dépenses de la vicinalité, quel qu'en puisse être le chiffre, soient constatées et vérifiées par les agents voyers, sous l'autorité du Préfet ou du maire. Cette mesure, d'ailleurs, ne porte aucune atteinte aux attributions de ces derniers fonctionnaires. Elle facilite, au contraire, la tâche de chacun d'eux en lui donnant le concours d'agents initiés à la connaissance spéciale des travaux entrepris sur les chemins vicinaux ; elle leur offre, en même temps, une garantie précieuse pour la constatation des dépenses préalablement à la préparation des mandats de payement à délivrer au nom des communes. (V. les circulaires du Ministre de l'intérieur des 29 octobre et 5 décembre 1869.)

Les règles de la comptabilité des chemins vicinaux ont principalement pour objet :

1° Les bugdets, c'est-à-dire les prévisions de l'ensemble des dépenses et des ressources de la vicinalité pour un certain laps de temps ;

2° Le recouvrement des ressources ;

3° La justification des recettes et des dépenses ;

4° L'ordonnancement et le payement des dépenses ;

5° Les comptes de toutes les opérations de recettes et de dépenses.

Nous croyons devoir nous borner à dire quelques mots sur chacune de ces matières et laisser au lecteur le soin de consulter le nouveau Règlement du service vicinal, pour connaître les détails minutieux qu'elles comportent.

CHAPITRE PREMIER.

Budgets de la voirie vicinale.

123. La rédaction de budgets spéciaux de la voirie vicinale n'avait pas lieu avant le nouveau Règlement. C'est une innovation heureuse qui permet, non-seulement de connaître d'avance et par approximation pour l'année suivante l'ensemble des dépenses concernant les chemins vicinaux et les diverses ressources qui y sont affectées, mais encore de préparer l'emploi régulier de ces ressources. Les budgets des chemins vicinaux ne sauraient, au surplus, dispenser de faire figurer aux budgets des départements et des communes les dépenses et les ressources de la vicinalité.

Section I. — Budgets des chemins vicinaux de grande communication et d'intérêt commun.

124. Chaque année, l'agent voyer d'arrondissement fournit à l'agent voyer en chef, pour chaque chemin de grande communication et d'intérêt commun, un projet de budget faisant connaître les dépenses à effectuer dans l'année suivante, et les ressources qui pourront y être appliquées.

L'agent voyer en chef remet ensuite au Préfet, pour être soumises au Conseil général, ses propositions pour la fixation des contingents de chaque commune, pour l'allocation des subventions par le département, et pour la répartition, sur chaque chemin, de ces subventions et de celles de l'État, tant pour les travaux d'entretien que pour les travaux neufs et de grosses réparations.

Il propose, en même temps, l'allocation des crédits destinés aux dépenses générales : traitement du personnel, frais d'impression, etc.

Après avoir reçu la notification des crédits alloués au budget départemental, l'agent voyer en chef propose, pour être soumises à l'approbation du Préfet, la sous-répartition des crédits de chaque chemin et la composition définitive des budgets. (Règlement, art. 68 et 69. — Instruction générale, art. 122 et 123.)

Indépendamment d'un budget primitif, chaque chemin de grande communication ou d'intérêt commun a un budget supplémentaire de l'année courante. L'agent voyer en chef prépare ce dernier budget aussitôt après la clôture de l'exercice départemental. Il y inscrit en res-ressources le reste en caisse, les sommes à recouvrer de l'exercice précédent et les ressources nouvelles créées depuis la rédaction du budget primitif. Il inscrit, en dépenses, les sommes restant dues à la clôture de l'exercice précédent et celles qui, n'ayant pas été employées, doivent conserver leur affectation spéciale. Il propose l'emploi de ces ressources nouvelles et de celles qui, restant libres sur les prévisions du budget du chemin, peuvent recevoir une autre destination. (Règlement, art. 74. — Instruction générale art. 128.)

Section II. — Budgets des chemins vicinaux ordinaires.

125. Dans la session du mois de novembre, le Conseil municipal de chaque commune est appelé à délibérer sur l'emploi des ressources appliquées aux travaux de l'année suivante d'après un budget préparé par l'agent voyer cantonal, de concert avec le maire, et vérifié par l'agent voyer d'arrondissement. Ce budget est soumis ensuite à la sanction du Préfet. (Règlement, art. 70 et 71. — Instruction générale, art. 124 et 125.)

Il n'y a pas de budget supplémentaire spécial pour les chemin vicinaux ordinaires. Dans sa session de mai, le Conseil municipal prend une délibération par laquelle il détermine l'emploi des sommes restant libres sur les ressources vicinales de l'exercice communal précédent. Il reporte en même temps au budget additionnel de la commune les crédits disponibles, en leur conservant leur affectation spéciale. Ce report est, s'il y a lieu, opéré d'office par le Préfet. (Règlement, art. 75. — Instruction générale, art. 129.)

Section III. — Ressources créées après l'approbation des budgets.

126. Les dépenses à faire sur les divers chemins au moyen de ressources créées après l'approbation de leurs budgets sont rattachées à l'un des articles de ces budgets par la décision qui les approuve. (Règlement, art. 73. — Instruction générale, art. 127.)

CHAPITRE II.

Recouvrement des ressources de la vicinalité.

127. Les ressources des chemins vicinaux sont en nature ou en argent. Les premières, qui consistent principalement en prestations, sont dépensées, c'est-à-dire reçoivent leur destination, au moment même où elles sont recouvrées. Les secondes, au même moment, sont encaissées pour recevoir ultérieurement la destination qui leur est assignée.

Nous avons expliqué comment sont recouvrées les ressources en nature les plus importantes : les prestations, les subventions spéciales ou industrielles. (Livre VI, chap. II, section III ; chap. III, section II; chap. IV, sections I et II.) Pour les autres ressources en nature, telle que les terrains et les travaux qui doivent être fournis à titre de souscriptions particulières, il n'y a d'autre mode de recouvrement que l'exécution des engagements dont elles sont l'objet.

Les ressources en argent destinées aux chemins vicinaux ordinaires sont recouvrées par les receveurs municipaux. Celles affectées aux chemins vicinaux de grande communication ou d'intérêt commun sont recouvrées par les trésoriers-payeurs généraux. (Règlement, art. 122 et 147. — Instruction, art. 223 et 248.)

Les receveurs municipaux ne sont pas chargés d'opérer effectivement le recouvrement des ressources en nature destinées aux chemins vicinaux ordinaires ; mais ils en sont responsables; ils doivent le constater, et lorsque les ressources dont il s'agit se trouvent converties en argent, ils encaissent les sommes qui les représentent.

Ces observations s'appliquent aux trésoriers-payeurs généraux en ce qui concerne les ressources en nature affectées aux chemins vicinaux de grande communication et d'intérêt commun.

Les receveurs municipaux recouvrent les divers produits dont l'encaissement leur est confié aux échéances déterminées par les titres de perception ou par l'Administration, et d'après le mode de recouvrement prescrit par les lois et règlements. (Règlement, art. 124. — Instruction générale, art. 225.)

Ils adressent, le 5 de chaque mois, aux maires des communes de leur circonscription, un état faisant connaître le montant des recouvrements effectués pendant le mois écoulé. (Règlement, art. 125. — Instruction, art. 226.)

Le recouvrement des produits de chaque exercice doit être terminé le 31 mars de la seconde année, et les receveurs municipaux peuvent être tenus de verser dans leurs caisses, sauf à exercer personnellement un recours contre les débiteurs, le montant des restes à recouvrer, pour le recouvrement desquels ils ne justifieraient pas avoir fait les diligences nécessaires. (Règlement, art. 126. — Instruction, art. 227.)

Le montant des recouvrements opérés sur les titres de perception émis au profit des chemins vicinaux de grande communication et d'intérêt commun est arrêté au 31 décembre de chaque année, comme celui des autres produits éventuels.

Les produits non réalisés à cette époque sont inscrits dans le cadre n° 2 de l'état des restes à recouvrer dont le modèle est joint sous le n° 27 à l'instruction du Ministre de l'intérieur en date du 20 octobre 1877 (modèle n° 74). Le détail en est donné par ligne et par débiteur, et les lignes sont classées dans l'ordre numérique, en commençant par les chemins de grande communication.

Chacune des subdivisions dont se compose le paragraphe 5 (ressources éventuelles du service vicinal) est totalisé distinctement, et les totaux partiels sont réunis dans la situation qui forme le cadre n° 1 de l'état des restes.

Suivant la marche indiquée au paragraphe 4 de l'instrution du 20 octobre 1877 pour les restes à recouvrer sur les autres produits éventuels, le Préfet détermine et fait inscrire sur cet état (colonnes 7 à 9), en ce qui concerne le service de la vicinalité :

1° La portion de l'arriéré qu'il y a lieu d'admettre en reprise au 1er janvier de l'année suivante ;

2° La portion irrécouvrable à admettre en non-valeur ;

3° Celle qui doit demeurer à la charge du comptable dans les conditions de l'article 445 de l'instruction générale du Ministre des finances du 20 juin 1859.

L'état des restes à recouvrer est remis par le trésorier-payeur général, dans les premiers jours du mois de janvier, au Préfet, qui le transmet au Ministre de l'intérieur, avant la fin du même mois, au plus tard. (Instruction du ministre de l'int. du 6 décembre 1870, modifiée en 1878, art. 252.)

Lorsque l'état des restes à recouvrer est définitivement arrêté, le trésorier-payeur général opère, sur les titres de perception qu'il a reçus pendant l'année expirée, la réduction des sommes à appliquer à l'année suivante et

il prend charge de l'état des restes comme titre de
perception du nouvel exercice. (Instruction, art. 253.)

CHAPITRE III.

Justification des recettes et des dépenses de la voirie vicinale.

128. La justification des recettes et des dépenses de la
voirie vicinale a lieu au moyen de diverses pièces produites à l'appui des comptes présentés par les receveurs
municipaux et les trésoriers-payeurs généraux, pièces
très-nombreuses, qui se trouvent indiquées dans le Règlement, ainsi que dans l'Instruction générale, etparmilesquel-
les figurent, notamment, en ce qui concerne les dépenses
résultant soit de travaux, soit d'extractions ou de dépôts
de matériaux, les certificats des agents voyers constatant
que les travaux, les extractions ou les dépôts de matériaux
ont été exécutés et peuvent être payés. (Règlemen ,
art. 136, 137, 138, 1g9, 145 et 146. — Instruction générale, art. 237, 238, 239, 240 ,246 et 247.)

CHAPITRE IV.

Ordonnancement et payement des dépenses de la voirie vicinale.

Ordonnancement de ces dépenses par le maire.

129. Le maire de chaque commune est l'ordonnateur de toutes les dépenses relatives aux chemins vicinaux pour lesquelles un crédit a été ouvert au budget communal ; mais il ne peut en payer aucune lui-même et il lui est interdit de disposer autrement que par mandat sur le receveur municipal des fonds affectés aux chemins vicinaux, quelle que soit l'origine de ces fonds. (Règlement, art. 110. — Instruction générale, art. 211.)

Tout mandat, pour être valable, doit porter sur un crédit régulièrement ouvert et énoncer l'exercice, le chapitre, les articles et paragraphe du budget auxquels il s'applique, ainsi que le titre et le montant du crédit en vertu duquel il est délivré.

Les mandats sont remis par l'ordonnateur aux créanciers des communes, sur la justification de leur individualité ou à leurs représentants munis de titres ou de pouvoirs en due forme. (Règlement, art. 111. — Instruction générale, art. 212.)

Les crédits accordés pour le même service sont successivement ajoutés les uns aux autres et forment, ainsi cumulés, un crédit unique par chapitre, article ou paragraphe, selon le mode d'après lequel ils ont été ouverts. (Ibid., 112. — Ibid., 213.)

Les crédits étant ouverts spécialement pour chaque nature de dépenses, les maires ne doivent, pour quelque motif que ce soit, en changer l'affectation. Ils ne peuvent non plus en outrepasser le montant par la délivrance de leurs mandats. (Ibid., art. 113. — Ibid., art. 214.)

Toutes les dépenses d'un exercice doivent être mandatées depuis le 1ᵉʳ janvier de la première année jusqu'au 15 mars de la seconde.

Toute créance mandatée qui n'a pas été acquittée, sur les crédits de l'exercice auquel elle se rapporte, dans les délais de la durée de cet exercice, doit être mandatée de nouveau sur les crédits reportés des exercices clos. (Ibid., art. 114. — Ibid., art. 215.)

Tout mandat émis par le maire indique le nombre et la nature des pièces justificatives qui s'y trouvent jointes. (Ibid., art. 115. — Ibid., 216.)

Au fur et à mesure de chaque opération de mandatement, il en est tenu écriture sur deux registres ouverts à la mairie. L'un est désigné sous le nom de *Journal des mandats*. Le maire y indique tous les mandats au fur et à mesure de leur délivrance. L'autre porte le nom de *Livre de détails*. Le maire y ouvre et tient un compte pour chaque article de crédit. Le livre de détail est clos le 16 mars. Les résultats en sont résumés sur la dernière page et doivent reproduire le total général des mandatements donné par le livre-journal. (Règlement, art. 116 à 121. — Instruction générale, art. 217 à 222.)

Payement des dépenses de la voirie vicinale par le receveur municipal.

130. Le receveur municipal est chargé seul, et sous sa responsabilité, dans chaque commune, de poursuivre non seulement le recouvrement de tous les produits affectés aux chemins vicinaux ordinaires, mais encore de payer les dépenses afférentes à ces chemins et mandatées par le maire, jusqu'à concurrence des crédits régulièrement ouverts. (Règlement, art. 122.)

Avant de procéder au payement des mandats délivrés

par le maire, le receveur municipal doit s'assurer, sous sa responsabilité :

1° Que la dépense porte sur un crédit régulièrement ouvert et qu'elle ne dépasse pas le montant de ce crédit;

2° Que la date de la dépense constate une dette à la charge de l'exercice auquel on l'impute, et que l'objet de cette dépense ressortit bien au service particulier que le crédit a en vue d'assurer ;

3° Que les pièces justificatives exigées par le Règlement ont été produites à l'appui de la dépense.

Tout payement affectué sans l'accomplissement de ces formalités reste à la charge du comptable. (Règlement, art. 128. — Instruction générale, 229.)

Le receveur municipal n'a pas qualité pour apprécier le mérite des faits auxquels se rapporte les pièces produites à l'appni de chaque mandat. Il suffit, pour garantir sa responsalité, qu'elles soient certifiées et visées par les agents du service vicinal et par les maires, et que les mandats concordent avec elles. (Règlement, art. 129. — Instruction générale, art. 230.)

Le receveur municipal, outre les livres généraux dont la tenue est prescrite par les instructions sur la comptabilité communale, tient deux registres pour la comptabilité des chemins vicinaux. Le premier désigné sous le nom de *Livre de détail des recettes et des dépenses pour les chemins vicinaux*, est destiné à présenter d'une manière distincte les opérations relatives à ce service. Le second, désigné sous le nom de *Carnet des ordonnances de dégrèvement,* sert à inscrire toutes les réductions et décharges prononcées dans le cours de l'exercice sur les produits relatifs à la vicinalité. (Règlement, art. 130, 131 et 132. — Instruction générale, art. 231, 232 et 233.)

Ordonnancement par le Préfet des dépenses concernant les chemins de grande communication et d'intérêt commun.

131. Les ressources de toute provenance afférentes aux travaux des chemins de grande communication et d'intérêt commun sont rattachées au budget départemental (Loi du 10 août 1871 art. 58 et 60. — Règlement, art. 140. — Instruction du 6 décembre 1870, art. 241.)

Le Préfet mandate les dépenses relatives aux chemins de grande communication et d'intérêt commun (Règlement, art. 141. — Instruction du 6 décembre 1870, modifiée en 1878, art. 242).

Les mandats de payement pour dépenses relatives aux chemins de grande communication et d'intérêt commun doivent être appuyés, suivant le cas, soit des pièces indiquées à l'article 239 de l'Instruction du 6 décembre 1870, modifiée en 1878, soit des pièces qui sont exigées par les règlements en vigueur. (V. l'art. 247 de ladite Instruction.)

Payement par le trésorier-payeur général des dépenses relatives aux chemins vicinaux de grande communication et d'intérêt commun.

132. Le trésorier-payeur général est chargé dans chaque département, non-seulement de recouvrer les divers produits afférents aux chemins vicinaux de grande communication et d'intérêt commun, mais encore de payer les dépenses relatives à ces chemins. (Instruction générale du 6 décembre 1870, modifiée en 1878, art. 248 à 256.)

CHAPITRE V.

Comptes des recettes et des dépenses de la voirie vicinale.

133. — Les comptes des recettes et des dépenses de la voirie vicinale sont présentés pour chaque exercice :

1° Par les agents du service vicinal ;

2° Par les ordonnateurs ;

3° Par les comptables chargés d'opérer le recouvrement des ressources et le payement des dépenses.

Section I. — Comptes des agents du service vicinal.

134. — A la clôture de l'exercice, l'agent voyer cantonal dresse pour les chemins vicinaux ordinaires des états faisant connaître, pour toutes les communes de sa circonscription :

1° Les ressources constatées ;

2° Les dépenses effectuées ;

3° Le degré d'avancement des chemins ;

4° Divers renseignements statistiques et la situation financière du réseau subventionné en vertu de la loi du 11 juillet 1868.

Ces états sont établis avec distinction entre les réseaux subventionné et non subventionné. Ils sont adressés, le 10 mai au plus tard, à l'agent voyer d'arrondissement, qui, après en avoir certifié l'exactitude, les transmet, le 25 mai, à l'agent voyer en chef. Ce dernier, après les avoir vérifiés, les fait parvenir au Préfet, pour être soumis au Conseil général. (Règlement, art. 93. — Instruction générale, art. 944.)

A la clôture de l'exercice, l'agent voyer d'arrondissement dresse pour les chemins ou parties des chemins vicinaux de grande communication et d'intérêt commun dont il est chargé, des états analogues à ceux qui sont dressés par l'agent voyer cantonal pour les chemins vicinaux ordinaires. Ces états, établis par ligne avec distinction entre les réseaux subventionné et non subventionné sont transmis, le 25 mai, à l'agent voyer en chef. (Réglement, art. 105. — Instruction générale, art. 206.)

L'agent voyer en chef dresse à la fin de l'exercice :

1° Une situation comparative des crédits ouverts et des dépenses faites pour les chemins de grande communication et d'intérêt commun, avec distinction des chapitres du budget départemental sur lesquels les dépenses ont été imputées ;

2° Un état des dépenses dont il rend personnellement compte ;

3° Pour les chemins de grande communication et d'intérêt commun, des états analogues à ceux dressés par l'agent voyer cantonal pour les chemins ordinaires. Ces états, établis avec distinction entre les réseaux subventionné et non subventionné, sont transmis au Préfet, qui les soumet, dans la session d'août, au Conseil générale conformément à la loi du 10 août 1871 (art. 66) ;

4° Des états présentant, pour les chemins du département, les recettes et les dépenses de l'exercice, ainsi que la situation de ces chemins à la fin de l'année. Ces derniers états sont adressés au Ministre de l'intérieur le 15 juillet. (Règlement, art. 109. — Instruction générale, art. 210.) Ils constituent l'un des principaux éléments d'un rapport que le Ministre adresse chaque année au chef de l'État sur la situation du service vicinal, et qui contient des renseignements statistiques du plus grand intérêt.

Section II. — Comptes des ordonnateurs.

135. Les maires doivent faire figurer dans les comptes d'administration qu'ils présentent aux Conseils municipaux sur toutes les recettes et dépenses communales effectuées dans l'exercice clos, les recettes et les dépenses de la vicinalité. Ces comptes sont soumis à l'approbation des Préfets pour les communes ayant moins de trois millions de revenus ordinaires, et à celle du Ministre de l'Intérieur pour les autres communes. (Loi du 18 juillet 1837, art. 60 ; décret du 25 mars 1852 sur la décentralisation, art. 1er, tableau A, n° 35 ; Loi du 24 juillet 1867, art. 15.)

Les ressources afférentes aux chemins vicinaux de grande communication et d'intérêt commun étant rattachées au budget départemental, les Préfets sont tenus d'indiquer, dans les comptes d'administration qu'ils présentent tous les ans aux Conseils généraux sur l'ensemble des recettes et des dépenses départementales de chaque exercice, les recettes et les dépenses concernant lesdits chemins. Ces comptes provisoirement arrêtés par les Conseils généraux, sont définitivement réglés par décret. (Loi du 10 août 1871, art. 58 (n° 9) et 66.) Les Préfets doivent, en outre, soumettre aux Conseils généraux, à la session d'août, le compte annuel de l'emploi des ressources municipales affectées aux chemins de grande communication et d'intérêt commun. (Loi du 10 août 1871, art. 66.)

Section III. — Comptes des receveurs municipaux et des trésoriers-payeurs généraux.

136. Le receveur municipal est tenu de présenter chaque annéeun compte de gestion comprenant toutes les recettes et les dépenses communales de l'année écoulée et des trois premiers mois de l'année courante. Ce compte, après avoir été soumis au Conseil municipal avec le compte d'administration du maire, est apuré par le Conseil de préfecture pour les communes dont le revenu n'excède pas 30,000 francs, et par la Cour des comptes pour les autres communes. (Loi du 18 juillet 1837, art. 66 ; décret du 27 janvier 1866.)

Bien que le compte de gestion dont il vient d'être parlé comprenne les diverses ressources et dépenses de la vicinalité, le receveur municipal est tenu de rendre chaque année un compte spécial pour les opérations relatives aux chemins vicinaux. Ce compte, dressé à la clôture de l'exercice, est transmis le 5 avril, au plus tard, au receveur des finances, qui, après l'avoir vérifié et certifié, le fait parvenir au Préfet le 15 avril pour tout délai. Chaque compte formé d'après les écritures doit présenter la situation du comptable d'après le compte précédent, la totalité des opérations faites par le receveur municipal pendant l'exercice, tant en recettes qu'en dépenses, et le résultat général des recettes et des payements à la clôture de l'exercice. Le receveur municipal transcrit littéralement sur son compte tous les articles de recettes et de dépenses ouverts par les budgets primitifs ou supplémentaires ou par des autorisations spéciales et qui sont relatifs aux chemins vicinaux. (Réglement, art. 133 à 135. — Instruction générale, art. 234 à 236.)

C'est à l'appui, non de ce compte spécial, mais du compte de gestion, que sont produites les pièces mentionnées au chapitre III du présent livre.

Comptes des trésoriers-payeurs généraux.

137. Dans la quinzaine qui suit l'époque fixée pour la

clôture de l'exercice départemental, au point de vue du payement des mandats, le trésorier-payeur général adresse au Préfet :

1° Un état indiquant le montant des crédits ouverts, des mandats délivrés et des mandats payés ou restant à payer ; ces renseignements sont donnés : *par ligne*, pour les chemins de grande communication, d'intérêt commun, et, s'il y a lieu, pour les chemins vicinaux ordinaires ; *cumulativement*, pour le traitement des agents voyers, ainsi que pour les dépenses d'intérêt collectif imputables sur les contingents communaux pour les trois catégories des chemins ;

2° Un état détaillé, en ce qui concerne le service vicinal des mandats impayés au moment de la clôture de l'exercice.

Le Préfet, après avoir vérifié ces deux états, les transmet au Ministre de l'intérieur dans le courant du mois de mai. (Instruction générale du 6 déeembre 1870, modifiée en 1878, art. 254.)

Le trésorier-payeur général est tenu de faire connaître au Préfet, chaque fois que ce dernier le juge convenable, le montant, pour chaque ligne vicinale, des titres délivrés, des recouvrement effectués, des dépenses soldées et des mandats restant à payer. (*Ibid.*, art. 255.)

Toutes les prescriptions relatives à la comptabilité des chemins vicinaux de grande communication et d'intérêt commun, contenues dans l'Instruction du 6 décembre 1870, modifiée en 1878, sont applicables aux chemins vicinaux ordinaires dont l'achèvement, suivant le mode adopté pour les chemins vicinaux d'intérêt commun, a été autorisé par une loi spéciale. Elles s'appliquent également aux ouvrages d'art dépendant des chemins vicinaux ordinaires, qui, intéressant plusieurs communes, peuvent bénéficier des dispositions de l'article 72 de la loi du 18 juillet 1837. (*Ibid.*, art. 256.)

LIVRE VIII

Police de la voirie vicinale.

But de cette police. — Division.

138. La police de la voirie vicinale a pour but, non-seulement d'assurer la conservation des chemins vicinaux, la liberté et la sécurité de l'usage auquel ils sont destinés, mais encore de rechercher, constater et poursuivre la répression des contraventions aux lois et règlements qui les régissent. Les prescriptions les plus importantes de cette police sont édictées ou mentionnées dans le règlement préfectoral sur les chemins vicinaux de chaque département et dans l'Instruction générale du Ministre de l'intérieur sur le service vicinal, en date du 6 décembre 1870, qui a été remaniée dans plusieurs de ses parties en 1878 (1).

CHAPITRE PREMIER.

Police de conservation des chemins vicinaux.

Mesures qu'elle comprend.

139. La police de conservation des chemins vicinaux tend surtout à prévenir les détériorations ou usurpations

---

(1) V. nos observations sur ces deux documents, livre I, p. 15. et suiv.

dont ils peuvent être l'objet. Les mesures qu'elle comprend concernent :

1° Les plans d'alignement ;

2° Les alignements individuels ;

3° Les travaux à exécuter aux murs ou autres constructions contiguës à la voie publique ;

4° Les plantations ;

5° Les fossés appartenant aux particuliers ;

6° Divers ouvrages joignant ou traversant les chemins vicinaux ;

7° L'écoulement naturel des eaux ;

8° Certaines prohibitions de faits qui auraient pour résultat, soit d'usurper les chemins ou leurs dépendances, soit de les détériorer.

Section *I*. — Plans d'alignement.

Utilité de ces plans. — Ils remplacent le bornage. — Autres effets qu'ils produisent.

140. Les plans d'alignement des chemins vicinaux indiquent d'une manière précise, au moyen de lignes et autres signes conventionnels, le sol sur lequel ces chemins sont établis et leurs limites. Ils servent ainsi à prévenir les empiétements en permettant à l'administration de connaître et de faire connaître avec certitude les points où commence la voie publique, lorsque les propriétaires riverains veulent élever des constructions ou établir des plantations sur la partie de leurs fonds touchant à cette voie. Ils facilitent, en outre, la répression des contraventions et notamment des usurpations, en indiquant, avec précision, aux agents chargés de les rechercher et de les constater, et aux Tribunaux appelés à les juger, l'assiette et les limites des chemins. A ce double point de vue, ils remplacent avec avantage et économie le bornage des chemins vicinaux. Le Ministre de l'Intérieur, dans sa circulaire du 24 juin 1836, avait conseillé cette dernière mesure. En 1854, il la considérait encore comme très-utile pour la conservation des chemins. Le modèle de règlement qu'il adressa alors aux Préfets et qui fut adopté dans tous les départements, sauf quelques changements, contenait de nombreuses dispositions sur le bornage des chemins vicinaux. Ces dispositions n'ont pas été reproduites dans le nouveau Règlement approuvé par le Ministre, l'expérience ayant fait connaître qu'il était difficile, sinon impossible, de borner les chemins de toutes les communes, et qu'une semblable opération, toujours fort coûteuse, ne pouvait avoir des résultats aussi utiles qu'on l'avait espéré. Le Ministre a pensé que des plans sur lesquels seraient tracés les chemins vicinaux, avec l'indication exacte et précise de leurs limites, plans dont les frais ne pouvaient être considérables, suffiraient pour prévenir les usurpations, en poursuivre et assurer la répression.

Les plans d'alignement, régulièrement approuvés, ont encore d'autres effets fort importants. Ainsi, lorsqu'en modifiant les limites d'un chemin vicinal, ils comprennent dans le tracé du chemin, pour l'élargir, une parcelle de terrain, cette parcelle, si elle n'est pas bâtie ni close de murs, est, en ce qui touche la propriété, immédiatement réunie à la voie publique, sauf règlement ultérieur de l'indemnité représentative de sa valeur; si elle est bâtie ou close de murs, elle se trouve frappée d'une servitude qui ne permet pas d'y exécuter des travaux de nature à consolider le mur de face contigu au chemin, et, quand les constructions sont démolies, soit volontairement, soit sur l'injonction de l'Administration pour cause de péril, la propriété du sol est réunie à celle du chemin. La prise de possession du terrain peut, dans ce cas, comme dans le précédent, avoir lieu avant le règlement et le payement de l'indemnité. (C. de cassation, arr. 7 juin 1838, ch. crim., Barghéon; 10 juillet 1854, ch. civ, Laburthe.) Dans la première hypothèse, à défaut d'arrangement amiable, l'indemnité est réglée par le juge de paix sur le rapport d'experts. (Loi du 21 mai 1836, art. 15.) Dans la seconde, si les parties ne se mettent pas d'accord, le règlement de l'indemnité est opéré par le jury, conformément à l'article 16 de la même loi. La servitude qui frappe les terrains bâtis ou clos de murs n'empêche pas de recourir, si on le juge opportun, à l'expropriation pour les incorporer au chemin avant le moment où le propriétaire consentirait à démolir les constructions ou y serait obligé pour cause de péril. On voit que, grâce à cette servitude, il existe deux moyens d'élargir un chemin, par la réunion de terrains bâtis ou clos de murs qu'un plan d'alignement comprend dans ses limites : si les besoins de la circulation exigent que l'élargissement soit réalisé immédiatement, il peut être procédé à l'expropriation conformément à la loi du 3 mai 1841, combinée avec celles des 21 mai 1836 et 8 juin 1864; si, au contraire, l'élargissement de la voie publique n'est pas urgent, l'Administration peut attendre que la démolition des constructions ait lieu, soit par l'effet de la volonté des propriétaires, soit par suite de péril ou de danger pour la sécurité publique. Dans ce dernier cas, aux termes de l'article 50 de la loi du 16 septembre 1807, l'indemnité due aux propriétaires se compose seulement de la valeur des terrains qu'ils sont contraints d'abandonner au chemin, tandis que, dans le premier, elle doit comprendre, en outre, la valeur des constructions.

Nous devons encore signaler deux effets que peut produire le plan d'alignement d'un chemin vicinal. Lorsqu'il laisse en dehors du tracé une parcelle de la voie publique, le propriétaire riverain a un droit de préemption sur cette parcelle d'après l'article 19 de la loi du 21 mai 1836 ; en principe il est libre de ne pas l'acquérir ; mais si le chemin est une rue, il pourrait être contraint de faire l'acquisition de ladite parcelle ou d'y laisser réunir son propre fonds par voie d'expropriation. (Loi du 16 septembre 1807, art. 53.)

Les plans d'alignement des chemins vicinaux ne sauraient, d'ailleurs, produire les divers effets dont ils sont susceptibles qu'après avoir été approuvés ou homologués par l'autorité compétente. Cette autorité, qui était le Préfet, sous l'empire de la loi du 21 mai 1836, avant les modifications récentes apportées à la législation sur la voirie vicinale, est aujourd'hui le Conseil général pour les chemins vicinaux de grande communication ou d'intérêt commun, et la Commission départementale pour les chemins ordinaires. (Loi du 10 août 1871, art. 44 et 86.) Préalablement à l'homologation indispensable pour les rendre exécutoires, les plans sont l'objet d'une enquête dans les formes déterminées par l'ordonnance du 18 février 1834, pour les chemins de grande communication ou d'intérêt commun, et dans celles prescrites par l'ordonnance du 23 août 1835, pour les chemins ordinaires.

Ils sont ensuite communiqués aux Conseils municipaux des communes intéressées ; puis soumis, avec le rapport de l'agent-voyer en chef, les observations du Préfet et les documents à l'appui, à l'approbation du Conseil général ou de la Commission départementale, selon les cas. (V. le Règlement général, art. 177, et l'Instruction générale, art. 278.) Nous ajouterons que même lorsqu'il s'agit de chemins de grande communication ou d'intérêt commun, si les plans concernent uniquement les rues servant d'assiette aux chemins, l'enquête qui précède l'homologation peut avoir lieu, d'après l'esprit sinon le texte de la loi, conformément aux dispositions de l'ordonnance du 23 août 1835, dans les seules communes traversées, c'est-à-dire où sont situées les rues, ces communes étant presque exclusivement intéressées à la mesure.

Enfin toute décision qui homologue un plan d'alignement ou les changements qu'il a reçus, n'est obligatoire pour les personnes intéressées qu'autant qu'elle a été portée à leur connaisances, soit par une publication dans les formes ordinaires, soit par notification individuelle ou un acte équivalent. (C. d'État, arr. 23 juillet 1875, com. de Beaulieu. — Cass., ch. crim., 10 février 1842, minis. pub. c. Chanterelle ; 5 juillet 1845, X... ; ch. civ., 4 août 1845, Labarthe. — Circ. du Minis. de l'int., 19 décembre 1846.) Lorsque la décision est publiée ou notifiée, il convient d'avertir les intéressés qu'un exemplaire du plan restera déposé à la mairie, où chacun sera admis à le consulter.

Pouvoirs des Conseils municipaux en ce qui concerne les plans d'alignement des chemins vicinaux.

Les plans d'alignement des chemins vicinaux peuvent-ils être homologués, c'est-à-dire rendus exécutoires, sans l'assentiment des Conseils municipaux ?

La question doit être résolue affirmativement en ce qui concerne les plans des chemins vicinaux de grande communication ou d'intérêt commun. En effet, il ne peut appartenir à un ou plusieurs Conseils municipaux d'empêcher, lorsqu'elle est jugée opportune par l'autorité compétente, la réalisation d'une mesure qui a le caractère d'utilité générale. (V. l'avis déjà cité de la section de l'intérieur du C. d'État en date du 29 juillet 1870.)

Quand il s'agit, au contraire, de plans de chemins vicinaux ordinaires, la mesure est d'intérêt purement local. Elle pourrait être considérée comme rentrant dans la catégorie des dépenses à l'égard desquelles l'initiative appartient aux Conseils municipaux, d'après l'article 19 de la loi du 18 juillet 1837. Toute fois le Conseil d'État a décidé récemment que la Commission départementale n'excéderait pas la limite de ses pouvoirs en homologuant le plan d'un chemin ordinaire, malgré l'opposition du Conseil municipal de la commune à laquelle le chemin appartiendrait. (C. d'État, arr. 8 janvier 1877, com. de Pleurtuit.) Nous renvoyons, à cet égard, à nos observations concernant l'ouverture, l'élargissement ou le redressement des chemins vicinaux ordinaires.

Les décisions du Conseil général et de la Commission départementale, relatives aux plans d'alignement des chemins vicinaux, sont susceptibles des recours qui peuvent être formés en matière de classement, d'élargissement ou de redressement de ces chemins, recours dont nous avons fait connaître les règles.

Section II. — Alignement individuel.

Cas où il est indispensable.

141. Nul ne peut construire ou reconstruire soit un bâtiment, soit un mur ou une clôture quelconque à la limite d'un chemin vicinal, sans avoir demandé à l'autorité compétente et obtenu d'elle l'indication de cette limite. (Règlement, art. 172 (nᵒ 6) et 178. — Instruction générale, art. 273 et 279.)

But de cet alignement.

L'indication dont il s'agit a pour but de prévenir l'usurpation de la voie publique. Elle est désignée sous le nom d'*alignement individuel.*

Formes dans lesquelles l'alignement individuel doit être demandé et accordé.

Toute demande d'alignement individuel doit être présentée sur papier timbré. (Loi du 13 brumaire an VII, art. 12. — Règlement, art. 172. — Instruction générale, art. 273.)

De nombreux arrêts ont décidé que les autorisations en matière de voirie et, par suite, les alignements individuels doivent, à peine de nullité, être délivrés par écrit. (C. d'État, arr. 23 février 1839, Lasnier-Lemaître. — Cour de cassation, Ch. crim., arr. 20 octobre 1835, Ministère public c. Roland-Viaud ; 4 août 1837, Gayette ; 21 juillet 1838, Luces ; 12 août 1841, Audouard ; 14 septembre 1850, Langlois ; 5 juillet 1860, Testreau (A).

(A) L'expédition des arrêtés d'alignement et des permissions de voirie doit être délivrée sur papier timbré. (Loi du 13 brumaire an VII art. 12. — Loi du 15 mai 1818, art. 80. — Instruction du

C'est au Maire qu'il appartient de donner l'alignement individuel le long des chemins vicinaux ordinaires, sur l'avis d'un agent voyer. Il est tenu de le délivrer sous forme d'arrêté, l'alignement verbal n'ayant aucune valeur, comme nous venons de le voir. (Règlement, art. 123 et 174. — Instruction générale, art. 275.)

En ce qui concerne les chemins vicinaux de grande communication ou d'intérêt commun, l'alignement individuel est délivré par le Préfet, sur le rapport des agents voyers, ou par le Sous-Préfet, sur le rapport des mêmes agents. Le Sous-Préfet n'a ce pouvoir que s'il existe un plan d'alignement. (Loi du 4 mai 1864, art. 2. — Règlement, art. 175. — Instruction générale, art. 276.)

Lorsqu'une maison se trouve à l'angle formé par un chemin vicinal ordinaire et soit une route nationale ou départementale, soit un chemin vicinal de grande communication ou d'intérêt commun, l'alignement individuel doit être délivré, pour chacune des façades, par un fonctionnaire différent, c'est-à-dire par le Maire pour la façade contiguë au chemin vicinal ordinaire, et par le Préfet ou le Sous-Préfet pour la façade attenante soit à la route, soit au chemin de grande communication ou d'intérêt commun.

Quand la route, le chemin de grande communication ou d'intérêt commun n'absorbe pas toute la largeur de la

------

directeur général de l'Enregistrement du 6 mars 1875. Circul. du Minis. de l'int. du 22 septembre 1875.)

rue ou de la place lui servant d'assiette, c'est le maire
qui est compétent pour donner l'alignement demandé
relativement aux constructions ou clôtures à établir le
long de la voie publique sur des fonds ne touchant pas à
la route ou au chemin. (C. d'État, arr. 23 août 1836,
ville de Mortagne ; 16 décembre 1852, commune de Dar-
nay ; 19 février 1857, ville de Mauléon ; 28 novembre 1861, commune de Void.) Toutefois, lorsque le plan
d'alignement d'une rue formant traverse soit d'une route,
soit d'un chemin vicinal de grande ou de moyenne communication, impose à certains propriétaires riverains
l'obligation de reculer les constructions qu'ils élèveront
à l'avenir, à d'autres celle de les avancer, et laisse ainsi
en dehors du tracé de la route ou du chemin des parcelles d'une étendue peu considérable dont la largeur
ne dépasse pas notamment 1^{m}10 cent., ces parcelles
restent dans le domaine de la grande voirie ou de la
voirie vicinale. Par suite, c'est au Préfet ou au sous-
préfet qu'il appartient de délivrer l'alignement aux propriétaires qui veulent construire le long de la route ou du
chemin en s'avançant sur lesdites parcelles. (C. d'État,
arr. 27 mars 1862, ville de Mortagne.)

Comment l'alignement individuel doit-il être délivré par rapport aux limites du chemin ?

Il doit être délivré conformément aux limites actuelles
de la voie publique, en l'absence d'un plan d'alignement
régulièrement approuvé ; dans le cas contraire, suivant
les limites fixées par le plan.

Il était admis, jusqu'à ces derniers temps, que les
fonctionnaires compétents pour délivrer les alignements
individuels et notamment les maires, pouvaient, en
l'absence d'un plan régulièrement approuvé, donner des

alignements entraînant l'élargissement ou le redressement de la voie publique. (C. d'État, avis des comités
réunis de législation et de l'intérieur du 3 avril 1824.)
Le conseil d'État délibérant au contentieux et la Cour
de cassation avaient adopté cette jurisprudence ; mais ils
l'ont complètement modifiée par des décisions récentes,
en se fondant sur des considérations tirées des principes
qui régissent la propriété. (C. d'État, arr. 5 avril 1862,
Lebrun ; 10 février 1865, Sanmartin ; 31 mars 1865,
Poncelet ; 5 mai 1865, Gibaud ; 23 mars 1867, Valle-
ran ; 21 mai 1867, Cardeau ; 7 janvier 1869, commune
de Bourg-le-Roi. — Cour de cass., Ch. crim., arr. 11 décembre 1869, Michaut ; Ch. civ. 14 mars 1870, commune
de Vaudrey C. Fraichard.) D'après ces décisions, à défaut
de plan d'alignement, les propriétaires riverains ne sont
pas moins tenus de demander l'alignement pour construire
le long des routes, rues, places, chemins vicinaux ; mais
les Préfets ou les maires ne peuvent délivrer cet alignement de manière à procurer l'élargissement ou le redressement de la voie publique : l'alignement doit être donné
suivant les limites actuelles de cette voie, et l'Administration ne saurait être fondée à refuser un pareil alignement. Quand, au contraire, il existe un plan régulièrement approuvé, l'alignement individuel doit être délivré
conformément à ce plan. Toutefois, lorsque, en l'absence
d'un plan, les nouvelles limites d'un chemin vicinal ont
été fixées d'une manière précise au moyen soit de
bornes, soit d'autres points de repère, par l'autorité
compétente, pour modifier le tracé du chemin, c'est suivant les nouvelles limites et non les anciennes que doit
être délivré l'alignement individuel. (C. d'État, arr.
23 mars 1870, Fournier ; 27 avril 1870, Benoît-
Giroud.)

Les recours contre les décisions du Maire ou du Sous-Préfet, en matière d'alignements individuels concernant les chemins vicinaux, doivent être portés devant le Préfet et subsidiairement devant le Ministre de l'intérieur. Lorsqu'ils sont formés pour cause d'excès de pouvoirs, ils peuvent être portés, en outre, devant le Conseil d'État, *omissis mediis*, c'est-à-dire directement.

C'est également au Ministre de l'intérieur que doivent être déférées les décisions des Préfets, sauf pourvoi au Conseil d'État, comme il vient d'être expliqué.

Section III. — Travaux aux murs ou autres constructions bordant les chemins vicinaux.

Autorisation nécessaire. — Formalité préalable. — Compétence.

142. Nous avons vu que nul ne peut élever une construction ou établir une clôture le long des chemins vicinaux, sans avoir demandé et obtenu l'alignement. De même, nul ne peut réparer un bâtiment, mur ou clôture à la limite de ces chemins, sans y être préalablement autorisé. Les demandes d'autorisation, comme celles d'alignement, doivent être présentées sur papier timbré. Il est statué, sous forme d'arrêté, par les maires, après avis d'un agent voyer, en ce qui concerne les chemins vicinaux ordinaires, et par le Préfet sur le rapport d'un agent voyer, en ce qui touche les chemins de grande communication ou d'intérêt commun. Dans le second cas, le Sous-Préfet est compétent lorsqu'il existe un plan d'alignement régulièrement approuvé. (Règlement, art. 172, 173, 174 et 175. — Instruction générale, art. 273, 274, 275 et 276

Tout ce qui concerne le mode d'ouverture des portes et les saillies sur les chemins vicinaux est déterminé par un règlement spécial arrêté par le Préfet. A défaut de ce règlement, il y est pourvu, dans chaque cas particulier, par le maire s'il s'agit d'un chemin vicinal ordinaire, et par le Préfet s'il s'agit d'un chemin de grande communication ou d'intérêt commun. (Règlement, art. 179. — Instruction générale, art. 280.)

Les travaux à faire à des constructions en saillie sur les limites d'un chemin, fixées par un plan d'alignement régulièrement approuvé, ne doivent être autorisés qu'autant qu'ils ne sont pas de nature à consolider le mur de face. (Ibid., art. 180 et 281.)

Nous avons déjà expliqué que les bâtiments ou constructions en saillie sur les alignements d'un plan régulièrement homologué, se trouvent grevés d'une servitude ne permettant pas d'exécuter des travaux qui auraient pour effet de donner plus de solidité au mur de face. Des doutes se sont élevés sur le point de savoir si une pareille servitude pouvait exister en faveur des chemins vicinaux. La question a été résolue affirmativement par le conseil d'État dans un avis du 16 juillet 1845. (Voir le *Bulletin officiel* du ministère de l'intérieur, année 1845, p. 200.)

Les voies de recours ouvertes contre les décisions des Préfets, sous-préfets et maires, en matière d'alignements individuels, le sont également en ce qui touche les travaux aux murs ou autres constructions bordant les chemins vicinaux.

Section IV. — Plantations.

Autorisation nécessaire. — Compétence.

143. Les propriétaires riverains qui veulent planter des arbres, des bois taillis ou des haies le long d'une voie vicinale, doivent préalablement en demander l'autorisation au Préfet ou au sous-préfet, si la voie est un chemin de grande communication ou d'intérêt commun, et au maire si elle appartient à la petite vicinalité. Ce que nous avons dit relativement à la forme des demandes d'alignement et des décisions qui statuent sur les demandes s'applique aux plantations dont nous nous occupons. (Règlement, art. 173, 174 et 175. — Instruction générale, art. 274, 275 et 276.)

Cas où les propriétaires riverains ne sont pas tenus de demander l'autorisation.

Aucune autorisation ne serait nécessaire si les arbres, bois taillis ou haies devaient être plantés à une distance considérable de la limite des chemins, par exemple à trois mètres, une pareille distance empêchant les plantations de nuire aux chemins.

Distance à observer entre les plantations et la limite des chemins.

Les dispositions prohibitives de l'article 671 du Code civil déterminant la plus petite distance qui doit exister entre les arbres ou les haies et la ligne séparative de deux héritages voisins, ne s'appliquent pas aux plantations faites sur les fonds riverains des chemins publics, et par suite des chemins vicinaux. (C. d'État, arr. 16 février 1826, Quesnay.)

Mais les Préfets tiennent de l'article 21 de la loi du 21 mai 1836 le pouvoir de fixer le minimum de distance à observer entre la limite des chemins vicinaux et les plantations à établir sur les terrains contigus à ces chemins. (C. d'État, avis du 9 mai 1838.) Ce minimum a été déterminé dans le Règlement du service vicinal de chaque département (art. 184). Les dispositions qui le concernent ne sauraient d'ailleurs avoir d'effet rétroactif. (Code civil, art. 2.)

Dès lors, les plantations effectuées antérieurement au

réglement actuel peuvent être conservées à une distance moindre que celle qu'il prescrit. Mais il n'en saurait être ainsi que dans le cas où les plantations n'ont pas été faites contrairement, soit à un ancien règlement soit aux usages locaux. Les propriétaires n'auraient pas le droit de conserver celles opérées en contravention à un règlement ou à des usages en vigueur au moment où elles ont été effectuées. Ils seraient obligés d'en opérer la destruction si l'intérêt de la vicinalité l'exigeait. (Circulaire du Ministre de l'intérieur du 10 octobre 1839.) Dans tous les cas, les plantations antérieures au Règlement actuel ne peuvent être renouvelées qu'à la condition d'observer le *minimum* de distance fixé par ce règlement. (Règlement, art. 185.)

Défense de planter sur le sol des chemins vicinaux. — Anciennes plantations faites sur les chemins.

Avant la loi du 21 mai 1836, on admettait généralement que les riverains avaient, d'après la loi du 9 ventôse an XIII (art. 7), le droit de planter des arbres sur le sol des chemins vicinaux et de renouveler les plantations anciennes, dont le décret du 28 août 1792 (art. 14) leur avait attribué la propriété ; mais les Préfets pouvaient supprimer cette faculté. Or, c'est ce qu'ils ont fait formellement dans l'ancien Règlement (art. 303) et implicitement dans le nouveau (art. 184 et 186). Toutefois, les plantations faites sur le sol des chemins antérieurement à la loi du 21 mai 1826 peuvent être conservées, mais non renouvelées. Si elles étaient nuisibles à la viabilité, le Préfet pourrait en ordonner la suppression sur les chemins de grande communication ou d'intérêt commun, et le maire sur les autres chemins, sauf indemnité. (Règlement, art. 186 et 187. — Instruction générale, art. 287 et 288.)

Plantations à l'égard desquelles les propriétaires riverains peuvent invoquer la prescription.

Ce que nous venons de dire des plantations antérieures à la loi du 21 mai 1836 s'applique aux plantations postérieures, à l'égard desquelles la prescription acquisitive peut être invoquée par le propriétaire riverain. (Cour de cass., arr. 18 mai 1858, Duclerfays ; 24 décembre 1861, commune de Lonzac c. Jousseaume.)

Difficultés relatives à la propriété des arbres plantés sur les chemins vicinaux. — Compétence.

Nous ajouterons que les difficultés portant sur le point de savoir si les arbres plantés sur le sol d'un chemin vicinal appartiennent à la commune ou au propriétaire riverain sont de la compétence des tribunaux judiciaires. (C. d'État, arr. 28 juillet 1820, commune de Dugay ; 16 mars 1828, Gacon ; 15 septembre 1831, Dys) (1).

Plantations faites par les communes sur les chemins vicinaux.

Les communes elles-mêmes ne peuvent faire de plantations sur les chemins vicinaux sans y être autorisées par le Préfet. Les conditions auxquelles ces plantations ont lieu, l'espacement des arbres entre eux et la distance à observer entre les plantations et les propriétés riveraines sont déterminés dans l'arrêté d'autorisation. Règlement, art. 188. — Instruction générale, art. 289.)

Hauteur des haies.

Le maximum de hauteur des haies est fixé par le Règlement. Il ne peut être dépassé sans une autorisation spéciale. (Règlement, art. 190. — Instruction générale, art. 291.)

---

(1) Les arbres existant sur les chemins vicinaux appartiennent en principe aux communes propriétaires des chemins et non au département, même lorsque les chemins sont d'intérêt commun ou de grande communication et que le département a contribué aux frais d'établissement des chemins et de plantation des arbres. (C. d'État, avis du 6 août 1873; V. le *Bulletin officiel du Ministère de l'intérieur*, année 1873, p. 495.)

Élagage des arbres, branches, etc.

Les arbres, les branches, les haies et les racines qui avancent sur le sol des chemins vicinaux doivent être coupés à l'aplomb des limites de ces chemins à la diligence des propriétaires ou fermiers. (*Ibid.*, art. 192 et 293.)

La négligence ou le refus de se conformer à cette prescription constituerait une contravention de la part des propriétaires ou fermiers, qui pourraient être poursuivis devant le Tribunal de simple police et condamnés, non-seulement à l'amende par application de l'article 471 (n°° 5 et 15) du Code pénal; mais encore à effectuer, dans un délai déterminé, l'émondage ou l'élagage, sous peine d'y voir procéder d'office à leurs frais, à l'expiration de ce délai. (Code d'instruction criminelle, art. 161.)

Voies de recours contre les décisions des Préfets, sous-préfets et maires.

Nos observations sur les voies de recours contre les décisions des Préfets et maires en matière d'alignements individuels s'appliquent aux recours qui peuvent être formés contre les décisions des mêmes fonctionnaires, relativement aux plantations faites le long des chemins vicinaux ou sur le sol de ces chemins.

Section V. — Fossés appartenant à des particuliers.

144. Les propriétaires riverains ne peuvent ouvrir de fossés, sur leurs fonds, le long d'un chemin vicinal, sans y être préalablement autorisés. Cette autorisation est accordée dans les mêmes formes, avec les mêmes voies de recours, que l'alignement individuel, et par le fonctionnaire auquel il appartient de délivrer ledit alignement pour les constructions à élever en bordure du chemin dont il s'agit. Le règlement du service vicinal de chaque département fixe la distance à observer entre les fossés et les limites du chemin. Les fossés doivent toujours avoir un talus d'un mètre de base, au moins, pour un mètre de hauteur. (Règlement, art. 172, 173, 174, 175, 194. — Instruction générale, art. 273, 274, 275, 276, 295.)

Tout propriétaire qui a fait ouvrir des fossés sur son terrain le long d'un chemin vicinal est tenu de l'entretenir de manière à empêcher que les eaux ne nuisent à la viabilité du chemin. (*Ibid.*, art. 195 et 296.)

Section VI. — Ouvrages divers joignant ou traversant les chemins vicinaux.

145. Les propriétaires riverains ou autres personnes ne peuvent, sans une autorisation préalable, faire, soit à la surface ou dans le sol d'un chemin vicinal, soit sur les fossés qui en dépendent, des passages temporaires ou permanents, des tranchées, des aqueducs, ponceaux, barrages ou écluses. (Règlement, art. 172. — Instruction, 273.)

L'autorisation est accordée, refusée ou retirée par les mêmes fonctionnaires, dans les mêmes formes et avec les mêmes voies de recours que l'alignement individuel le long du chemin dont il s'agit.

Elle prescrit les mesures nécessaires pour empêcher que les ouvrages ne nuisent au bon état de viabilité du chemin, à la liberté et à la sécurité de la circulation. Elle est toujours accordée formellement ou implicitement, sous la réserve du droit des tiers. Elle doit imposer au permissionnaire l'obligation d'entretenir les ouvrages, et porter qu'elle est révocable, non-seulement si les conditions imposées ne sont pas remplies, mais encore si la nécessité de la révocation est reconnue dans un but d'utilité publique. (Règlement, art. 176, 197, 198, 199, 200. — Instruction générale, art. 277, 298, 299, 300, 301 (1).

Nous ferons remarquer que l'autorisation ou permission d'établir les ouvrages mentionnés dans cette section diffère essentiellement de l'alignement individuel et de l'autorisation de construire le long de la voie publique, d'exécuter certains travaux à des murs ou bâtiments contigus à cette voie, mais non en saillie, d'établir des plantations, des haies ou des clôtures en bordure des rues, chemins ou places. En effet, dans ces derniers cas, l'alignement et l'autorisation doivent être demandés, mais l'Administration ne peut les refuser, parce que l'usage en vue duquel ils sont sollicités est conforme à la destination de la voie publique; tandis qu'il appartient toujours aux fonctionnaires compétents de ne pas accorder la per-

---

(1) Lorsque des chemins vicinaux sont traversés par une voie ferrée, il appartient au Ministre des travaux publics d'autoriser la Compagnie concessionnaire à établir, dans l'intérêt de la voie, soit des passages à niveau, des ponts ou viaducs sur les chemins, soit des tunnels au-dessous. (V. livre IV, chap. II, 41 *bis*.)

Quand une voie ferrée à traction de chevaux, désignée sous le nom de chemin de fer américain ou tramway, doit être établie sur les accotements ou les autres dépendances d'un chemin vicinal, il y a à faire une distinction. Si la voie est destinée exclusivement à l'exploitation d'un établissement agricole, industriel ou commercial, l'autorisation de l'établir rentre dans la catégorie des simples permissions de voirie régies par les règles que nous expliquons dans la présente section. Si, au contraire, le tramway doit avoir un caractère public, c'est-à-dire doit être affecté au transport des voyageurs et des marchandises, à titre onéreux, il ne peut être construit et livré à la circulation qu'en vertu d'un décret rendu après avis du conseil d'État. Ce décret accorde l'autorisation nécessaire et homologue le tarif des prix de transport.

mission d'établir les ouvrages dont il est question, l'usage pour lequel elle est demandée étant étranger à la destination des chemins vicinaux. Cette permission est essentiellement précaire et révocable sans indemnité. Elle ne doit pas, sans doute, être refusée ou retirée par caprice. Mais l'intérêt de la voirie, ou tout autre intérêt général, nous paraît suffire pour justifier la décision portant refus ou retrait d'une pareille permission ou autorisation. Toutefois, le conseil d'État a décidé que, dans le cas où le maire avait autorisé l'établissement d'un aqueduc, sous un chemin vicinal ordinaire, en se réservant seulement la faculté de le faire supprimer s'il était mal entretenu, ou s'il devenait nuisible à la viabilité du chemin, il ne pouvait en ordonner la suppression par le seul motif que le maintien de l'ouvrage dont il s'agit aurait pour résultat de priver la commune des eaux d'une source voisine qui lui étaient indispensables. (Arr. 21 mars 1873, Compagnie du Ragas contre commune du Revest.) Il est donc sage d'insérer dans toute permission concernant un ouvrage de la nature de ceux dont nous venons de parler, une clause qui énonce, d'une manière formelle, que la permission pourra être retirée sans indemnité, quand l'intérêt de la voirie l'exigera et même, lorsqu'un autre intérêt public, quel qu'il soit, rendra la mesure utile ou nécessaire.

Section VII. — Écoulement naturel des eaux.

146. Les propriétés riveraines situées en contre-bas des chemins vicinaux sont assujetties, aux termes de l'article 640 du Code civil, à recevoir les eaux qui découlent naturellement de ces chemins.

Les propriétaires ne peuvent faire aucune œuvre qui tende à empêcher le libre écoulement des eaux qu'ils sont tenus de recevoir, et à les faire séjourner dans les fossés ou refluer sur le sol des chemins. (Règlement, art. 204. Instruction générale, art. 305.)

Section VIII. — Prohibitions de faits qui auraient pour résultat, soit d'usurper le sol des chemins ou de leurs dépendances, soit de le détériorer.

147. Il est défendu, d'une manière absolue, dans l'intérêt de la conservation des chemins vicinaux :

1° De faire aucune usurpation sur les chemins ou leurs dépendances ;

2° De les labourer ou cultiver, de les parcourir avec des instruments aratoires sans avoir pris les précautions nécessaires pour éviter toute détérioration, de les dépaver, d'enlever les pierres, les fers, bois et autres matériaux destinés aux travaux de la voirie vicinale ou déjà mis en œuvre;

3° De mutiler les arbres plantés sur les chemins, de dégrader les bornes, poteaux et tableaux indicateurs, parapets des ponts et autres ouvrages appartenant aux voies vicinales ;

4° De détériorer les berges des chemins, les talus, fossés ou les marques indicatives de leur largeur ; de faire ou laisser paître aucune espèce d'animaux sur le sol des chemins.(Règlement, art. 201.—Instruction générale, art. 302.)

Barrières de dégel.

148. Les Préfets, dans chaque département, déterminent les chemins de grande communication sur lesquels des barrières peuvent être établies pour restreindre la circulation pendant le dégel.

Ils prennent, sur l'avis des ingénieurs des ponts et

chaussées ou des agents voyers, les mesures que la fermeture ou l'ouverture des barrières rendent nécessaires.

Peuvent seuls circuler pendant la fermeture des barrières de dégel :

1° Les courriers de la malle ;

2° Les voitures de voyage suspendues, étrangères à toute entreprise publique de messageries ;

3° Les voitures non chargées ;

4° Les voitures chargées, montées sur roues à jantes, d'au moins 11 centimètres de largeur et dont l'attelage n'excède pas le nombre de chevaux fixé par le Préfet, à raison du climat, du mode de construction et de l'état des chaussées, de la nature du sol, du nombre des roues de la voiture et des autres circonstances locales.

Toute voiture prise en contravention aux dispositions qui viennent d'être indiquées est arrêtée, et les chevaux sont mis en fourrière dans l'auberge la plus rapprochée ; le tout sans préjudice de l'amende stipulée à l'article 4, titre II de la loi du 30 mai 1851 et des frais de réparation mentionnés dans l'article 9 de cette loi.

Les Préfets doivent rendre compte immédiatement au Ministre de l'intérieur des mesures qu'ils prennent en cette matière. (Loi du 30 mai 1851, art. 2. — Décret du 29 août 1863.)

Ponts suspendus.

149. Pendant la traversée des ponts suspendus établis sur les chemins vicinaux de grande communication, les chevaux doivent être mis au pas ; les voituriers ou rouliers doivent tenir les guides ou le cordeau ; les conducteurs ou postillons rester sur leurs siéges.

Défense est faite aux rouliers et autres voituriers de

dételer aucun de leurs chevaux pour le passage du pont.

Toute voiture attelée de plus de cinq chevaux ne doit pas s'engager sur le tablier d'une travée, quand il y a déjà sur cette travée une voiture d'une attelage supérieur à ce nombre de chevaux.

Pour les ponts suspendus qui n'offrent pass toutes les garanties nécesssaires, pour le passage des voitures lourdement chargées, il peut être adopté par le Ministre de l'intérieur telles autres dispositions qui sont jugées nécessaires.

Dans les circonstances urgentes, les Préfets et les maires peuvent prendre telles mesures que leur paraît commander la sûreté publique, sauf à en rendre compte à l'autorité supérieure.

Les mesures prescrites pour la protection des ponts suspendus sont, dans tous les cas, placardées à l'entrée et à la sortie de ces ponts. (Loi du 30 mai 1851, art. 2.— Décret du 10 août 1852, art. 8.)

150. Il est en outre interdit, dans le but de prévenir la détérioration de la voie publique, de circuler sur les chemins de grande communication avec des voitures dont les roues auraient des bandes attachées avec des clous à tête de diamant.

Tout clou de bande doit être rivé à plat et ne peut, lorsqu'il est posé à neuf, former une saillie de plus de cinq millimètres. (Loi du 30 mai 1851, art. 2. —Décret du 10 août 1852.)

Mesures de conservation applicables aux routes et aux chemins vicinaux de grande communication, pouvant être édictées dans l'intérêt des autres chemins vicinaux.

151. Les diverses dispositions que nous venons de

mentionner sont édictées dans l'intérêt exclusif des routes nationales, des routes départementales , des chemins vicinaux de grande communication et des ponts qui en dépendent. Mais les Préfets peuvent prendre, en vertu de l'article 21 de la loi du 21 mai 1836, de semblables mesures en faveur des chemins vicinaux d'intérêt commun et des chemins vicinaux ordinaires. Les règlements spéciaux qu'ils font à cet effet doivent être communiqués au Conseil général et soumis à l'approbation du Ministre de l'intérieur.

CHAPITRE II.

Police ayant pour objet la liberté et la sécurité de la circulation sur les chemins vicinaux.

Liberté et sécurité de la circulation sur les chemins vicinaux. — Mesures relatives aux voitures et aux attelages circulant sur les chemins de grande communication.

152. Aux termes de l'article 2 de la loi du 30 mai 1851, des règlements d'administration publique déterminent, dans l'intérêt de la liberté et de la sécurité de la circulation sur les routes nationales ou départementales, et les chemins vicinaux de grande communication :

§ 1er. Pour toutes les voitures :

1° La forme des moyeux, le maximum de la longueur des essieux et le maximum de leur saillie au delà des moyeux ;

2° Les conditions à observer pour l'emplacement et les dimensions de la plaque dont les voitures doivent être munies ;

3° Le maximum du nombre des chevaux de l'attelage

que peut comporter la police ou la libre circulation.

§ 2. Pour les voitures ne servant pas au transport des personnes :

1° La largeur de chargement ;

2° La saillie des colliers des chevaux ;

3° Le mode d'enrayage ;

4° Le nombre des voitures qui peuvent être réunies en un même convoi, l'intervalle qui doit rester libre d'un convoi à un autre, et le nombre de conducteurs exigé pour la conduite de chaque convoi ;

5° Les autres mesures de police à observer par les conducteurs, en ce qui concerne le stationnement sur la voie publique et les règles à suivre pour éviter ou dépasser d'autres voitures.

§ 3. Pour les voitures de messageries :

1° Les conditions relatives à la solidité et à la stabilité des voitures ;

2° Le mode de chargement, de conduite et d'enrayage des voitures ;

3° Le nombre des personnes qu'elles peuvent porter ;

4° La police des relais ;

5° Les autres mesures de police à observer par les conducteurs, cochers ou postillons, notamment pour éviter ou dépasser d'autres voitures.

Les voitures de l'agriculture, servant au transport des récoltes de la ferme aux champs et des champs à la ferme ou au marché, sont affranchies de toute réglementation sur le premier des objets énumérés au paragraphe 2.

Toute voiture circulant sur les routes nationales, les routes départementales et les chemins vicinaux de grande communication doit être munie d'une plaque conforme au modèle prescrit par le règlement d'administration publique.

Sont exceptés de l'obligation d'être munies d'une plaque :

1° Les voitures particulières destinées au transport des personnes, mais étrangères à un service public de messageries ;

2° Les malles-postes et autres voitures appartenant à l'administration des postes ;

3° Les voitures d'artillerie, chariots et fourgons appartenant au département de la guerre ou de la marine

4° Les voitures employées à la culture des terres, au transport des récoltes, à l'exploitation des fermes, qui se rendent de la ferme aux champs et des champs à la ferme, ou qui servent au transport des objets récoltés du lieu où ils ont été recueillis jusqu'à celui où, pour les conserver ou les manipuler, le cultivateur les dépose ou les rassemble. (Loi du 30 mai 1851, art. 3.)

Les voitures de l'agriculture qui transportent les récoltes au marché ne sont pas comprises dans cette dernière exception. Elles doivent, dès lors, être munies d'une plaque.

Des décisions du Président de la République déterminent les marques distinctives que doivent porter les voitures de l'administration des postes, de la guerre, de la marine, et les titres que leurs conducteurs doivent produire. (Loi du 30 mai 1851, art. 3.)

Application des mesures prévues par la loi du 30 mai 1851, aux chemins vicinaux d'intérêt commun et aux chemins vicinaux ordinaires.

153. Les diverses mesures prévues par la loi du 30

mai 1851, relativement à la liberté et à la sécurité de la circulation sur les routes nationales ou départementales, et les chemins vicinaux de grande communication, ont été réglées par les décrets des 10 août 1852, 24 février 1858 et 29 août 1863 concernant la police du roulage. Des mesures analogues peuvent être prises par les Préfets, en exécution de l'article 21 de la loi du 21 mai 1836, en ce qui touche la circulation sur les chemins vicinaux d'intérêt commun ou sur les chemins vicinaux ordinaires.

Les règlements spéciaux que les Préfets font à cet effet doivent être communiqués aux Conseils généraux et soumis à l'approbation du Ministre de l'intérieur.

Mesures relatives au stationnement sur la voie publique, aux dépôts de matériaux et aux excavations.

154. D'après le nouveau Règlement sur le service vicinal de chaque département, il est interdit, d'une manière absolue, pour assurer la liberté et la sécurité de la circulation sur les chemins vicinaux de toute catégorie :

1° De laisser stationner sans nécessité, sur les chemins et leurs dépendances, aucune voiture ou instrument aratoire, ni aucun troupeau, aucune bête de somme ou de trait ;

2° D'y jeter des pierres ou autres matières provenant des fonds voisins ;

3° D'établir aucune excavation ou construction sous la voie publique ou ses dépendances ;

4° De pratiquer, dans le voisinage d'un chemin, des excavations de quelque nature que ce soit, si ce n'est à la distance fixée par le règlement. (Règlement, art. 201 et 206. — Instruction générale, art. 303 et 309.)

Le propriétaire d'une excavation voisine d'un chemin vicinal peut être contraint de l'entourer de clôture propres à prévenir tout danger pour les voyageurs. (Règlement, art. 206.)

Lorsque les fossés ouverts sur les fonds riverains, le long d'un chemin vicinal, ont une profondeur telle qu'elle peut présenter des dangers pour la circulation, le propriétaire est tenu de prendre les dispositions qui lui sont prescrites pour assurer la sécurité du passage : injonction lui est faite, à cet effet, par arrêté du maire ou du Préfet, selon le cas. (Règlement, art. 196. — Instruction générale, art. 298.)

Mesures relatives aux maisons ou constructions bordant la voie publique.

155. Les maires doivent veiller à la solidité des constructions bordant les divers chemins vicinaux et prendre les mesures nécessaires pour sauvegarder la sécurité des passants. (Règlement, art. 207. — Instruction générale, art. 310.)

Lorsqu'une maison ou construction sise le long d'un chemin vicinal menace ruine et que sa conservation serait dangereuse pour la sûreté publique, le péril doit être constaté par un agent voyer dont le rapport est communiqué au propriétaire, avec mise en demeure de faire cesser le péril ou de nommer un expert dans un délai déterminé. (Règlement, art. 182. — Instruction générale, art. 283.)

C'est au Préfet qu'il appartient d'édicter la mise en demeure et d'ordonner la réparation ou, s'il y a lieu, la démolition quand la maison ou construction borde un chemin vicinal de grande communication ou d'intérêt commun, et au Maire lorsqu'elle est contiguë à un chemin vicinal ordinaire.

(Loi du 21 mai 1836, art. 9 ; loi du 18 juillet 1837, art. 10 et 11.)

Dans le cas de péril imminent, le Maire pourrait, en vertu de ses attributions de police municipale, ordonner la démolition d'une construction menaçant ruine, même lorsqu'elle est située le long d'un chemin de grande communication ou d'intérêt commun.

Lorsqu'il n'y a pas péril imminent, si le propriétaire ne se conforme pas à la mise en demeure, il est indispensable de recourir à une expertise, conformément aux déclarations du Roi des 18 juillet 1729 et 18 août 1730. (Règlement, art. 182. — Instruction générale, art. 283.) En principe, cette expertise doit être contradictoire, c'est-à-dire être faite par deux experts nommés l'un par le propriétaire, l'autre par le Préfet ou le Maire. Il convient que ce dernier expert soit désigné dans l'acte de mise en demeure. Si les deux experts sont en désaccord, le Préfet ou le Maire fait choix d'un tiers expert. Si le propriétaire refuse ou néglige de nommer son expert, il est procédé par l'autre expert seul.

A la suite de l'expertise, le Préfet ou le Maire apprécie, s'il y a lieu, d'enjoindre de réparer ou de démolir.

Lorsque le propriétaire n'obtempère pas à cette injonction dans le délai qui lui est imparti, il peut être poursuivi devant le Tribunal de simple police, après constatation de la contravention, et être condamné non-seulement à l'amende par application de l'article 471 (n° 5) du Code pénal, mais encore à réparer ou à démolir la construction menaçant ruine, sous peine d'y voir procéder d'office à ses frais, à l'expiration d'un certain délai. (Code d'instruction criminelle, art. 161.)

En cas de péril imminent, l'expertise n'est pas nécessaire : après la constatation des lieux par un agent de la voirie, si le propriétaire ne se conforme pas à l'injonction de réparer ou de démolir dans un délai déterminé, la réparation ou la démolitition peut avoir lieu d'office. (Déclarations de 1729 et 1730. — Règlement, art. 182. — Instruction générale, art. 283. — C. d'État, arr. 24 février 1860, Loudières ; 16 mai, 1872, Bassinot.)

Hors le cas de péril imminent, quand le propriétaire refuse ou néglige de se conformer à la mise en demeure qui lui est adressée, le Préfet ou le Maire commettrait un excès de pouvoir s'il ordonnait la réparation ou la démolition sans qu'il eût été procédé à une expertise. (C. d'État, arr. 24 février 1870, Blanc et consorts ; 4 mai 1870, Boncorps et Abraham.)

De plus, lorsqu'il n'y a pas péril imminent, le Préfet ou le Maire ne peut faire exécuter d'office son arrêté ordonnant la réparation ou la démolition. Il doit poursuivre le propriétaire devant le Tribunal de simple police pour le faire condamner à l'amende et à la démolition, comme nous l'avons expliqué plus haut. (Cour de cassation, Ch. crim., arr. 25 avril 1857, Louis.)

Lorsque la réparation ou la démolition est exécutée d'office, les frais sont avancés par la commune propriétaire du chemin le long duquel était située la construction. Ces frais doivent être remboursés par privilége et préférence à tous autres sur le prix des matériaux provenant de la démolition, et subsidiairement sur le fonds et la superficie de la construction. (Déclarations de 1729 et 1730. — Conseil d'État, avis du 27 avril 1818.)

Le propriétaire, en principe, ne peut avoir droit à une indemnité qu'à raison du terrain réuni à la voie publique après la démolitiom d'un bâtiment qui se trouvait en saillie sur cette voie.) Loi du 16 septembre 1807, art. 50.)

La proximité de certains édifices, notamment des moulins à vent, présente des inconvénients au point de vue de la sûreté de la circulation sur les voies publiques vicinales. Le pouvoir conféré au Préfet par l'article 21 de la loi du 21 mai 1836 et au Maire par ses attributions de police municipale ne va pas jusqu'à leur permettre d'ordonner la démolition de ces édifices en dehors des cas que nous venons de rappeler, ni d'exiger qu'ils soient placés à une distance déterminée des chemins vicinaux et d'interdire la réparation de ceux qui se trouvent moins éloignés. La propriété ne saurait être grevée d'une servitude de cette nature, dans un département ou une commune, qu'en vertu d'une loi spéciale ou d'un ancien règlement rentrant dans la catégorie des règlements confirmés par la loi des 19-22 juillet 1791 (Titre 1er, art. 29). (C. d'État, avis de la section de l'intérieur, 5 février 1867. — V. *Bulletin officiel du ministère de l'intérieur*, 1867, p. 86. — *Ecole des communes*, 1867, p. 156.)

CHAPITRE III.

Constatation, poursuite et répression des délits et des contraventions.

Infractions dont les lois et règlements peuvent être l'objet.

156. Les infractions aux lois où règlements entraînent les unes de simples réparations civiles ou dommages-intérêts, les autres à la fois des réparations civiles et une peine. Les premières donnent lieu, entre les parties, soit à des transactions, soit à des procès de la compétence des tribunaux judiciaires ou administratifs. Les secondes sont l'objet de poursuites devant les juridictions répressives. Elles se divisent en crimes, délits et contraventions. Les crimes sont les infractions les plus graves; les délits viennent ensuite, sous le rapport de la gravité; les contraventions, à ce point de vue, occupent le troisième rang. Les crimes, selon le cas, sont passibles de la peine de mort, des travaux forcés à perpétuité ou à temps, de la déportation, de la détention, de la réclusion, du bannissement et de la dégradation civique; les délits sont punis de l'emprisonnement, de l'interdiction des droits civiques, civils ou de famille et de l'amende; les contraventions, de l'emprisonnement, de l'amende et de la confiscation de certains objets saisis. (Voir Code pénal, art. 1 à 11, 464 à 470.) Ce qui caractérise surtout les contraventions, c'est qu'il n'est pas nécessaire, au point de vue de la peine, que leurs auteurs, en les commettant, aient agit avec l'intention de nuire, tandis que cette intention est indispensable, sous le rapport de la culpabilité et de la pénalité, pour les crimes et les délits, sauf certaines exceptions concernant les délits.

Les chemins vicinaux, dans l'ordre pénal, ne peuvent

guère donner lieu qu'à des délits et à des contraventions.
Ces délits et contraventions sont de la compétence, tantôt des tribunaux administratifs, tantôt des tribunaux
judiciaires.

Section I. — Infractions dont la répression appartient aux
tribunaux administratifs.

157. — Les infractions aux lois et règlements concernant la voirie vicinale, qui doivent être poursuivies devant les tribunaux administratifs, c'est-à-dire les Conseils
de préfecture, sauf recours au conseil d'État, sont principalement certaines infractions à la police du roulage
sur les chemins vicinaux de grande communication et les
usurpations commises sur les chemins vicinaux de toute
catégorie.

Contraventions à la police du roulage.

158. Les infractions jugées par le Conseil de préfecture, en matière de police du roulage, sont les infractions
relatives : 1° à la forme des moyeux, au maximum de la
longueur des essieux, au maximum de leur saillie au delà
des moyeux ; 2° à la forme des bandes des roues ; 3° à la
forme des clous des bandes ; 4° au *maximum* du nombre
des chevaux de l'attelage ; 5° aux barrières de dégel
et aux précautions à prendre pour la protection des ponts
suspendus ; 6° à la largeur du chargement ; 7° à la saillie
des colliers des chevaux ; 8° aux modes d'enrayage ;
9° aux dommages causés aux chemins ou à leurs dépendances par la faute, la négligence ou l'imprudence du
conducteur d'une voiture. (Loi du 30 mai 1851, art. 17.)

Peines édictées à l'égard des infractions à la police du roulage qui sont de la compétence des tribunaux administratifs.

159. Les infractions dont nous venons de parler sont punies d'une amende de 5 à 30 francs aux cas indiqués dans l'alinéa précédent par les nᵒˢ 1 à 8. Elles le sont d'une amende de 3 à 50 francs, indépendamment des frais de réparation, dans le cas du nᵒ 9. (Loi du 30 mai 1851, art. 4 et 9.)

Agents chargés de constater les infractions.

160. Les agents chargés de constater les délits et contraventions concernant la police du roulage sont les conducteurs, agents voyers, cantonniers-chefs et autres employés au service des ponts et chaussées ou des chemins vicinaux de grande communication, commissionnés à cet effet, les gendarmes, les gardes champêtres, les employés des contributions indirectes, agents forestiers ou des douanes et employés des poids et mesures ayant droit de verbaliser, et les employés d'octroi ayant le même droit.

Peuvent également constater les délits et contraventions, dont nous nous occupons, les maires et adjoints, les commissaires et agents assermentés de police, les ingénieurs des ponts et chaussées, les officiers et sous-officiers de gendarmerie, et toute personne commissionnée par l'autorité départementale pour la surveillance et l'entretien des voies de communication. (Loi du 30 mai 1851, art. 15.)

Procès-verbaux.

161. Les procès-verbaux rédigés par les agents mentionnés dans l'avant-dernier alinéa doivent être affirmés dans les trois jours, à peine de nullité, devant le juge de paix du canton ou devant le maire de la commune, soit du domicile de l'agent qui a verbalisé, soit du lieu où la contravention a été constatée. (Ibid., art. 18.) (A).

Les procès-verbaux rédigés par les autres fonctionnaires ou agents ne sont pas assujettis à cette formalité.

Dans tous les cas, les procès-verbaux constatant des délits ou contraventions à la police du roulage doivent être enregistrés en débet dans les trois jours de leur date ou de leur affirmation, à peine de nullité. (Loi du 30 mai 1851, art. 19.)

Ils font foi jusqu'à preuve contraire. (Ibid., art. 15.)

On avait proposé de décider que les procès-verbaux rédigés pour constater les délits et contraventions à la police du roulage feraient foi jusqu'à inscription de faux. Mais cette proposition, combattue par la Chambre des pairs en 1838, a été écartée lors de la discussion d'un projet de loi sur la police du roulage soumis aux Chambres à cette époque. Elle n'a pas été reproduite en 1851.

Cas où le contrevenant n'est pas domicilié en France.

162. Toutes les fois que le contrevenant n'est pas domicilié en France, la voiture est provisoirement retenue et le procès-verbal est immédiatement porté à la connaissance du maire de la commune où il a été dressé, ou de la commune la plus proche sur le chemin que suit le prévenu. Le maire arbitre provisoirement l'amende et, s'il y a lieu, les frais de réparation, et il en ordonne la consignation immédiate, à moins qu'il ne lui soit présenté une caution solvable. A défaut de consignation ou de caution, la voiture est retenue jusqu'à ce qu'il ait été statué sur le procès-verbal. Les frais qui en résultent

(A) La loi du 17 juillet 1856 a dispensé les gendarmes de la formalité de l'affirmation, dans tous les cas.

sont à la charge du propriétaire. Le contrevenant est tenu d'élire domicile dans le département du lieu où la contravention a été constatée; à défaut d'élection de domicile, toute notification lui est valablement faite au secrétariat de la mairie de la commune dont le maire a arbitré l'amende ou les frais de réparation. (Loi du 30 mai 1851, art. 20.)

Cas où la voiture est dépourvue de plaque.

163. Lorsque une voiture est dépourvue de plaque et que le propriétaire n'est pas connu, il est procédé comme il vient d'être expliqué dans l'alinéa précédent, **sauf en** ce qui touche l'élection de domicile.

Cas où le voiturier est inconnu.

164. Il est procédé de la même manière à l'égard de tout conducteur de voiture de roulage ou de messageries, inconnu dans le lieu où il est pris en contravention et qui n'est point régulièrement muni d'un passeport, d'un livret ou d'une feuille de route, à moins qu'il ne justifie que la voiture appartient à une entreprise de roulage ou de messageries, ou qu'il ne résulte des lettres de voiture ou des autres papiers qu'il a en sa possession que la voiture appartient à celui dont le domicile est indiqué sur la plaque. (Loi du 30 mai 1851, art. 21.)

Transmission des procès-verbaux au Sous-Préfet.

165. Tout procès-verbal constatant une infraction à la police du roulage doit être adressé, dans les deux jours de l'enregistrement, au sous-préfet de l'arrondissement dans lequel le procès-verbal a été dressé.

Le sous-préfet le transmet, dans les deux jours de sa réception, au Préfet, s'il s'agit d'une contravention de la compétence des Conseils de préfecture ou au procureur de la République s'il s'agit d'une contravention de la compétence des tribunaux judiciaires. (Ibid., art. 22.)

S'il s'agit d'une contravention de la compétence du Conseil de préfecture, copie du procès-verbal, ainsi que, de l'affirmation, quand elle est prescrite, est notifiée avec citation, par la voie administrative, au domicile du propriétaire, tel qu'il est indiqué sur la plaque, ou tel qu'il a été déclaré par le contrevenant, et, quand il y a lieu, à celui du conducteur.

Notification et citation.

166. Cette notification se fait dans le mois de l'enregistrement, à peine de déchéance.

Le délai est étendu à deux mois lorsque le contrevenant n'est pas domicilié dans le département où la contravention a été constatée; il est étendu à un an lorsque le domicile du contrevenant n'a pu être constaté au moment du procès-verbal.

Si le domicile du conducteur est resté inconnu, toute notification qui lui est faite au domicile du propriétaire est valable. (Loi du 30 mai 1851, art. 23.)

La citation doit indiquer au contrevenant le délai dans lequel il est tenu de fournir ses défenses écrites, et l'inviter à faire connaître s'il entend user du droit de présenter des observations orales.

Il est dressé acte de la notification et de la citation. Cet acte doit être envoyé immédiatement au Sous-Préfet, qui le fait parvenir sans délai au Préfet. Celui-ci le transmet au Conseil de préfecture, où il est enregistré. (Décret du 12 juillet 1865, art. 8.)

167. Le contrevenant est tenu de produire, dans le délai de trente jours, ses moyens de défense écrite devant le Conseil de préfecture. Ce délai court à compter de la date de la notification du procès-verbal; mention en faite dans ladite notification.

Décision du Conseil de préfecture. — Notification. — Opposition. Pourvoi devant le Conseil d'Etat.

168. A l'expiration du délai, le Conseil de préfecture prononce, lors même que les moyens de défense n'auraient pas été produits.

169. Son arrêté est notifié au contrevenant dans la forme administrative, dix jours au moins avant toute exécution. Si la condamnation a été prononcée par défaut la notification faite au domicile énoncé sur la plaque est valable.

170. L'opposition à l'arrêté rendu par défaut doit être formée dans le délai de quarante jours à compter de la date de la notification. (Loi du 30 mai 1851, art. 24.)

171. Le recours au Conseil d'État contre l'arrêté du Conseil de préfecture peut avoir lieu par simple mémoire déposé au secrétariat général de la préfecture ou à la sous-préfecture, et sans l'intervention d'un avocat au Conseil d'État.

Il est délivré au déposant récépissé du mémoire qui doit être immédiatement transmis au secrétariat général du Conseil d'État. (Loi du 30 mai 1851, art. 25. — Loi du 21 juin 1865 sur les Conseils de préfecture, art. 12.)

Si le recours est formé au nom de l'Administration, il doit l'être dans les trois mois de la date de l'arrêté. (Loi du 30 mai 1851, art. 25.)

Péremption d'instance. — Prescription de l'action publique.

172. L'instance à raison des contraventions à la police du roulage qui sont de la compétence des Conseils de préfecture est périmée par six mois à compter de la date du dernier acte des poursuites, et l'action publique est éteinte, à moins de fausses indications sur la plaque, ou de fausse déclaration en cas d'absence de plaque (Ibid., art. 26).

Prescription des amendes.

173. Les amendes se prescrivent par une année à compter de la date de l'arrêté du Conseil de préfecture, ou à compter de la décision du Conseil d'État, si le pourvoi a eu lieu.

En cas de fausses indications sur la plaque ou de fausses déclarations de nom ou de domicile, la perscription n'est acquise qu'après cinq années. (Ibid., art. 27.)

Attribution des amendes.

174. Lorsque le procès-verbal constatant le délit ou la contravention a été dressé par un conducteur, un agent voyer, un cantonnier-chef ou un autre employé du service des ponts et chaussées ou des chemins vicinaux de grande communication, commissionné à cet effet, un gendarme, un garde champêtre, un employé] des contributions indirectes, un agent forestier ou des douanes, un employé des poids et mesures ayant le droit de verbaliser, un employé de l'octroi ayant le même droit, le tiers des amendes prononcées appartient audit agent ou employé, à moins qu'il ne s'agisse d'une contravention ou d'un délit prévu aux articles 10 et 11 de la loi du 30 mai 1851.

Les deux autres tiers sont attribués soit au Trésor public, soit au département, soit aux communes intéressées, selon que la contravention ou le dommage concerne une route nationale, une route départementale, ou un chemin vicinal de grande communication. Il en est de même du total des frais de réparation réglé en vertu de l'article 9 de la loi du 30 mai 1851, ainsi que du total de l'amende lorsque les deux tiers ne sont pas attribués aux agents ayant constaté la contravention ou le délit. (Loi du 30 mai 1851, art. 28.) Par communes intéressées, auxquelles sont attribuées les amendes, sauf prélèvement, s'il y a lieu, des frais de réparation, il faut entendre, non pas seulement les communes sur le territoire desquelles la contravention a été commise, mais l'agrégation des communes intéressées à la ligne vicinale de grande communication dont il s'agit. (Instruction générale sur le service de la comptabilité, en date du 20 juin 1859, art. 448. — Lettre du Ministre de l'intérieur à celui des finances, 8 mai 1874.)

Anticipations ou usurpations sur les chemins vicinaux ou leurs dépendances.

175. La seconde catégorie d'infractions que nous avons signalée comme étant de la compétence des Conseils de préfecture consiste en anticipations ou usurpations sur le sol ou les dépendances d'un chemin vicinal soit ordinaire, soit d'intérêt commun ou de grande communication. C'est en vertu de la loi du 9 ventôse an xiii (art. 8) qu'il appartient aux Conseils de préfecture de statuer sur ces anticipations ou usurpations.

Fonctionnaires et Agents chargés de les constater.

176. Toute anticipation ou usurpation sur le sol d'un chemin vicinal ou sur ses dépendances de quelque manière qu'elle ait été commise, est constatée par les maires, adjoints, commissaires de police, agents voyers et gardes champêtres. (Code d'instr. crim., art. 9, 11, 12 et 16. — Loi du 21 mai 1836, art. 11. — Cour de cass., arr. 17 janvier 1845, Berger. — Instruction générale, art. 311.)

Procès-verbaux rédigés pour constater les usurpations commises sur les chemins vicinaux.

177. Les procès-verbaux rédigés par les fonctionnaires et agents qui viennent d'être désignés doivent être soumis au timbre et à l'enregistrement en débet dans les quatre jours de la rédaction ; ceux rédigés par les gardes champêtres doivent préalablement être affirmés dans la forme ordinaire et dans les vingt-quatre heures de leur rédaction. (Lois des 28 septembre-6 octobre 1791, titre Ier, section VII ; 13 brumaire an VII, titre II, art. 12 ; 22 frimaire an VII, art. 20, 68 et 70 ; 28 floréal an X, art. 11. — Instruction générale, art. 312.)

Procès-verbaux, notification et citation.

178. Les procès-verbaux doivent être adressés au sous-préfet de l'arrondissement où l'usurpation a été commise, dans les cinq jours qui suivent la rédaction et l'affirmation quand elle est exigé. Le Sous-Préfet fait faire aux contrevenants notification de la copie de chaque procès-verbal et de son affirmation, avec citation devant le Conseil de préfecture. La notification et la citation sont faites dans la forme administrative. La citation doit indiquer au contrevenant qu'il est tenu de fournir ses défenses écrites dans le délai de quinzaine à partir de la notification qui lui est faite, et l'inviter à déclarer s'il entend user du droit de présenter des observations orales. Il est dressé acte de la notification et de la citation. Cet acte doit être envoyé immédiatement au Sous-Préfet ; il est adressé par ce dernier, sans délai, au Préfet, pour être transmis au Conseil de préfecture. (Décret du 12 juillet 1865, art. 8.)

Droit de toute commune propriétaire du chemin sur lequel une usurpation a été commise d'en poursuivre la répression.

179. Toute commune propriétaire du chemin vicinal sur lequel une usurpation a été commise, ayant intérêt à ce qu'elle soit réprimée, on ne saurait contester au maire le droit d'agir, concurremment avec le sous-préfet ou à son défaut, pour obtenir cette répression (Code d'inst. crim., art. 145, 182 et 183). Mais un simple particulier n'aurait pas qualité pour poursuivre en son nom, devant le Conseil de préfecture, la répression d'une anticipation ou usurpation commise sur une voie vicinale. (C. d'État, arr. 24 janvier 1872, Dehan et consorts.)

Pouvoirs du Conseil de préfecture en ce qui touche la répression des usurpations commises sur les chemins vicinaux.

180. Lorsque le Conseil de préfecture reconnaît l'existence de l'usurpation qui lui est déférée, il doit se borner à la réprimer, c'est-à-dire à ordonner la restitution du sol usurpé et le rétablissement des lieux dans leur état primitif. L'amende dont l'usurpateur est passible aux termes de l'article 479 (n° 11) du Code pénal ne peut être prononcée que par le tribunal de simple police. (Code d'inst. crim., art. 138. — Code pénal, art. 479.)

L'autorité judiciaire avait d'abord pensé que les tribunaux de simple police étaient seuls compétents pour connaître des usurpations commises sur les chemins vicinaux (Cassation, arr. 30 janvier 1807, Duplessis; 7 avril 1827, Choisnard). Elle puisa un nouvel argument à l'appui de sa manière de voir dans la modification apportée en 1832 à l'article 479 (n° 11) du Code pénal. Elle prétendit que la loi du 9 ventôse an XIII était formellement abrogée quant à la compétence du Conseil de préfecture en matière d'usurpations sur les chemins vicinaux, et que législateur avait voulu rendre la connaissance de ces usurpations aux tribunaux judiciaires d'une manière absolue (Cass., ch. crim., arr. 2 mars 1837, Boullay; 4 octobre 1839, Mativat; 8 février 1840, Decante; 10 septembre 1840, Villaret; 13 novembre 1841, Bellonet; 8 décembre 1843, Lasserre-Dulac). Le conseil d'Etat n'a jamais admis cette jurisprudence. Il pensa que l'article 479 (n° 11) du Code pénal devait se combiner avec la loi du 9 ventôse an XIII, en ce sens que les Conseils de préfecture étaient chargés de faire cesser les usurpations commises sur les chemins vicinaux et les juges de simple police de prononcer l'amende; que cette combinaison attribuait à chaque autorité les pouvoirs qui lui appartenaient, en réservant à l'autorité administrative les mesures de conservation de la voie publique et à l'autorité judiciaire l'application des pénalités (C. d'Etat, arr. 23 juillet 1838, Héhrard; 2 septembre 1840, Mahieu-Decante). Le tribunal des conflits constitué par la loi du 4 février 1850, et auquel la question fut soumise, adopta pleinement et presque dans les mêmes termes le système du conseil d'Etat (Arr. 21 mars 1850, Morel-Vasse; 7 novembre 1850, Deswarte). En présence de ces décisions, la Cour de cassation crut devoir abandonner sa jurisprudence et admettre le partage d'attributions entre les Conseils de préfecture et les tribunaux de simple police. Elle a reconnu que l'article 479 (n° 11) du Code pénal s'est borné à reproduire les dispositions de l'article 40, titre II, de la loi des 28 septembre-6 octobre 1791, sans rapporter la loi du 9 ventôse an XIII (art. 8); que l'article 479 du Code pénal doit se combiner avec cette loi, dans ce sens que les Conseils de préfecture demeurent toujours chargés de faire cesser les usurpations commises sur les chemins vicinaux, et que les tribunaux de simple police doivent seulement appliquer l'amende. (Cass., ch. crim., arr. 19 juin 1851, Ve Beausseron; 26 décembre 1851, Saint-Romain; 7 janvier 1860, Moret; 7 juillet 1860, Duplessis; 14 février 1863, Moreau; 1er février 1867, Caillon.)

181. Il n'appartient pas, d'ailleurs, aux Conseils de préfecture de connaître de simples détériorations ou dégradations commises sur les chemins vicinaux ou leurs dépendances. A cet égard, les tribunaux de simple police sont compétents, non-seulement pour appliquer l'amende encourue, mais encore pour prononcer sur les réparations civiles réclamées. (C. d'État, arr. 27 mai 1846, Chantemesse. – Cass., ch. crim., arr. 27 juillet 1872, Fabre. – Tribunal des conflits, arr. 17 mai 1873, Desanti; 13 mars 1875, Gérentet.)

182. Les Conseils de préfecture sont également incompétents pour connaître d'une usurpation commise sur un chemin avant la décision qui a donné à ce chemin le caractère de voie vicinale. (C. d'État, arr. 3 juillet 1861, Grellier; arr. 22 mai 1874, Longeaud, Desbrosses.) Plusieurs arrêts du Conseil d'État, remontant à des époques déjà éloignées, semblaient admettre une doctrine contraire. (Arr. 18 juin 1823, commune de Lambezellec; 23 novembre 1832, Contenson; 13 mai 1836, Demiannay.) Les arrêts de 1861 et 1874 nous paraissent plus conformes aux véritables principes. En effet, l'acte de classement d'un chemin vicinal ne doit pas être rétroactif (Code civil, art. 2). Or, il aurait ce caractère, s'il attribuait implicitement aux Conseils de préfecture la connaissance d'usurpations qui l'auraient précédé.

D'un autre côté, les pouvoirs de répression conférés aux Conseils de préfecture par l'article 8 de la loi du

9 ventôse an XIII, en ce qui touche les chemins des communes, l'ont été exclusivement dans l'intérêt de la voirie vicinale. Dès lors, quand un chemin communal cesse d'appartenir à cette voirie, les usurpations non encore réprimées dont il a été l'objet, même à une époque où il avait encore le caractère vicinal, ne doivent pas être déférées au Conseil de préfecture du département. Elles ne peuvent être poursuivies par la voie de l'action publique que devant le tribunal de simple police du canton (C. d'État, arr. 30 août 1842, Morel; 26 juin 1845, Charpin; 22 décembre 1853, Barrier). Il a même été décidé que, si, postérieurement à l'arrêté du Conseil de préfecture ayant condamné à juste titre un propriétaire riverain à enlever des bornes constituant une usurpation sur un chemin vicinal, ce chemin venait à être déclassé, l'arrêté ne pouvait être exécuté dans sa disposition prescrivant l'enlèvement des bornes. (C. d'État, arr. 9 février 1837, Lamberville.)

183. Lorsqu'il y a doute sur le point de savoir si un arrêté de classement s'applique au chemin sur lequel une usurpation a été commise, le Conseil de préfecture doit surseoir à statuer jusqu'à ce que l'arrêté soit interprété par l'autorité représentant celle dont il émane. (C. d'État, **arr.** 6 février 1846, Drée; 14 décembre 1854, Duthuit; 31 mai 1855, Opéron.)

Il appartient, toutefois, au Conseil de préfecture saisi du procès-verbal dressé contre le propriétaire prévenu d'avoir usurpé le sol d'un chemin vicinal, de vérifier les limites de ce chemin. (C. d'État, arr. 2 juin 1866, Normand.) Il appartient également au Conseil de préfecture, juge de la contestation, d'apprécier si le chemin a été légalement reconnu; mais la question de propriété de l'assiette du chemin soulevée par la personne poursuivie comme usurpateur est une question préjudicielle de la compétence de l'autorité judiciaire. Le Conseil de préfecture doit, dès lors, surseoir à statuer sur l'usurpation incriminée jusqu'à ce que cette question ait pu être tranchée par les tribunaux compétents. (C. d'État, arr. 27 avril 1877, Delorme.)

Quand il y a doute sur l'arrêté de classement, en ce qui touche les limites du chemin, le Conseil de préfecture peut surseoir à statuer sur l'usurpation imputée à l'un des propriétaires riverains, jusqu'à ce que l'arrêté de classement ait été interprété par l'autorité à laquelle il appartiendrait de classer le chemin s'il ne l'était pas. Mais si cet arrêté n'a pas fixé l'assiette du chemin; s'il s'est borné à lui assigner une largeur plus considérable que celle qu'il avait avant le classement, sans indiquer de quel côté aurait lieu l'élargissement, l'arrêté qui fixerait ultérieurement les limites, à la suite du sursis prononcé par le Conseil de préfecture, ne permettrait pas à ce Conseil de considérer comme constituant une usurpation les constructions qui auraient été élevées, avant le second arrêté, en saillie sur les limites fixées par cet arrêté, mais qui ne s'avanceraient pas sur la voie publique au delà des fondations d'anciennes constructions longeant le chemin. (C. d'État, arr. 23 février 1870, Gontier; 13 avril 1870, Picard.)

De même, lorsque l'arrêté de classement ou une décision ultérieure de l'autorité compétente a seulement assigné au chemin une certaine largeur, sans fixer les limites de la voie; que cette omission n'a pas été réparée ultérieurement, le propriétaire riverain qui construit un mur sur les fondations ou en deçà des fondations d'anciennes constructions bordant le chemin ne saurait être considéré comme commettant une usurpation ; le Conseil de préfecture, par conséquent, excéderait ses pouvoirs en ordonnant la démolition de ce mur. (C. d'État, arr. 25 mai 1870, Faussabry; 17 janvier 1873, Lassablière.)

Les limites d'un chemin vicinal peuvent être fixées d'une manière précise, non-seulement par un plan d'alignement régulièrement approuvé, mais encore par des bornes ou des fossés. Dès lors, les constructions qui empiètent sur des fossés formant la ligne séparative d'un chemin vicinal et en dépendant constituent une usurpation dont la répression est de la compétence du Conseil de préfecture. (Arr. 8 août 1873, Cortade.)

Quand une maison longeant un chemin vicinal est sujette à reculement d'après le plan d'alignement approuvé par l'autorité compétente, les travaux confortatifs exécutés au mur de face de cette maison ont-ils le caractère d'une usurpation? Ils rentrent dans la catégorie des contraventions sur lesquelles il appartient au tribunal de simple police de statuer en ce qui concerne l'amende encourue et la demande tendant à obtenir la suppression des travaux. Le Conseil de préfecture doit donc s'abstenir de prononcer sur une pareille contravention. (C. d'État, arr. 26 juillet 1872, Martin; 17 janvier 1873, Lassablière).

On ne doit pas non plus considérer comme une usurpation tombant sous l'application de l'article 8 de la loi du 9 ventôse an XIII celle qui est imputée à un propriétaire riverain à l'égard d'un chemin qu'il revendiquait au moment du classement, et qu'il n'a jamais cessé de posséder. En présence de la revendication dont le chemin était l'objet, le classement n'aurait pu lui donner le caractère de voie vicinale qu'à la suite soit d'une transaction entre les parties intéressées, ou d'une décision judiciaire reconnaissant la commune propriétaire du chemin, soit d'une expropriation dans les formes déterminées par l'article 16 de la loi du

21 mai 1836. (C. d'État, arr. 28 novembre 1873, commune de Bastennes.)

Lorsque le propriétaire d'un fonds riverain d'une voie vicinale, condamné à l'amende par le tribunal de simple police pour avoir usurpé le sol du chemin, porte devant le Conseil de préfecture une action tendant à faire décider que le terrain dont l'usurpation lui est imputée ne fait pas partie du chemin ; qu'il en est propriétaire et que la possession doit lui en être maintenue, cette demande constitue en réalité une action en revendication qui ne saurait être de la compétence du Conseil de préfecture et sur laquelle les tribunaux civils pourraient seuls statuer. (C. d'État, arr. 25 juillet 1871, Guillon.)

Notification des arrêtés du Conseil de préfecture.

184. Quand un arrêté du Conseil de préfecture ordonne la restitution du sol usurpé sur un chemin vicinal, cet arrêté peut, pour éviter les frais, être notifié administrativement au contrevenant, sous la condition que ce dernier donne récépissé de la notification et déclare la tenir pour suffisante. Dans le cas où une pareille déclaration n'aurait pas lieu immédiatement, le maire devrait faire notifier l'arrêté par huissier. (Instruction générale, art. 314.)

Exécution des arrêtés des Conseils de préfecture.

185. Si, à l'expiration du délai fixé par le Conseil de préfecture ou, à défaut, dans les trois jours qui suivent la notification, le contrevenant n'a pas obtempéré à l'arrêté qui le condamne, le maire doit faire procéder d'office à la reprise des terrains indûment occupés, ainsi qu'à la destruction des œuvres dont la suppression a été ordonnée. Cependant, s'il n'y a pas urgence à l'exécution immédiate de l'arrêté du Conseil de préfecture ou s'il s'agit de bâtiments ou de constructions, le maire peut surseoir à l'exécution jusqu'à l'expiration du délai du pourvoi, qu'il est loisible au contrevenant de former devant le Conseil d'État ou jusqu'à ce qu'il ait été statué sur le pourvoi qui serait ainsi formé. Il est rendu compte au Préfet de tout sursis, afin qu'il puisse au besoin donner les instructions nécessaires. (Instruction générale, art. 315.)

Lorsque la décision du Conseil de préfecture ordonnant la restitution du sol vicinal usurpé est devenue définitive, soit par l'expiration du délai du pourvoi, soit par son rejet, le maire doit veiller à ce qu'elle reçoive aussitôt exécution. (Ibid., art. 316.)

186. Quand un propriétaire est poursuivi devant le Conseil de préfecture en vertu d'un procès-verbal, pour contravention à la loi du 9 ventôse an XIII, c'est-à-dire pour usurpation du sol d'un chemin vicinal, s'il est renvoyé des fins de sa poursuite, il ne peut y avoir lieu de prononcer des dépens contre la commune. (C. d'État, arr. 25 mai 1870, Faussabry.)

Pourvois devant le conseil d'État. — Dépens.

187. Le recours au Conseil d'État contre les arrêtés des Conseils de préfecture en matière d'usurpation sur le sol des chemins vicinaux, peut avoir lieu par simple mémoire déposé au secrétariat général de la préfecture ou à la sous-préfecture, et sans l'intervention d'un avocat au Conseil d'État. (Loi du 21 juin 1865 sur les Conseils de Préfecture, art. 12.)

Il est délivré au déposant un récépissé du mémoire, qui doit être transmis immédiatement par le Préfet au secrétariat général du Conseil d'État. (Même article, *in fine*.)

188. Les recours contre les arrêtés des Conseils de préfecture relatifs aux usurpations commises sur les chemins vicinaux pouvant être formés sans le ministère d'un avocat, il ne saurait y avoir lieu pour le Conseil d'État de mettre les dépens à la charge de la commune lorsqu'il est décidé que la poursuite n'était pas justifiée. (C. d'État, arr. 13 avril 1870, Picard.)

Section II. — Délits et contraventions dont la répression appartient à l'autorité judiciaire.

Infractions de la compétence des tribunaux judiciaires.

189. Toutes les contraventions au règlement du Préfet de chaque département sur le service vicinal, autres que les usurpations du sol des chemins vicinaux, sont de la compétence exlusive des tribunaux de simple police, sauf appel devant le tribunal de police correctionnelle dans les cas prévus par l'article 172 du Code d'instruction criminelle, c'est-à-dire lorsque les jugements prononcent un emprisonnement ou des amendes et des réparations civiles excédant la somme de cinq francs, outre les dépens. Tout jugement en dernier ressort du tribunal de simple police, comme tout jugement du tribunal de police correctionnelle, rendu sur l'appel d'un jugement de simple police, ou tout arrêt de cour d'appel peut être attaqué par la voie de recours en cassation (Code d'instruction criminelle, art. 177 et 216). Les délais à observer pour l'appel et le pourvoi sont ceux qui ont été fixés par les articles 174, 177, 203, 205 et 373 du Code d'instruction criminelle.

190. Il importe d'ailleurs de ne pas oublier que les dispositions d'un règlement préfectoral sur les chemins vicinaux ne sont obligatoires, pour les particuliers, qu'autant que ce règlement a été publié dans les formes usitées, qui consistent à le faire connaître au moyen d'affiches ou à son, soit de trompe, soit de caisse. (Cass., ch. crim., 6 juillet 1845, Lerain ; 28 mars 1845, Gabry.) La mention faite dans un règlement plus ou moins ancien qu'il sera publié en placard dans les lieux accoutumés, constitue jusqu'à preuve contraire une présomption légale de publication. (Cass., ch. crim., 24 juillet 1852, Catusse et autres.) Cependant, pour prévenir toute difficulté, les Préfets ne doivent pas se borner à insérer, dans le règlement, une disposition portant qu'il sera publié dans chaque commune du département; ils doivent, en outre, veiller à ce que cette publicatiou se fasse effectivement.

191. En ce qui concerne les usurpations sur le sol des chemins vicinaux, nous avons vu que la juridiction est partagée entre les Conseils de préfecture et les tribunaux de simple police, les premiers étant chargés de faire cesser les usurpations, les seconds de prononcer l'amende dont elles sont passibles (Loi du 9 ventôse an XIII, art. 8. — Code pénal, art. 479, n° 11). Il convient, lorsqu'on poursuit la répression d'une usurpation, de ne saisir le tribunal de simple police compétent que lorsque l'usurpation a été déclarée constante par le Conseil de préfecture (Instruction générale, art. 317). Toutefois, ce mode de procéder n'est pas indispensable. La Cour de cassation admet que l'amende encourue par l'usurpateur peut être prononcée avant qu'il ait été statué par le Conseil de préfecture sur l'existence de l'usurpation. (Ch. crim., arr. 10 mars 1859, Bernardi et Soldi.)

192. Indépendamment des contraventions au règlement préfectoral sur le service des chemins vicinaux, les tribunaux de simple police ou de police correctionnelle peuvent être appelés à statuer sur certaines infractions relatives à la voirie vicinale. Parmi ces infractions, nous citerons les contraventions ou délits en matière de police du roulage concernant les chemins vicinaux de grande communication, dans les cas où les Conseils de préfecture ne sont pas compétents pour en connaître, notamment lorsqu'il s'agit du nombre des voitures qui peuvent être réunies en un même convoi, de la plaqne dont les voitures doivent être munies, de la stabilité ou de la solidité des voitures de messageries, du nombre des personnes qu'elles peuvent porter. (Loi du 30 mai 1851.)

193. Toutes les contraventions au règlement préfectoral sur lesquelles il appartient aux tribunaux judiciaires de statuer sont constatées par des procès-verbaux dans les mêmes formes et par les mêmes agents que les usurpations commises sur les chemins vicinaux. Nous renvoyons à cet égard à ce que nous avons dit des procès-verbaux concernant lesdites usurpations.(Voir la section I du présent chapitre.)

194. Nous avons également fait connaître les règles qui régissent les procès-verbaux relatifs aux infractions à la police du roulage. (Ibid.)

195. Tout procès-verbal constatant une infraction de la compétence de l'autorité judiciaire au règlement préfectoral sur les chemins vicinaux de toute catégorie doit, après l'enregistrement et l'affirmation, s'il y a lieu, être transmis au procureur de la République de l'arrondissement ou au fonctionnaire investi des attributions du ministère public, selon que l'infraction constitue un délit ou une simple contravention. (Code d'inst. crim., art. 15, 20 et 53. — Instruction générale, art. 319.)

196. En matière de police du roulage, le procès-verbal est toujours, après enregistrement, adressé au sous-préfet de l'arrondissement, qui le transmet au Préfet si l'infraction est de la compétence du Conseil de préfecture, et au procureur de la République si elle est de la compétence des tribunaux judiciaires. (Loi du 30 mai 1851, art. 22.)

Section III. — **Prescription de l'action publique et de l'action civile résultant des délits et contraventions en matière de police de la voirie vicinale. — Prescription des condamnations.**

197. L'action publique et l'action civile qui résultent d'un délit, c'est-à-dire les deux droits qui permettent, l'un d'en poursuivre la répression, l'autre d'en obtenir la réparation, se prescrivent après trois années révolues à compter du jour où le délit a été commis, si dans cet intervalle il n'a été fait aucun acte d'instruction ni de poursuite. S'il a été fait, dans le même intervalle, des actes d'instruction ou de poursuites non suivis de jugement, l'action publique et l'action civile ne se prescrivent qu'après trois années révolues à compter du dernier acte, même à l'égard des personnes qui ne seraient pas impliquées dans cet acte d'instruction ou de poursuite. (Code d'inst. crim., art. 637 et 638.)

198. L'action publique et l'action civile résultant d'une contravention au règlement préfectoral sur les chemins vicinaux sont prescrites après une année révolue, à compter du jour où la contravention a été commise, même lorsqu'il y a eu procès-verbal, saisie, instruction ou poursuite, si dans cet intervalle il n'est point intervenu de condamnation. S'il y a eu un jugement définitif de première instance de nature à être attaqué par voie d'appel, l'action publique et l'action civile se prescrivent après une année révolue, à compter de la notification de l'appel qui a été interjeté (Code d'inst. crim., art. 640. — Cour de cass., ch. crim., arr. 16 mars 1844, Duplay; 27 décembre 1845, Peter). D'ailleurs, la prescription est suspendue pendant tout le temps que l'action publique se trouve arrêtée par le jugement d'une question préjudicielle renvoyée devant une autre juridiction. (Cass., ch. crim., 27 mai 1843, Decante; 29 août 1846, Delafosse; 7 mai 1851, Vayssaire.)

199. Il ne faut pas confondre la prescription de l'action publique et de l'action civile, dont nous venons de parler, avec la prescription de la condamnation à certaines peines ou à des réparations civiles.

199 *bis.* Les peines portées par les arrêts ou jugements rendus en matière de police correctionnelle se prescrivent par cinq ans, à compter de la date de l'arrêt ou du jugement rendu en dernier ressort; et lorsqu'elles sont prononcées par les jugements rendus en premier ressort, à compter du jour où ces jugements ne peuvent plus être attaqués par la voie de l'appel. (Code d'inst. crim., art. 636.)

200. Les peines portées par les jugements rendus pour contraventions de police sont prescrites après deux années révolues, savoir: les peines prononcées par arrêt ou jugement en dernier ressort, à compter du jour de l'arrêt ou du jugement; les peines prononcées en première instance, à partir du jour où la décision ne peut plus être attaquée par la voie de l'appel. (Code d'inst. crim., art. 639.)

201. Les condamnations à des réparations civiles portées par des arrêts ou jugements rendus en matière de police correctionnelle ou de simple police se prescrivent d'après les règles établies par le Code civil. (Code d'inst. crim., art. 642.)

202. En matière de police du roulage, ainsi que nous l'avons déjà fait remarquer, l'instance à raison des contraventions qui sont de la compétence des Conseils de préfecture est périmée par six mois, à compter de la date du dernier acte de poursuite, et l'action publique se trouve éteinte, à moins de fausses indications sur la plaque ou de fausses déclarations en cas d'absence de plaque (Loi du 30 mai 1851, art. 26). Lorsqu'il y a fausses indications ou fausses déclarations, la prescription de l'action publique, comme celle de l'action civile dans tous les cas, ne peut être opposée qu'à l'expiration du délai d'une année, tel qu'il est fixé par l'article 640 du Code d'instruction criminelle, les infractions à la police du roulage, dont la répression appartient au Conseil de préfecture, paraissant devoir être assimilées, en règle générale, aux contraventions de grande voirie, qui, d'après la jurisprudence du conseil d'État, sont elles-mêmes assimilées aux contraventions de simple police en ce qui touche la prescription. (C. d'État, arr. 28 juillet 1849, Gorin; 8 décembre 1857, Mazelier.)

203. Quant aux amendes prononcées par le Conseil de préfecture au sujet d'infractions à la police du roulage, elle se prescrivent par une année, à compter de la date de l'arrêté de condamnation ou à partir de la décision du conseil d'État. (Loi du 30 mai 1851, art. 27.) En cas de fausses indications ou de fausses déclarations de nom ou de domicile, la prescription des amendes n'est acquise qu'après cinq années. (Ibid.)

204. — Nous devons faire remarquer que les tribuaux de simple police ou de police correctionelle ne sont compétents pour prononcer une réparation civile qu'accessoirement à l'application de la peine. Dès lors, en matière de voirie, si en appliquant l'amende encourue à raison de travaux indûment exécutés, ils omettent d'ordonner la suppression des travaux, ils ne peuvent réparer ultérieurement cette omission. (Cass., ch. crim., 27 mars 1852, Bastard; 1ᵉʳ août 1856, Baillet-Hecquet; 7 juillet 1860, Chaumillon.) De même lorsque l'action publique résultant d'une contravention se trouve pres-

crite, le juge de simple police n'ayant aucune amende
à prononcer, ne peut ordonner la démolition de travaux
indûment exécutés à un mur sujet à reculement. (Cass.,
ch. crim., 10 juin 1843, Maussion; 12 décembre 1845,
Noël; 27 mars 1852, Bastard; 28 novembre 1856, Venèque.)

205. Mais l'omission d'une disposition relative aux réparations civiles dans un jugement, ni la prescription de
l'action publique et de l'action civile résultant d'un délit
ou d'une contravention, ne porte aucune atteinte aux
droits attachés soit à la propriété du sol, soit à son impres-
criptibilité. (Cass., ch. crim., arr. 28 novembre 1856,
Venèque.) Dès lors, rien ne s'oppose à ce que les tribunaux civils reconnaissent l'existence de ces droits sur
la demande des parties intéressées.

206. — Nous ajouterons qu'en matière d'usurpation
commise sur le sol d'un chemin vicinal, la prescription
édictée par l'article 640 du Code d'instruction criminelle
comprend seulement l'action ayant pour objet l'application de l'amende. Elle n'empêche pas de poursuivre,
devant le Conseil de préfecture la restitution du sol
usurpé, ce sol étant imprescriptible. Quelle que soit l'é-
poque de l'usurpation, si elle est constante et si elle a eu
lieu depuis que le chemin figure parmi les voies vicinales,
le Conseil de préfecture est tenu d'ordonner les mesures
nécessaires pour y mettre un terme et rétablir les lieux
dans leur état primitif. (C. d'État, 28 février 1825, Bavoux
et Pochet; 4 septembre 1841, Maguillat.)

APPENDICE

LOI RELATIVE AUX CHEMINS VICINAUX.
28 juillet - 4 août 1824.

Art. 1er. Les chemins reconnus, par un arrêté du préfet sur une délibération du conseil municipal, pour être nécessaires à la communication des communes, sont à la charge de celles sur le territoire desquelles ils sont établis, sauf le cas prévu par l'article 9 ci-après.

2. Lorsque les revenus des communes ne suffisent point aux dépenses ordinaires de ces chemins, il y est pourvu par des prestations en argent ou en nature, au choix des contribuables.

3. Tout habitant chef de famille ou d'établissement à titre de propriétaire, de régisseur, de fermier ou de colon partiaire, qui est porté sur l'un des rôles des contributions directes, peut être tenu, pour chaque année, — 1° A une prestation qui ne peut excéder deux journées de travail ou la valeur en argent, pour lui et pour chacun de ses fils vivant avec lui, ainsi que pour chacun de ses domestiques mâles, pourvu que les uns et les autres soient valides et âgés de vingt ans accomplis; — 2° A fournir deux journées, au plus, de chaque bête de trait ou de somme, de chaque cheval de selle ou d'attelage de luxe, et de chaque charrette, en sa possession pour son service ou pour le service dont il est chargé.

4. En cas d'insuffisance des moyens ci-dessus, il pourra être perçu sur tout contribuable jusqu'à cinq centimes additionnels au principal de ses contributions directes.

5. Les prestations et les cinq centimes mentionnés dans l'article précédent seront votés par les conseils municipaux, qui fixeront également le taux de la conversion des prestations en nature. Les préfets en autoriseront l'imposition. Le recouvrement en sera pour-

suivi comme pour les contributions directes, les dégrèvements prononcés sans frais, les comptes rendus comme pour les autres dépenses communales. — Dans le cas prévu par l'article 4, les conseils municipaux devront être assistés des plus imposés, en nombre égal à celui de leurs membres.

6. Si des travaux indispensables exigent qu'il soit ajouté par des contributions extraordinaires au produit des prestations, il y sera pourvu, conformément aux lois, par des ordonnances royales.

7. Toutes les fois qu'un chemin sera habituellement ou temporairement dégradé par des exploitations de mines, de carrières, de forêts ou de toute autre entreprise industrielle, il pourra y avoir lieu à obliger les entrepreneurs ou propriétaires à des subventions particulières, lesquelles seront, sur la demande des communes, réglées par les conseils de préfecture, d'après des expertises contradictoires.

8. Les propriétés de l'état et de la couronne contribueront aux dépenses des chemins communaux dans les proportions qui seront réglées par les préfets en conseil de préfecture.

9. Lorsqu'un même chemin intéresse plusieurs communes, et en cas de discord entre elles sur la proportion de cet intérêt et des charges à supporter, ou en cas de refus de subvenir auxdites charges, le préfet prononce, en conseil de préfecture, sur la délibération des conseils municipaux, assistés des plus imposés, ainsi qu'il est dit à l'article 5.

10. Les acquisitions, aliénations ou échanges ayant pour objet les chemins communaux, seront autorisés par arrêtés des préfets en conseil de préfecture, après délibération des conseils municipaux intéressés, et après enquête *de commodo et incommodo,* lorsque la valeur des terrains à acquérir, à vendre ou à échanger, n'excédera pas trois mille francs. — Seront aussi autorisés par les préfets, dans les mêmes formes, les travaux d'ouverture ou d'élargissement desdits chemins, et l'extraction des matériaux nécessaires à leur établissement, qui pourront donner lieu à des expropriations pour cause d'utilité publique, en vertu de la loi du 8 mars 1810, lorsque l'indemnité due aux propriétaires pour les terrains ou pour les matériaux n'excédera pas la même somme de trois mille francs.

LOI SUR LES CHEMINS VICINAUX.
21-25 mai 1836.

SECTION 1re. — CHEMINS VICINAUX.

ART. 1er. Les chemins vicinaux légalement reconnus sont à la charge des communes, sauf les dispositions de l'article 7 ci-après.

2. En cas d'insuffisance des ressources ordinaires des communes, il sera pourvu à l'entretien des chemins vicinaux à l'aide, soit de prestations en nature, dont le maximum est fixé à trois journées de travail, soit de centimes spéciaux en addition au principal des quatre contributions directes, et dont le maximum est fixé à cinq.

Le conseil municipal pourra voter l'une ou l'autre de ces ressources, ou toutes les deux concurremment.

Le concours des plus imposés ne sera pas nécessaire dans les délibérations prises pour l'exécution du présent article.

3. Tout habitant, chef de famille ou d'établissement, à titre de propriétaire, de régisseur, de fermier ou de colon partiaire, porté au rôle des contributions directes, pourra être appelé à fournir, chaque année, une prestation de trois jours :

1o Pour sa personne et pour chaque individu mâle, valide, âgé de dix-huit ans au moins et de soixante ans au plus, membre ou serviteur de la famille et résidant dans la commune;

2o Pour chacune des charrettes ou voitures attelées, et, en outre, pour chacune des bêtes de somme, de trait, de selle, au service de la famille ou de l'établissement dans la commune.

4. La prestation sera appréciée en argent, conformément à la valeur qui aura été attribuée annuellement pour la commune à chaque espèce de journée par le conseil général, sur les propositions des conseils d'arrondissement.

La prestation pourra être acquittée en nature ou en argent, au gré du contribuable. Toutes les fois que le contribuable n'aura pas opté dans les délais prescrits, la prestation sera de droit exigible en argent.

La prestation non rachetée en argent pourra être convertie en tâches, d'après les bases et évaluations de travaux préalablement fixées par le conseil municipal.

5. Si le conseil municipal, mis en demeure, n'a pas voté, dans la session désignée à cet effet, les prestations et centimes nécessaires, ou si la commune n'en a pas fait l'emploi dans les délais prescrits, le préfet pourra, d'office, soit imposer la commune dans les limites du maximum, soit faire exécuter les travaux.

Chaque année le préfet communiquera au conseil général l'état des impositions établies d'office en vertu du présent article.

6. Lorsqu'un chemin vicinal intéressera plusieurs communes, le préfet, sur l'avis des conseils municipaux, désignera les communes qui devront concourir à sa construction ou à son entretien, et fixera la proportion dans laquelle chacune d'elles y contribuera.

SECTION II. — CHEMINS VICINAUX DE GRANDE COMMUNICATION.

7. Les chemins vicinaux peuvent, selon leur importance, être déclarés chemins vicinaux de grande communication par le conseil général, sur l'avis des conseils municipaux, des conseils d'arrondissement, et sur la proposition du préfet.

Sur les mêmes avis et proposition, le conseil général détermine la direction de chaque chemin vicinal de grande communication, et désigne les communes qui doivent contribuer à sa construction ou à son entretien.

Le préfet fixe la largeur et les limites du chemin, et détermine annuellement la proportion dans laquelle chaque commune doit concourir à l'entretien de la ligne vicinale dont elle dépend ; il statue sur les offres faites par les particuliers, associations de particuliers ou de communes.

8. Les chemins vicinaux de grande communication, et, dans des cas extraordinaires, les autres chemins vicinaux, pourront recevoir des subventions sur les fonds départementaux.

Il sera pourvu à ces subventions au moyen des centimes facultatifs ordinaires du département et de centimes spéciaux votés annuellement par le conseil général.

La distribution des subventions sera faite, en ayant égard aux ressources, aux sacrifices et aux besoins des communes, par le préfet, qui en rendra compte, chaque année, au conseil général.

Les communes acquitteront la portion des dépenses mise à leur charge au moyen de leurs revenus ordinaires, et, en cas d'insuffisance, au moyen de deux journées de prestations sur les trois journées autorisées par l'article 2, et des deux tiers des centimes votés par le conseil municipal en vertu du même article.

9. Les chemins vicinaux de grande communication sont placés sous l'autorité du préfet. Les dispositions des articles 4 et 5 de la présente loi leur sont applicables.

Dispositions générales.

10. Les chemins vicinaux reconnus et maintenus comme tels sont imprescriptibles.

11. Le préfet pourra nommer des agents voyers.

Leur traitement sera fixé par le conseil général.

Ce traitement sera prélevé sur les fonds affectés aux travaux.

Les agents voyers prêteront serment; ils auront le droit de constater les contraventions et délits, et d'en dresser des procès-verbaux.

12. Le maximum des centimes spéciaux qui pourront être votés par les conseils généraux, en vertu de la présente loi, sera déterminé annuellement par la loi de finances.

13. Les propriétés de l'État, productives de revenus, contribueront aux dépenses des chemins vicinaux dans les mêmes proportions que les propriétés privées, et d'après un rôle spécial dressé par le préfet.

Les propriétés de la couronne contribueront aux mêmes dépenses conformément à l'article 13 de la loi du 2 mars 1832.

14. Toutes les fois qu'un chemin vicinal, entretenu à l'état de viabilité par une commune, sera habituellement ou temporairement dégradé par des exploitations de mines, de carrières, de forêts, ou de toute entreprise industrielle appartenant à des particuliers, à des établissements publics, à la couronne où à l'État, il pourra y avoir lieu à imposer aux entrepreneurs ou propriétaires, suivant que l'exploitation ou les transports auront eu lieu pour les uns ou les autres, des subventions spéciales, dont la quotité sera proportionnée à la dégradation extraordinaire qui devra être attribuée aux exploitations.

Ces subventions pourront, au choix des subventionnaires, être acquittées en argent ou en prestations en nature, et seront exclusivement affectées à ceux des chemins qui y auront donné lieu.

Elles seront réglées annuellement, sur la demande des communes, par les conseils de préfecture, après des expertises contradictoires, et recouvrées comme en matière de contributions directes.

Les experts seront nommés suivant le mode déterminé par l'article 17 ci-après.

18.

Ces subventions pourront aussi être déterminées par abonnement: elles seront réglées, dans ce cas, par le préfet en conseil de préfecture.

15. Les arrêtés du préfet portant reconnaissance et fixation de la largeur d'un chemin vicinal attribuent définitivement au chemin le sol compris dans les limites qu'ils déterminent.

Le droit des propriétaires riverains se résout en une indemnité, qui sera réglée à l'amiable ou par le juge de paix du canton, sur le rapport d'experts nommés conformément à l'article 17.

16. Les travaux d'ouverture et de redressement des chemins vicinaux seront autorisés par arrêté du préfet.

Lorsque, pour l'exécution du présent article, il y aura lieu de recourir à l'expropriation, le jury spécial chargé de régler les indemnités ne sera composé que de quatre jurés. Le tribunal d'arrondissement, en prononçant l'expropriation, désignera, pour présider et diriger le jury, l'un de ses membres ou le juge de paix du canton. Ce magistrat aura voix délibérative en cas de partage.

Le tribunal choisira, sur la liste générale prescrite par l'article 29 de la loi du 7 juillet 1833, quatre personnes pour former le jury spécial et trois jurés supplémentaires. L'administration et la partie intéressée auront respectivement le droit d'exercer une récusation péremptoire.

Le juge recevra les acquiescements des parties.

Son procès-verbal emportera translation définitive de propriété.

Le recours en cassation, soit contre le jugement qui prononcera l'expropriation, soit contre la déclaration du jury qui réglera l'indemnité, n'aura lieu que dans les cas prévus et selon les formes déterminées par la loi du 7 juillet 1833.

17. Les extractions de matériaux, les dépôts ou enlèvements de terre, les occupations temporaires de terrains, seront autorisés par arrêté du préfet, lequel désignera les lieux; cet arrêté sera notifié aux parties intéressées au moins dix jours avant que son exécution puisse être commencée.

Si l'indemnité ne peut être fixée à l'amiable, elle sera fixée par le conseil de préfecture, sur le rapport d'experts nommés, l'un par le sous-préfet et l'autre par le propriétaire.

En cas de discord, le tiers expert sera nommé par le conseil de préfecture.

18. L'action en indemnité des propriétaires pour les terrains

qui auront servi à la confection des chemins vicinaux et pour extraction de matériaux, sera prescrite par le laps de deux ans.

19. En cas de changement de direction ou d'abandon d'un chemin vicinal, en tout ou partie, les propriétaires riverains de la partie de ce chemin qui cessera de servir de voie de communication pourront faire leur soumission de s'en rendre acquéreurs et d'en payer la valeur, qui sera fixée par des experts nommés dans la forme déterminée par l'article 17.

20. Les plans, procès-verbaux, certificats, significations, jugements, contrats, marchés, adjudications de travaux, quittances et autres actes ayant pour objet exclusif la construction, l'entretien et la réparation des chemins vicinaux, seront enregistrés moyennant le droit fixe de un franc.

Les actions civiles intentées par les communes ou dirigées contre elles, relativement à leurs chemins, seront jugées comme affaires sommaires et urgentes, conformément à l'article 405 du Code de procédure civile.

21. Dans l'année qui suivra la promulgation de la présente loi, chaque préfet fera, pour en assurer l'exécution, un règlement qui sera communiqué au conseil général et transmis, avec ses observations, au ministre de l'intérieur, pour être approuvé, s'il y a lieu.

Ce règlement fixera, dans chaque département, le maximum de la largeur des chemins vicinaux; il fixera, en outre, les délais nécessaires à l'exécution de chaque mesure, les époques auxquelles les prestations en nature devront être faites, le mode de leur emploi ou de leur conversion en tâches, et statuera, en même temps, sur tout ce qui est relatif à la confection des rôles, à la comptabilité, aux adjudications et à leur forme, aux alignements, aux autorisations de construire le long des chemins, à l'écoulement des eaux, aux plantations, à l'élagage, aux fossés, à leur curage et à tous autres détails de surveillance et de conservation.

22. Toutes les dispositions des lois antérieures demeurent abrogées en ce qu'elles auraient de contraire à la présente loi.

LOI

RELATIVE AUX PORTIONS DE ROUTES ROYALES DÉLAISSÉES PAR SUITE DE CHANGEMENT DE TRACÉ OU D'OUVERTURE D'UNE NOUVELLE ROUTE.

24 - 31 mai 1842.

ART. 1er. Les portions de routes royales délaissées par suite de changement de tracé ou d'ouverture d'une nouvelle route pourront, sur la demande ou avec l'assentiment des conseils généraux des départements ou des conseils municipaux des communes intéressées, êtres classées par ordonnances royales, soit parmi les routes départementales, soit parmi les chemins vicinaux de grande communication, soit parmi les simples chemins vicinaux.

2. Au cas où ce classement ne serait pas ordonné, les terrains délaissés seront remis à l'administration des domaines, laquelle est autorisée à les aliéner.

Néanmoins il sera réservé, s'il y a lieu, eu égard à la situation des propriétés riveraines, et par arrêté du préfet en conseil de préfecture, un chemin d'exploitation dont la largeur ne pourra excéder cinq mètres.

3. Les propriétaires seront mis en demeure d'acquérir, chacun en droit soi, dans les formes tracées par l'article 61 de la loi du 3 mai 1841, les parcelles attenantes à leurs propriétés.

A l'expiration du délai fixé par l'article précité, il pourra être procédé à l'aliénation des terrains, selon les règles qui régissent les aliénations du domaine de l'État, ou par application de l'article 4 de la loi du 20 mai 1836.

4. Lorsque les portions de routes royales délaissées auront été classées parmi les routes départementales ou les chemins vicinaux, les parcelles de terrain qui ne feraient pas partie de la nouvelle voie de communication ne pourront être aliénées qu'à la charge, par le département ou la commune, de se conformer aux dispositions du premier paragraphe de l'article précédent.

LOI RELATIVE AUX ALIGNEMENTS

SUR LES ROUTES IMPÉRIALES, LES ROUTES DÉPARTEMENTALES ET LES CHEMINS VICINAUX DE GRANDE COMMUNICATION.

4-11 mai 1864.

ART. 1er. Sur les routes impériales et départementales, partout où il existe un plan d'alignement régulièrement approuvé, le sous-préfet délivre les alignements conformément à ce plan.

2. Le même droit appartient au sous-préfet en ce qui concerne les chemins vicinaux de grande communication, partout où il existe un plan régulièrement approuvé.

LOI RELATIVE AUX RUES

FORMANT LE PROLONGEMENT DES CHEMINS VICINAUX.

8-11 juin 1864.

ART. 1er Toute rue qui est reconnue, dans les formes légales, être le prolongement d'un chemin vicinal, en fait partie intégrante et est soumise aux mêmes lois et règlements.

2. Lorsque l'occupation de terrains bâtis est jugée nécessaire pour l'ouverture, le redressement ou l'élargissement immédiat d'une rue formant le prolongement d'un chemin vicinal, l'expropriation a lieu conformément aux dispositions de la loi du 3 mai 1841 combinée avec celles des cinq derniers paragraphes de l'article |16 de la loi du 21 mai 1836. — Il est procédé de la même manière lorsque les terrains bâtis sont situés sur le parcours d'un chemin vicinal en dehors des agglomérations communales.

LOI RELATIVE AUX CHEMINS DE FER D'INTÉRÈT LOCAL.
12 - 19 juillet 1865.

3. Les ressources créées en vertu de la loi du 21 mai 1836 peuvent êtres affectées en partie par les communes et les départements à la dépense des chemins de fer d'intérêt local. L'article 13 de ladite loi est applicable aux centimes extraordinaires que les communes et les départements s'imposeront pour l'exécution de ces chemins.

LOI SUR LES CONSEILS MUNICIPAUX.
24-29 juillet 1867.

3. Les conseils municipaux peuvent voter, dans la limite du maximum fixé chaque année par le conseil général, des contributions extraordinaires n'excédant pas cinq centimes pendant cinq années, pour en affecter le produit à des dépenses extraordinaires d'utilité communale. — Ils peuvent aussi voter trois centimes extraordinaires, exclusivement affectés aux chemins vicinaux ordinaires. — Les conseils municipaux votent et règlent, par leurs délibérations, les emprunts communaux remboursables sur les centimes extraordinaires votés comme il vient d'être dit au premier paragraphe du présent article, ou sur les ressources ordinaires, quand l'armortissement, en ce dernier cas, ne dépasse pas douze années. — En cas de désaccord entre le maire et le conseil municipal, la délibération ne sera exécutoire qu'après approbation du préfet.

LOI

RELATIVE A L'ACHÈVEMENT DES CHEMINS VICINAUX ET A LA CRÉATION D'UNE CAISSE SPÉCIALE POUR LEUR EXÉCUTION.

11 - 15 juillet 1868.

ART. 1er. Une subvention de cent millions, payable en dix annuités, à partir de 1869, est accordée aux communes pour faciliter l'achèvement des chemins vicinaux ordinaires, dont la longueur kilométrique aura été approuvée, pour chaque département, par un arrêté du ministre de l'intérieur, avant la répartition de la première annuité.

2. Chaque annuité sera répartie entre les départements par un décret délibéré en conseil d'État, en ayant égard aux besoins, aux ressources et aux sacrifices des communes et des départements.— Un dixième pourra être réservé pour être appliqué directement, après avis de la section de l'intérieur du conseil d'État, aux besoins exceptionnels dans les départements dont le centime est d'un produit inférieur à vingt mille francs. — Dans chaque département, la subvention de l'État et celle du département seront réparties entre les communes par le conseil général, sur la proposition du préfet et suivant les bases indiquées par le paragraphe 1er du présent article.

3. Dans les communes dont les charges extraordinaires excèdent dix centimes, les conseils municipaux pourront, pendant la période d'exécution de la présente loi, opter entre une journée de prestation et les trois centimes extraordinaires autorisés par l'article 3 de la loi du 24 juillet 1867.

4. Une nouvelle subvention de quinze millions est affectée, en dix ans, à partir de 1869, à l'achèvement des chemins vicinaux actuellement désignés comme chemins d'intérêt commun. — Chaque annuité sera répartie entre les départements et les communes conformément aux paragraphes 1 et 3 de l'article 2 de la présente loi.

5. Dans les départements dont le centime est d'un produit inférieur à vingt mille francs, le conseil général pourra appliquer aux chemins vicinaux de grande communication la moitié des subven-

tions accordées en vertu du paragraphe 1ᵉʳ de l'article 2 et de l'article 4 de la présente loi ; la délibération qu'il aura prise à cet effet ne sera exécutoire qu'après avoir été approuvée par décret impérial.

6. Il est créé, sous la garantie de l'État, une caisse des chemins vicinaux chargée de faire, pendant dix ans, aux communes dûment autorisées à emprunter, les avances nécessaires pour l'achèvement des chemins vicinaux ordinaires. — Ces avances ne pourront excéder la somme de deux cents millions, dont la répartition entre les départements sera faite et pourra être modifiée par un décret délibéré en conseil d'État.

7. Les départements dont les conseils généraux en feraient la demande peuvent emprunter à ladite caisse aux lieu et place des communes qui ne pourraient user de la faculté ouverte par l'article précédent ; les emprunts contractés dans ces conditions ne pourront, en aucun cas, être affectés à la subvention que les départements accorderont aux chemins vicinaux ordinaires. — Les départements dont le centime est d'un produit inférieur à vingt mille francs pourront emprunter à la même caisse les sommes nécessaires pour l'achèvement des chemins vicinaux de grande communication actuellement classés et celui des chemins vicinaux d'intérêt commun désignés dans l'article 4 de la présente loi. — La délibération que le conseil général aura prise à cet effet ne sera exécutoire qu'après avoir été approuvée par décret impérial.

8. La caisse des chemins vicinaux est gérée par l'administration de la caisse des dépôts et consignations ; elle pourvoira aux dépenses prévues par les articles précédents au moyen de la partie disponible des fonds déposés par les communes et établissements publics au Trésor et à la caisse des dépôts et consignations. — En cas de besoin, elle pourra être autorisée par un décret impérial à créer et à émettre des titres négociables portant intérêt, amortissables en trente années, dans la forme et aux conditions qui auront été approuvées par le ministre des finances.

9. Les communes et les départements seront libérés de ces avances par le payement de trentes annuités de quatre pour cent des sommes empruntées. — Il sera tenu compte à la caisse, par le Trésor, tant de la dépense complémentaire d'amortissement que des divers frais de gestion de la caisse.

10. Chaque année, le ministre de l'intérieur et le ministre des finances rendront compte à l'Empereur de la distribution des

subventions, de la marche des travaux, des opérations de la caisse, dans un rapport qui sera communiqué au Sénat et au Corps législatif.

LOI RELATIVE AUX CHEMINS VICINAUX.
21 - 25 juillet 1870.

ARTICLE UNIQUE. Les communes dans lesquelles les chemins vicinaux classés sont entièrement terminés pourront, sur la proposition du conseil municipal et après autorisation du conseil général, appliquer aux chemins publics ruraux l'excédant de leurs prestations disponibles, après avoir assuré l'entretien de leurs chemins vicinaux et fourni le contingent qui leur est assigné pour les chemins de grande communication et d'intérêt commun.

Toutefois, elles ne pourront jouir de cette faculté que dans la limite maxima du tiers des prestations, et lorsque, en outre, elles ne reçoivent, pour l'entretien de leurs chemins vicinaux ordinaires, aucune subvention de l'État ou du département.

LOI RELATIVE AUX CONSEILS GÉNÉRAUX.
10 août 1871.

. . . .

TITRE IV. — DES ATTRIBUTIONS DES CONSEILS GÉNÉRAUX.

. . . .

44. Le conseil général opère la reconnaissance, détermine la largeur et prescrit l'ouverture et le redressement des chemins vicinaux de grande communication et d'intérêt commun.

Les délibérations qu'il prend à cet égard produisent les effets spécifiés aux articles 15 et 16 de la loi du 21 mai 1836.

Art. 45. . . . .

. . . .

Le conseil général détermine les conditions auxquelles seron' tenus de satisfaire les candidats aux fonctions rétribuées exclusi vement sur les fonds départementanx et les régles des concours d'après lesquels les nominations devront être faites . . . .

46. Le conseil général statue définitivement sur les objets ci-après désignés, savoir :

1° Acquisition, aliénation et échange des propriétés départementales mobilières ou immobilières, quand ces propriétés ne sont pas affectées à l'un des services énumérés au n° 4;. . . . .

4ᶜ Changement de destination des propriétés et des édifices départementaux autres que les hôtels de préfecture et de sous-préfecture, et des locaux affectés aux cours d'assises, aux tribunaux, aux écoles normales, au casernement de la gendarmerie et aux prisons ; . . . .

7° Classement et direction des chemins vicinaux de grande communication et d'intérêt commun ; désignation des communes qui doivent concourir à la construction et à l'entretien desdits chemins, et fixation du contingent annuel de chaque commune ; le tout sur l'avis des conseils compétents ;

Répartition des subventions accordées, sur les fonds de l'État ou du département, aux chemins vicinaux de toute catégorie ;

Désignation des services auxquels sera confiée l'exécution des travaux sur les chemins vicinaux de grande communication et d'intérêt commun, et mode d'exécution des travaux à la charge du département;

Taux de la conversion en argent des journées de prestation;

8° Déclassement des routes départementales, des chemins vicinaux de grande communication et d'intérêt commun; . . . .

13° Établissement et entretien des bacs et passages d'eau sur les routes et chemins à la charge du département; fixation des tarifs de péage;. . . . .

21° Établissement et organisation des caisses de retraite ou tout autre mode de rémunération en faveur des employés des préfectures et des sous-préfectures et des agents salariés sur les fonds départementaux ;

22° Part contributive du département aux dépenses des travaux qui intéressent à la fois le département et les communes ;

23° Difficultés élevées relativement à la répartition de la dépense des travaux qui intéressent plusieurs communes du département;

. . . .

47. Les délibérations par lesquelles les conseils généraux statuent définitivement sont exécutoires si, dans le délai de vingt

jours à partir de la clôture de la session, le préfet n'en a pas demandé l'annulation pour excès de pouvoirs ou pour violation d'une disposition de la loi ou d'un règlement d'administration publique.

Le recours formé par le préfet doit être notifié au président du conseil général et au président de la commission départementale. Si, dans le délai de deux mois à partir de la notification, l'annulation n'a pas été prononcée, la délibération est exécutoire.

Cette annulation ne peut être prononcée que par un décret rendu dans la forme des règlements d'administration publique.

. . . .

TITRE V. — DU BUDGET ET DES COMPTES DU DÉPARTEMENT.

57. Le projet de budget du département est préparé et présenté par le préfet, qui est tenu de le présenter à la commission départementale, avec les pièces à l'appui, dix jours au moins avant l'ouverture de la session d'août.

Le budget, délibéré par le conseil général, est définitivement réglé par décret.

Il se divise en budget ordinaire et budget extraordinaire.

58. Les recettes du budget ordinaire se composent :

. . . .

2° Du produit des centimes autorisés pour les dépenses des chemins vicinaux et de l'instruction primaire par les lois des 21 mai 1836, 15 mars 1850 et 10 avril 1867, dont l'affectation spéciale est maintenue; . . . .

6° Du produit des droits de péage des bacs et passages d'eau sur les routes et chemins à la charge du département, etc.; . . .

9° Du contingent des communes et autres ressources éventuelles pour le service vicinal et pour les chemins de fer d'"intérêt local..

. . . .

60. Le budget ordinaire comprend les dépenses suivantes :

. . . .

6° Dépenses imputées sur les centimes spéciaux établis en vertu des lois des 2 août 1829, 21 mai 1836, 15 mars 1850 et 10 avril 1867.

Néanmoins les départements qui, pour assurer le service des chemins vicinaux et de l'instruction primaire, n'auront pas besoin de faire emploi de la totalité des centimes spéciaux, pourront en

appliquer le surplus aux autres dépenses de leur budget ordinaire. . . . .

61. Si un conseil général omet d'inscrire au budget un crédit
suffisant pour l'acquittement des dépenses énoncées aux n°s 1, 2,
3 et 4 de l'article précédent, ou pour l'acquittement des dettes
exigibles, il y est pourvu au moyen d'une contribution spéciale,
portant sur les quatre contributions directes, et établie par un
décret si elle est dans les limites du maximum fixé annuellement
par la loi de finance, ou par une loi si elle doit excéder ce
maximum.

Le décret est rendu dans la forme des règlements d'administration publique et inséré au *Bulletin des Lois.*

Aucune autre dépense ne peut être inscrite d'office dans le budget ordinaire, et les allocations qui y sont portées par le conseil
général ne peuvent être ni changées ni modifiées par le décret qui
règle le budget.

. . . .

63. Les fonds qui n'auront pu recevoir leur emploi dans le
cours de l'exercice seront reportés, après clôture, sur l'exercice en
cours d'exécution, avec l'affectation qu'ils avaient au budget voté
par le conseil général.

Les fonds libres provenant d'emprunts, de centimes ordinaires
et extraordinaires recouvrés ou à recouvrer dans le cours de
l'exercice, ou de toute autre recette, seront cumulés, suivant la
nature de leur origine, avec les ressources de l'exercice en cours
d'exécution, pour recevoir l'affectation nouvelle qui pourra leur
être donnée par le conseil général dans le budget rectificatif de
l'exercice courant.

Les conseils généraux peuvent porter au budget un crédit pour
dépenses imprévues.

. . . .

65. Le comptable chargé du service des dépenses départementales ne peut payer que sur les mandats délivrés par le préfet,
dans la limite des crédits ouverts par les budgets du département.

66. Le conseil général entend et débat les comptes d'administration qui lui sont présentés par le préfet, concernant les recettes
et les dépenses du budget départemental.

Les comptes doivent être communiqués à la commission départemen!ale, avec les pièces à l'appui, dix jours au mois avant l'ouverture de la session d'août.

Les observations du conseil général sur les comptes présentés à son examen sont adressées directement par son président au Ministre de l'Intérieur.

Ces comptes, provisoirement arrêtés par le conseil général, sont définitivement réglés par décret.

A la session d'août, le préfet soumet au conseil général le compte annuel de l'emploi des ressources municipales affectées aux chemins de grande communication et d'intérêt commun.

67. Les budgets et les comptes du département définitivement réglés sont rendus publics par la voie de l'impression.

. . . .

TITRE VI. — DE LA COMMISSION DÉPARTEMENTALE.

69. La commission départementale est élue chaque année, à la fin de la session d'août.

Elle se compose de quatre membres au moins et de sept au plus, et elle comprend un membre choisi, autant que possible, parmi les conseillers élus ou domiciliés dans chaque arrondissement.

Les membres de la commission sont indéfiniment rééligibles.

70. Les fonctions de membre de la commission départementale sont incompatibles avec celles de maire du chef-lieu du département et avec le mandat de député.

71. La commission départementale est présidée par le plus âgé de ses membres. Elle élit elle-même son secrétaire. Elle siége à la préfecture et prend, sous l'approbation du conseil général et avec le concours du préfet, toutes les mesures nécessaires pour assurer son service.

72. La commission départementale ne peut délibérer si la majorité de ses membres n'est présente.

Les décisions sont prises à la majorité absolue des voix.

En cas de partage, la voix du président est prépondérante.

Il est tenu procès-verbal des délibérations. Les procès-verbaux font mention du nom des membres présents.

73. La commission départementale se réunit au moins une fois par mois, aux époques et pour le nombre de jours qu'elle détermine elle-même, sans préjudice du droit qui appartient à son président et au préfet de la convoquer extraordinairement.

19.

74. Tout membre de la commission départementale qui s'absente des séances pendant deux mois consécutifs, sans excuse légitime admise par la commission, est réputé démissionnaire.

Il est pourvu à son remplacement à la plus prochaine session du conseil général.

75. Les membres de la commission départementale ne reçoivent pas de traitement.

76. Le préfet ou son représentant assiste aux séances de la commission; ils sont entendus quand ils le demandent.

Les chefs de service des administrations publiques dans le département sont tenus de fournir, verbalement ou par écrit, tous les renseignements qui leur seraient réclamés par la commission départementale sur les affaires placées dans leurs attributions.

77. La commission départementale règle les affaires qui lui sont renvoyées par le conseil général, dans les limites de la délégation qui lui est faite.

Elle délibère sur toutes les questions qui lui sont déférées par la loi, et elle donne son avis au préfet sur toutes les questions qu'il lui soumet ou sur lesquelles elle croit devoir appeler son attention dans l'intérêt du département.

78. Le préfet est tenu d'adresser à la commission départementale, au commencement de chaque mois, l'état détaillé des ordonnances de délégation qu'il a reçues et des mandats de payement qu'il a délivrés pendant le mois précédent, concernant le budget départemental.

La même obligation existe pour les ingénieurs en chef, sous-ordonnateurs délégués.

79. A l'ouverture de chaque session ordinaire du conseil général, la commission départementale lui fait un rapport sur l'ensemble de ses travaux et lui soumet toutes les propositions qu'elle croit utiles.

A l'ouverture de la session d'août, elle lui présente dans un rapport sommaire ses observations sur le budget proposé par le préfet.

Ces rapports sont imprimés et distribués, à moins que la commission n'en décide autrement.

80. Chaque année, à la session d'août, la commission départementale présente au conseil général le relevé de tous les emprunts communaux et de toutes les contributions extraordinaires communales qui ont été votés depuis la précédente session d'août, avec indication du chiffre total des centimes extraordinaires et des dettes dont chaque commune est grevée.

81. La commission départementale, après avoir entendu l'avis ou les propositions du préfet :

1° Répartit les subventions diverses portées au budget départemental, et dont le conseil général ne s'est pas réservé la distribution, les fonds provenant des amendes de police correctionnelle et les fonds provenant du rachat des prestations en nature sur les lignes que ces prestations concernent ;

2° Détermine l'ordre de priorité des travaux à la charge du département, lorsque cet ordre n'a pas été fixé par le conseil général ;

3° Fixe l'époque et le mode d'adjudication ou de réalisation des emprunts départementaux, lorsqu'ils n'ont pas été fixés par le conseil général ;

4° Fixe l'époque de l'adjudication des travaux d'utilité départementale.

82. La commission départementale assigne à chaque membre du conseil général et aux membres des autres conseils électifs le canton pour lequel ils devront siéger dans le conseil de révision.

83. La commission départementale vérifie l'état des archives et celui du mobilier appartenant au département.

84. La commission départementale peut charger un ou plusieurs de ses membres d'une mission relative à des objets compris dans ses attributions.

85. En cas de désaccord entre la commission départementale et le préfet, l'affaire peut être renvoyée à la plus prochaine session du conseil général, qui statuera définitivement.

En cas de conflit entre la commission départementale et le préfet, comme aussi dans le cas où la commission aurait outrepassé ses attributions, le conseil général sera immédiatement convoqué, conformément aux dispositions de l'article 24 de la présente loi, et statuera sur les faits qui lui auront été soumis.

Le conseil général pourra, s'il le juge convenable, procéder dès lors à la nomination d'une nouvelle commission départementale.

86. La commission départementale prononce, sur l'avis des conseils municipaux, la déclaration de vicinalité, le classement,

l'ouverture et le redressement des chemins vicinaux ordinaires, la fixation de la largeur et de la limite desdits chemins.

Elle exerce à cet égard les pouvoirs conférés aux préfets par les articles 15 et 16 de la loi du 21 mai 1836.

Elle approuve les abonnements relatifs aux subventions spéciales pour la dégradation des chemins vicinaux, conformément au dernier paragraphe de l'article 14 de la même loi.

87. La commission départementale approuve le tarif des évaluations cadastrales, et elle exerce à cet égard les pouvoirs attribués au préfet en conseil de préfecture par la loi du 15 septembre 1807 et le règlement du 15 mars 1827.

Elle nomme les membres des commissions syndicales, dans le cas où il s'agit d'entreprises subventionnées par le département, conformément à l'article 23 de la loi du 21 juin 1865.

88. Les décisions prises par la commission départementale sur les matières énumérées aux articles 86 et 87 de la présente loi seront communiquées au préfet en même temps qu'aux conseils municipaux et aux autres parties intéressées.

Elles pourront être frappées d'appel devant le conseil général, pour cause d'inopportunité ou de fausse appréciation des faits, soit par le préfet, soit par les conseils municipaux ou par toute autre partie intéressée. L'appel doit être notifié au président de la commission dans le délai d'un mois, à partir de la communication de la décision. Le conseil général statuera définitivement à sa plus prochaine session.

Elles pourront aussi être déférées au conseil d'État, statuant au contentieux, pour cause d'excès de pouvoirs ou de violation de la loi ou d'un règlement d'administration publique.

Le recours au conseil d'État doit avoir lieu dans le délai de deux mois à partir de la communication de la décision attaquée. Il peut être formé sans frais, et il est suspensif dans tous les cas.

TITRE VII. — DES INTÉRÊTS COMMUNS A PLUSIEURS DÉPARTEMENTS.

89. Deux ou plusieurs conseils généraux peuvent provoquer entre eux, par l'entremise de leurs présidents, et après en avoir averti les préfets, une entente sur les objets d'utilité départementale compris dans leurs attributions et qui intéressent à la fois leurs départements respectifs.

Ils peuvent faire des conventions, à l'effet d'entreprendre ou de conserver à frais communs des ouvrages ou des institutions d'utilité commune.

90. Les questions d'intérêt commun seront débattues dans des conférences, où chaque conseil général sera représenté, soit par sa commission départementale, soit par une commission spéciale nommée à cet effet.

Les préfets des départements intéressés pourront toujours assister à ces conférences.

Les décisions qui y seront prises ne seront exécutoires qu'après avoir été ratifiées par tous les conseils généraux intéressés, et sous les réserves énoncées aux articles 47 et 49 de la présente loi.

91. Si des questions autres que celles que prévoit l'article 89 étaient mises en discussion, le préfet du département où la conférence a lieu déclarerait la réunion dissoute.

Toute délibération prise après cette déclaration donnerait lieu à l'application des dispositions et pénalités énoncées à l'article 34 de la présente loi.

LOI

QUI MODIFIE LES ARTICLES 1, 4, 6 ET 7 DE LA LOI DU 11 JUILLET 1868, SUR LES CHEMINS VICINAUX.

25 - 31 juillet — 12 août 1873.

Art. 1er. La subvention annuelle de dix millions de francs (10,000,000f) accordée par l'article 1er de la loi du 11 juillet 1868 pour l'achèvement des chemins vicinaux ordinaires et celle de un million cinq cent mille francs (1,500,000f) attribuée par l'article 4 de la même loi au service des chemins d'intérêt commun, sont réduites, la première à cinq millions de francs (5,000,000f), la seconde à sept cent cinquante mille francs (750,000f). — Ces subventions seront inscrites pendant dix ans, à partir de 1874, au budget du ministère de l'intérieur.

2. La durée de la période déterminée par les articles 6 et 7 de la loi du 11 juillet 1868 pour les prêts à consentir par la caisse des chemins vicinaux aux communes et aux départements, est prolongée de cinq ans. — A partir du 1er janvier 1874 et jusqu'au

31 décembre 1883, le montant de ces prêts ne pourra excéder quatorze millions de francs (14,000,000f) par an. — Toutefois, si, pendant une des années de cette période, les prêts consentis par la caisse des chemins vicinaux n'atteignaient pas le maximum de quatorze millions de francs (14,000,000f), la somme disponible pourrait être reportée sur l'année suivante.

TABLE

CHRONOLOGIQUE DE L'APPENDICE.

TABLE GÉNÉRALE DES MATIÈRES

Les chiffres intérieurs indiquent les paragraphes de l'ouvrage ; les chiffres extérieurs, les pages.

TABLE

ANALYTIQUE ET ALPHABÉTIQUE

DES MATIÈRES

Les chiffres intérieurs indiquent les paragraphes de l'ouvrage; les chiffres extérieurs, les pages.

PAGES